Erich von Däniken

Die Augen der Sphinx

Neue Fragen an das alte Land am Nil

C. Bertelsmann

Gewidmet meinem langjährigen Freund UTZ UTERMANN, der mich unter dem Pseudonym WILHELM ROGGERSDORF die vergangenen zwanzig Jahre als literarischer Ziehvater geistvoll betreute.

6. Auflage 1992

C. Bertelsmann Verlag GmbH, München 1989
Redaktion: Dr. Dieter Struss, Grafing bei München
Layout: Sebastian Strohmaier
Printed in Germany · Mohndruck, Gütersloh
ISBN 3-570-04390-8

INHALT

1. KAPITEL

TIERFRIEDHÖFE UND LEERE GRUFTEN

»Oh, Ägypten! Ägypten!
Von deinem Wissen
werden nur Fabeln übrigbleiben,
die späteren Geschlechtern
unglaublich vorkommen.«

Lucius Apuleius,
römischer Philosoph,
2. Jh. n. Chr.

Welcome to Egypt!« Der schlaksige junge Mann mit dem schwarzen Schnurrbart versperrte den Weg und streckte mir die Hand entgegen. Etwas verdattert ergriff ich sie und dachte, dies sei wohl die neueste Begrüßungsformel für Touristen. Das übliche Fragespielchen hub an, woher ich komme und was ich in Ägypten zu besuchen beabsichtige. Freundlich, wenn auch etwas gekünstelt, schüttelte ich den aufdringlichen Burschen ab. Nicht für lange. Kaum dem Kairoer Flughafengebäude entronnen, blockierte ein anderer mit: »Welcome to Egypt!« meine Koffer. Erneutes Händeschütteln – ob ich wollte oder nicht.

In den kommenden Tagen wiederholte sich die lästige Behandlung unzählige Male. »Welcome to Egypt« erklang es vor dem Ägyptischen Museum in Kairo, »welcome to Egypt« frohlockte der Papyrus-Verkäufer, »welcome to Egypt« grüßte der Schuhputzjunge an der Straßenecke, der Taxifahrer, der Hotelconcierge, der Souvenirhändler.

Da jeder immer wieder wissen wollte, aus welchem Land ich komme und ich die ständige Beantwortung derselben Frage leid war, sagte ich dem zweiundvierzigsten Händeschüttler vor der Stufen-Pyramide von Sakkara mit ernstem Gesicht: »Ich komme vom Mars!« Von meiner Antwort nicht im geringsten beeindruckt, ergriff er sogleich beide Hände und wiederholte lautstark: »Welcome to Egypt!«

Soweit haben es die Ägypter gebracht: Selbst Marstouristen verblüffen niemanden mehr.

In meinen vierundfünfzig Lebensjahren habe ich das Land am Nil schon oft besucht. Geändert haben sich das Straßenbild, die Verkehrsmittel, die abgasverseuchte Luft, die neuen Hotelpaläste – geblieben ist der Nebel des Geheimnisses, der über diesem Lande liegt, ist die ehrfurchtgebietende Faszination, die Ägypten seit Jahrtausenden ausstrahlt.

1954, als gerade neunzehnjähriges Bürschchen, war ich zum ersten Male unter dem Wüstensand bei Sakkara in unterirdische Gänge gestiegen. Ein ägyptischer Studienfreund und zwei Wächter kletterten voran. Jeder unserer Vierercrew trug brennende Kerzen, denn damals, vor fünfunddreißig Jahren, gab es kein elektrisches Licht in den muffigen Gewölben, die Tunnels waren für den Tourismus nicht freigegeben. Ich erinnere mich, als ob es gestern gewesen wäre, wie einer der Wächter mit seinem Kerzenlicht einen mannshohen, wuchtigen Sarkophag anleuchtete. Zitternd huschten die Flämmchen über den Granitblock.

»Was ist da drin?« fragte ich stockend.

»Heilige Stiere, junger Mann, mumifizierte Stiere!«

Einige Schritte weiter wieder eine breite Nische im Gewölbe, wieder ein Stier-Sarkophag. Gegenüber in der modrigen Gruft dasselbe. Gigantische Monster-Sarkophage, soweit das Kerzenlicht reichte. Wie Velours verschluckte ein dicker Staubteppich unsere Schritte. Neue Korridore, neue Nischen, neue Sarkophage. Mir war unheimlich zumute, der feine Staub reizte die Kehle, kein Luftzug milderte die dumpfe, abgestandene Luft. Alle Stierbehälter waren geöffnet, die schweren Granitdeckel ruhten etwas verschoben auf den Sarkophagen. Ich wollte eine Stiermumie sehen und bat die beiden Wächter sowie meinen Studienfreund um Hilfestellung. An ihren Körpern turnte ich hoch, legte mich mit dem Bauch auf die obere Kante eines Sarkophages und leuchtete mit der Kerze hinein.

Das Innere war blitzsauber – und leer! Ich versuchte es bei vier weiteren Sarkophagen, überall mit dem gleichen Resultat. Wo waren die Stiermumien geblieben? Hatte man die schweren Tierkörper entfernt? Lagen die göttlichen Mumien in Museen? Oder – ein unbestimmter Verdacht stieg in mir auf – hatten die Sarkophage überhaupt nie Stiermumien enthalten?

Jetzt, fünfunddreißig Jahre später, stand ich wieder in den unterirdischen Gewölben. Elektrisches Licht ist installiert worden, Touristengruppen werden durch zwei nebeneinander verlaufende Gänge gelotst. Man hört das »ahh...« und »ohh...« aus den Menschenknäueln, sieht die erstaunten Gesichter, vernimmt die dozierende Stimme des Reiseleiters, der erklärt, in jedem Monster-Sarkophag habe einst eine Mumie des göttlichen Apis-Stieres gelegen.

Ich mag dem Reiseleiter nicht widersprechen, obschon ich es inzwischen besser weiß: In den gewaltigen Granit-Sarkophagen ist nie eine Stiermumie gefunden worden!

Es begann mit Auguste Mariette

Paris 1850. Im Louvre arbeitet der achtundzwanzigjährige Auguste Mariette als wissenschaftlicher Assistent. Der kleine, quirlige Mann, der fluchen konnte wie ein Roßknecht, hatte sich in den vergangenen sieben Jahren ein umfangreiches Wissen über Ägypten angeeignet. Er sprach fließend englisch, französisch und arabisch, konnte die Hieroglyphen lesen und arbeitete wie ein Besessener an der Übersetzung von altägyptischen Texten. Den Franzosen war zu Ohren gekommen, ihre großen Konkurrenten auf dem Felde der Archäologie, die Engländer, würden in Ägypten alte Schriften aufkaufen. Dem konnte »la Grande Nation« nicht tatenlos zusehen. Die Pariser Akademie der Wissenschaften beschloß, den Wissenschaftsassistenten Auguste Mariette nach Ägypten zu schicken. Ausgerüstet mit sechstausend Francs, sollte er den Engländern die besten Papyri wegschnappen.

Auguste Mariette.

Am 2. Oktober 1850 kam Auguste Mariette in Kairo an. Gleich am nächsten Tage besuchte er das koptische Patriarchat, denn er hoffte, über koptische Klöster an altägyptische Papyri zu gelangen. Bei einem Spaziergang durch Kairos Antiquitätenläden fiel ihm auf, daß jeder Ladenbesitzer echte Sphingen (Sphinxe) feilbot, die allesamt aus Sakkara stammten. Mariette kam ins Grübeln. Als das koptische Patriarchat ihm am 17. Oktober mitteilte, man brauche längere Zeit, um über seinen Wunsch nach alten Papyri zu entscheiden, stieg Mariette enttäuscht zur Zitadelle hinauf und setzte sich gedankenverloren auf eine Stufe.

Unter ihm lag Kairo im Abenddunst. »Wie die Masten einer versunkenen Flotte«, schrieb Mariette, »ragten dreihundert Minarette aus diesem tiefen Nebelmeer. Gegen Westen ragten – gebadet in den goldenen Flammenstaub des Sonnenunterganges – die Pyramiden empor. Der Anblick war überwältigend. Er ergriff mich und schlug mich mit fast schmerzender Gewalt in seinen Bann... Der Traum meines Lebens erfüllte sich. Dort drüben, praktisch in meiner Reichweite, lag eine ganze Welt von Gräbern, Stelen, Inschriften, Statuen. Was gab es da noch? Am nächsten Tag mietete ich zwei, drei Maultiere für mein Gepäck, ein bis zwei Esel für mich selbst. Ich hatte ein Zelt gekauft, ein paar Kisten mit dem Nötigsten, das man für eine Wüstenreise brauchte, und am 20. Oktober 1850 schlug ich am Fuß der großen Pyramide mein Zelt auf...« [1]

Nach sieben Tagen hatte der unruhige Mariette genug vom Rummel um die Pyramiden. Mit seiner kleinen Karawane zog er einen halben Tagesritt in südlicher Richtung und kampierte in Sakkara zwischen herumliegenden Mauerresten und umgestürzten Säulen. Das Wahrzeichen des heutigen Sakkara, die Stufenpyramide des Pharao Djoser (2630–2611 v. Chr.) steckte damals noch unerkannt im Erdreich. Nichtstun war nicht Auguste Mariettes Art. Er stocherte in der Umgebung herum und stieß auf den Kopf einer Sphinx, die aus dem Sand herausragte. Augenblicklich dachte er an die Sphingen in den Antiquitätenläden, die ebenfalls aus Sakkara stammten. Einige Meter weiter stolperte er über eine zerbrochene Steintafel, auf der er das

Die Zitadelle von Kairo.

Wort »Apis« entziffern konnte. Jetzt war der achtundzwanzigjährige Gast aus Paris hellwach. Auch andere Besucher *vor* Auguste Mariette hatten den Sphinx-Kopf und die Schrifttafel gesehen, aber keinem war ein Zusammenhang aufgefallen. Mariette erinnerte sich an die alten Schriftsteller Herodot, Diodor von Sizilien und Strabon, die alle über einen geheimnisvollen Apis-Kult im Alten Ägypten berichtet hatten. Im ersten Kapitel seiner »Erdbeschreibung« schreibt Strabon (63 v. Chr.–26 n. Chr.):

»Nahe ist auch Memphis selbst, der Königssitz der Ägypter; denn vom Delta bis zu ihr sind drei Schoinen (16,648 km). Sie enthält an Tempeln zuerst den des Apis, welcher derselbe ist mit Osiris. Hier wird, wie ich schon sagte, der für einen Gott gehaltene Stier Apis … in einer Tempelhalle unterhalten. Auch ein Serapis-Tempel ist daselbst an einem sehr sandigen Orte, so daß vom Winde Sandhügel aufgeworfen werden, von welchen wir die Sphingen teils bis zum Kopfe verschüttet, teils halb bedeckt sahen …«

Da war die Rede von teilweise verschütteten Sphingen, von

Die Stufen-Pyramide von Sakkara, davor das noch unberührte Grabungsfeld – welche Überraschungen mag es noch verbergen?

Memphis, vom Apis-Stier und einem Serapis-Tempel. Mariette stand am richtigen Ort! Bei Diodor von Sizilien, der im ersten vorchristlichen Jahrhundert lebte und Verfasser einer vierzigbändigen »Historischen Bibliothek« war, hatte er gelesen [3]:

»Es erübrigt hier noch, zu dem Gesagten das zuzufügen, was den heiligen Stier, den sie Apis nennen, betrifft. Wenn derselbe mit Tod abgegangen und prunkvoll bestattet ist...«

Prunkvoll bestattet? Bislang hatte in Ägypten niemand Stiergräber gefunden. Auguste Mariette vergaß seinen Auftrag, den ihm seine französischen Kollegen anvertraut hatten, vergaß das koptische Patriarchat, vergaß die Kopien, die er von den Papyri anfertigen sollte. Ihn packte das Jagdfieber. Spontan engagierte er dreißig Arbeiter mit Schaufeln, befahl ihnen, die kleinen Sandhügel abzutragen, die sich alle paar Meter aus der Wüste hoben. Auguste Mariette legte Sphinx um Sphinx frei, alle sechs Meter eine neue Figur, eine ganze Sphingen-Allee mit insgesamt 134 Gestalten kam ans Tageslicht. Der alte Strabon hatte recht gehabt!

In den Ruinen eines kleinen Tempels fand Mariette einige Steintafeln mit Bildern und Inschriften. Sie zeigten den Pharao Nektanebo II. (360–342 v. Chr.), der den Tempel dem Gott Apis weihte. Nun war Mariette sicher: Hier irgendwo mußten die Gräber mit den »prunkvoll bestatteten« (Diodor) Apis-Stieren liegen.

Die darauffolgenden Wochen verliefen in fieberhafter Suche. Eine Entdeckung jagte die andere. Mariette buddelte die Statuen von Falken, Göttern und Panthern aus dem Sand. In einer Art Kapelle legte er den Körper eines Apis-Stieres aus Kalkstein frei. Die Stierskulptur löste verblüffende Reaktionen bei den Frauen der umliegenden Dörfer aus. Während einer Mittagspause erwischte Mariette fünfzehn Mädchen und Frauen, die eine nach der anderen auf den Stier kletterten. Auf dem Rücken des Tieres begannen sie mit rhythmischen Bauch- und Schenkelbewegungen. Diese Gymnastikübungen, so erfuhr der verdutzte Mariette, seien ein sicheres Mittel gegen Unfruchtbarkeit.

Auf der Suche nach dem Eingang zu den Stiergräbern förderte Mariette Hunderte von Figürchen und Amuletten ans Tageslicht. In Kairo zirkulierten Gerüchte, der nervöse französische Archäologe lasse Goldstatuetten verschwinden. Per Kamel kamen Soldaten der ägyptischen Regierung angeritten, ein Herold verbot Mariette weitere Grabungen.

Mariette fluchte, schimpfte – und verhandelte. Seine Auftraggeber in Paris, hocherfreut durch die Berichte und Schätze, die Mariette ihnen übermittelte, schickten ihm weitere dreißigtausend Francs und gaben ihm diplomatische Hilfestellung bei der ägyptischen Regierung. Am 30. Juni 1851 konnte Mariette weitergraben. Ungeduldig griff er sogar zu Dynamit und horchte bei der Explosion den Boden ab.

Wo sind die Stiermumien?

Am 12. November 1851 löste sich ein größerer Stein unter Mariettes Füßen. Wie auf einem Lift rutschte er langsam in ein unterirdisches Gewölbe. Als sich der Staub verzog und Fackeln herbeigereicht wurden, stand Mariette vor einer Nische mit einem gewaltigen Sarkophag. Es gab für ihn nicht die geringsten Zweifel. Er war am Ziel. Da drinnen mußte ein göttlicher Apis-Stier liegen. Als er näher trat und mit der Fackel die Nische ausleuchtete, sah er den gigantischen Sarkophag-Deckel. Er war vom Sarkophag gestoßen worden. Der Sarkophag war leer.

In den kommenden Wochen durchkämmte Mariette systematisch die unheimlichen Gruften. Das Hauptgewölbe maß an die dreihundert Meter, war acht Meter hoch und drei Meter breit. Rechts und links davon lagen breite Kammern. Jede enthielt – am Sockel perfekt eingemauert – einen Granit-Sarkophag. Ein zweites Gewölbe, genauso groß wie das erste, wurde durchbrochen. Die zwölf Sarkophage darin hatten dieselben überdimensionalen Ausmaße wie die zwölf im ersten Ge-

Folgende Doppelseite: *Eine der Sphingen von Memphis, die die alte Pharaonen-Hauptstadt zu bewachen scheinen.*

wölbe. Hier die Ausmaße eines Sarkophages: Länge = 3,79 Meter, Breite = 2,30 Meter, Höhe = 2,40 Meter (ohne Deckel), Dicke der Sarkophagwand = 42 Zentimeter. Mariette schätzte das Gewicht eines Sarkophages auf siebzig Tonnen, den Deckel zusätzlich mit zwanzig bis fünfundzwanzig Tonnen. Gigantisch. Alle Sarkophag-Deckel waren entweder zur Seite geschoben oder vom Sarkophag herabgestoßen worden. Nirgendwo eine Spur von »prachtvoll bestatteten« Stiermumien.

Mariette nahm an, Grabräuber oder die Mönche des nahen Klosters zum hl. Jeremias müßten ihm zuvorgekommen sein. Verbittert und wütend grub er unverdrossen weiter. Neue Gewölbe wurden aufgebrochen. Sie enthielten Holz-Sarkophage aus der 19. Dynastie (1307–1196 v. Chr.). Als ein Felsblock das Weiterkommen verhinderte, griff Mariette zu Dynamit. Der Sprengstoff riß ein Loch in den Boden, und im Fackellicht erblickten die Männer unter sich einen massiven Holz-Sarkophag. Die Sprengung hatte den Deckel zerrissen. Als Holzsplitter und Balken beiseite geräumt waren, erkannte Mariette einen mumifizierten Mann. Mariette [1]:

»Eine Goldmaske bedeckte sein Gesicht, eine kleine Säule

Die Gewölbe des Serapeums von Memphis.

aus grünem Feldspat und rotem Jaspis hing an einer Goldkette an seinem Hals. Eine andere trug zwei Jaspis-Amulette, alle mit dem Namen des Prinzen Chaèmwese, der ein Sohn Ramses' II. war... Achtzehn menschenköpfige Statuen mit der Inschrift ›Osiris-Apis, Großer Gott, Herr der Ewigkeit‹ waren ringsumher verstreut.«

Erst in den dreißiger Jahren unseres Jahrhunderts wurde diese Mumie, von der Mariette angenommen hatte, es sei der Leichnam eines Prinzen, sorgfältig untersucht. Als die britischen Ägyptologen Sir Robert Mond und Dr. Oliver Myers die Bandagen aufschnitten, quoll ihnen eine übelriechende Masse von Bitumen (Asphalt) entgegen, durchsetzt mit winzigen Knochensplittern.

Wo blieben die göttlichen Stiere? Im Laufe des Sommers 1852 entdeckte Mariette in einer neuen Gruft noch zusätzliche Apis-Sarkophage. Die Ältesten darunter wurden mit 1500 v. Chr. datiert. Nicht eine enthielt eine Stiermumie!

Endlich, man zählte den 5. September 1852, stand Mariette vor zwei unversehrten Sarkophagen. Im Staub des Bodens bemerkte er die Fußabdrücke, welche die Priester vor dreitausendfünfhundert Jahren zurückgelassen hatten, als sie die göttlichen Stiere zu Grabe trugen. Eine vergoldete Statue des Gottes Osiris bewachte die Nische, am Boden lagen Goldplättchen, die sich im Laufe der Jahrtausende von der Decke gelöst hatten. An der Decke erkannte Mariette Gravuren von Ramses II. (1290–1224 v. Chr.) und seinem Sohn, die dem Gott Apis-Osiris (hier als Mischwesen dargestellt) ein Trankopfer reichten. Mühsam wurden die Sarkophag-Deckel mit Stemmeisen und Seilwinden gehoben. Doch sollte hier Auguste Mariette persönlich zu Worte kommen [4]:

»Auf diese Weise hatte ich Gewißheit, daß vor mir eine Apis-Mumie liegen müsse, und konsequenterweise verdoppelte ich meine Vorsicht... Meine erste Sorgfalt galt dem Kopf des Stieres, aber ich fand keinen. Im Sarkophag lag eine bitume, sehr stinkige Masse, die beim kleinsten Druck zerbröselte. In der stinkigen Masse lag eine Anzahl sehr kleiner Knöchelchen, offenbar schon zersplittert in der Epoche des Begräbnisses. In-

Diese gigantischen Sarkophage finden sich in den Kammern, die aus dem Fels herausgeschlagen wurden. Welchen Zwecken haben sie gedient?

mitten des Durcheinanders von Knöchelchen ohne Ordnung und eher zufällig fand ich fünfzehn Figürchen...«

Dieselbe niederschmetternde Feststellung machte Mariette beim Öffnen des zweiten Sarkophages. »Keine Stierschädel, keine größeren Knochen; im Gegenteil, eine noch größere Verschwendung von winzigen Knochensplittern.«

Die Gewölbe unter Sakkara, in denen keine göttlichen Apis-

Stiere gefunden wurden, obschon jedem Tourist das Gegenteil gesagt wird, und obschon es auch in der Fachliteratur vorwiegend falsch nachzulesen ist, tragen heute den Namen: Serapäum. Der Begriff ist eine griechische Synthese der Worte Osir – Apis = Serapis.

Auguste Mariette, der rastlose Sucher, der manchen Streit mit den ägyptischen Behörden ausfocht, kehrte nach einem kurzen Aufenthalt in Paris wieder nach Ägypten zurück. Er hielt die Museumsluft zu Hause nicht mehr aus. 1858 übertrug ihm die ägyptische Regierung auf Empfehlung von Ferdinand Lesseps, dem Erbauer des Suez-Kanals, die Oberaufsicht über sämtliche Grabungen in Ägypten. Der quirlige Franzose entwickelte eine unglaubliche Arbeitswut. Unter seiner Leitung wurde an vierzig Orten gleichzeitig gegraben, er beschäftigte zeitweise bis zu zweitausendsiebenhundert Arbeiter. Mariette war der erste Ägyptologe, der alle Funde exakt katalogisieren ließ. Er gründete das weltberühmte Ägyptische Museum und erhielt 1879 den Titel eines Pascha. Selbst das Libretto für die Oper »Aida«, die von Guiseppe Verdi zur Eröffnung des Suez-Kanals komponiert wurde, geht auf Auguste Mariette zurück. Ohne es zu wissen, flanieren heute täglich Tausende von Touristen an seiner Grabstätte vorbei. Auguste Mariettes Sarkophag steht im Vorgarten des Ägyptischen Museums in Kairo.

Sarkophage mit falschen Mumien

Für die konservative Zunft der Archäologen besteht kein Zweifel, daß die gewaltigen Sarkophage im Serapäum einst Stiermumien enthielten. »Was sollen sie denn sonst enthalten haben«, fauchte mich unlängst ein Fachmann an, »etwa Atommüll?« Das wohl kaum, verehrte Herren, doch des Rätsels Lösung könnte aus einer völlig unvermuteten Ecke kommen. Um den Täter mit kriminologischem Gespür einzukreisen, muß ich zuerst noch einige kuriose Fakten auf den Tisch zaubern.

Neben dem göttlichen Apis verehrten die Ägypter noch

Täglich flanieren Tausende von Touristen an dem Sarkophag von Auguste Mariette vorbei, ohne es zu ahnen.

zwei weitere, weniger bekannte Stiere namens Mnevis und Buchis. Strabon vermerkt im 17. Buch lakonisch [2]:

»Hier liegt die Stadt Heliopolis auf einem beträchtlichen, aufgeschütteten Hügel mit einem Tempel der Sonne und dem in einem Gemache unterhaltenen Stier Mnevis, welcher bei ihnen für einen Gott angesehen wird, wie in Memphis der Apis.«

Mnevis war ein Bulle mit schwarzen, gegen den Strich gerichteten Haarbüscheln ohne Zeichnung. Aus einem Brief, den ein Tempelpriester in Heliopolis schrieb, weiß man, daß dieser Mnevis-Stier tatsächlich mumifiziert wurde. Der Priester bestätigte nämlich den Empfang von zwanzig Armlängen feinen Leinens für die Bandagierung von Mnevis. In Heliopolis, der Stadt des Sonnengottes Re-Atum, wurden denn auch Grabanlagen der Mnevis-Stiere gefunden: alle zerstört, ausgraubt, geplündert. Bis heute konnte keine intakte Grabstätte von Mnevis-Stieren lokalisiert werden.

Der Stierkult für Buchis wurde in Zentralägypten, nicht weit vom heutigen Luxor entfernt, betrieben. Die Entdeckung der

Buchis-Katakomben verdanken wir, wie so oft in der Archäologie, einem Zufall. Der britische Archäologe Sir Robert Mond hatte vernommen, einige Kilometer vom Örtchen Armant entfernt sei die Bronzefigur eines Stieres aus dem Sand geschaufelt worden. Nun war dieses Dörfchen Armant identisch mit der Tempelstadt Hermonthis, welche die alten Ägypter auch »das südliche On« nannten (im Gegensatz zum nördlichen On = Heliopolis). Sir Robert Mond sagte sich, wenn schon ein Stierkult im nördlichen On, dann auch im südlichen. Die aufgefundene Bronzefigur bestärkte ihn in seiner Annahme. Sir Mond begann zu suchen.

Wie Mariette im Serapäum lokalisierte das britische Archäologenteam unter den völlig zerfallenen Tempelruinen von Hermonthis unterirdische Grabanlagen mit wuchtigen Sarkophagen, die – genau wie im Serapäum – rechts und links des Hauptganges in Nischen eingemauert lagen. Weil es um göttliche Buchis-Stiere ging, taufte man die Anlage mit den insgesamt fünfunddreißig Grabnischen »Bucheum« [4]. Unweit davon entfernt spürte Sir Robert eine zweite Grabanlage, Baqaria genannt, auf. Beide Begräbnisstätten waren in desolatem Zustand. Nicht genug, daß Grabräuber auch hier den Archäologen zuvorgekommen waren, die Grabkammern lagen teils unter Wasser, Mumien oder was dafür gehalten wurde, waren von einem Millionenheer weißer Ameisen zerfressen. Völlig korrodierte Bronzefigürchen lagen herum, Eisen zerfiel zu rostigem Staub. Sir Robert Mond [4]:

»Vielleicht der am besten erhaltene Körper von allen, den wir erst am Ende unserer Arbeit fanden, war derjenige von Baqaria 32. Wir haben diese Mumie sehr sorgfältig behandelt und jede Einzelheit aufgezeichnet... Die Position [der Mumie, EvD] war nicht die eines ruhenden Ochsen, sondern die eines Schakals oder eines Hundes... Keine Knochen waren gebrochen.«

Das alles klingt seltsam und konfus. Die Stier-Sarkophage sind die einzige Realität, an die man sich halten kann. Sie existieren im Serapäum, in Gewölben unter Heliopolis, im Bucheum, in Baqaria und auch noch in Abusir, unweit von Gizeh.

Die Sarkophage enthalten entweder gar nichts oder eine stinkige bitume Masse mit Knochensplitterchen.

Noch verwirrender, an Stelle der erwarteten Stiere wird eine menschliche Mumie mit Goldmaske gefunden, wobei – wie sich viel später herausstellt – die Bandagen keinen menschlichen Leichnam freigeben, sondern erneut stinkenden Asphalt. Schließlich – es ist zum Haare ausraufen – entpuppen sich erwartete Stiermumien als Schakale oder Hunde.

Der Ungereimtheiten nicht genug: Die britischen Ägyptologen Mond und Myers ließen einige ihrer Funde aus dem Bucheum und Baqaria chemisch analysieren. Ein Stück weißes Glas enthielt 26,6 Prozent Aluminiumoxyd, viel zuviel für gewöhnliches Glas. Ein künstliches Auge aus Ton bestand aus überdurchschnittlich viel Kalk, und das Weiße des Tonauges, von dem man annahm, es müsse Fayence sein, war weder ägyptische Fayence noch Glas. (Im Gegensatz zu echter Fayence bestand die ägyptische Fayence aus feinem Quarzsand mit einem Glasüberzug. Die Ägypter stellten daraus Schmuckstücke, insbesondere Röhrenperlen, her.)

Die Stier-Sarkophage (ohne Deckel) sind aus einem einzigen Block aus Assuan-Granit hergestellt worden. Assuan liegt rund tausend Kilometer vom Serapäum entfernt. Schon alleine das Heraushämmern, Glätten und der Transport nur eines Sarkophages mit Deckel von immerhin neunzig bis hundert Tonnen Gewicht bedeutete eine fast übermenschliche Leistung. Die schwergewichtigen, starren Ungetüme mußten in die vorbereitete Gruft gezogen, geschoben, gerollt und in ihrer Nische verankert werden. Diese organisatorischen und technischen Großtaten belegen die ungeheure Wichtigkeit, welche die Ägypter dem Sarkophag-Inhalt zumaßen. Und dann – es ist nicht zu fassen – zerschlagen, zerhacken die Priester die kurz zuvor kunstvoll mumifizierten Stiere zu winzigen Knochensplitterchen, vermischen das Ganze mit zähem, klebrigem Bitumen (Asphalt), rühren einige Götterfigürchen und Amulette darunter und hieven die stinkige Masse in den exquisiten Sarkophag. Deckel drauf, fertig.

Wäre es so abgelaufen, hätten sich die Ägypter ihre Mühe

mit den gewaltigen Sarkophagen weiß Gott ersparen können. Um Knochensplitter, zu aller Unlogik noch ohne Kopf und Hörner, für Jahrtausende aufzubewahren, brauchte man keine kolossalen Granitbehälter. Die Fachleute sind sich ohnehin einig, daß die altägyptischen Priester niemals einen göttlichen Stier zerstückelt hätten. Das wäre Frevel, Blasphemie, gewesen. Sir Robert Mond: »Die Grablegung einer Mumie in irgendeiner anderen Form als der des ganzen Körpers war im alten Ägypten undenkbar.«

Und doch muß genau dies immer wieder geschehen sein. Da wurden in den unterirdischen Anlagen bei Abusir zwei prächtig einbalsamierte Stiere gefunden. Die linnenen Bandagen, kreuzweise über den Tierkörper gelegt und mit Faserschnüren festgezurrt, waren unverletzt. Endlich guterhaltene Stiermumien, frohlockte man, denn aus den Bandagen ragte sogar der Kopf mit den Hörnern. Sorgfältig schnitten französische Spezialisten, Monsieur Lortet und Monsieur Gaillard, die jahrtausendealten Schnüre auf, zogen Schicht für Schicht der Linnen weg. Die Verblüffung war unbeschreiblich. Im Innern lagen kreuz und quer Knochen von verschiedenen Tieren, die sich teilweise nicht einmal einer bestimmten Gattung zuordnen ließen. Die zweite Mumie, zweieinhalb Meter lang und einen Meter breit, die äußerlich wahrhaftig wie ein perfekter Stier aussah, enthielt ein Kunterbunt von mindestens sieben verschiedenen Tieren, darunter auch Kalbs- und Stierknochen.

Alle Stiergewölbe waren zerstört. Haben Grabräuber gewütet, Mönche den Sarkophag-Inhalt in kleine Knochensplitter zerschlagen? Grabräubern ging es zu allen Zeiten um Gold und Edelsteine, Stiermumien interessieren sie nicht. Zudem geben Grabräuber auch nicht die geringste Erklärung für das Auffinden von verschiedenen Tierknochen in einer Pseudo-Stiermumie. Da ist gottesfürchtigen Mönchen in missionarischem Eifer schon einiges mehr zuzutrauen, vorausgesetzt, sie kannten die Eingänge zu sämtlichen Stier-Nekropolen. Dann hätten die Mönche in ihrem heiligen Zorn die Sarkophag-Deckel zur Seite gewuchtet und den Inhalt mit schweren Stangen zermalmt. Etwa so, wie man Weintrauben zerstampft. Auch diese Erklärung bringt nichts. Die Spuren der christlichen Zerstörungswut müßten sichtbar sein, Bandagen wären zerfetzt, Götterfigürchen zerstückelt oder eingeschmolzen worden. Vermutlich hätten die frommen Brüder zur Austreibung des heidnischen Satans in jeden Sarkophag noch ein christliches Kreuz geworfen oder in den unterirdischen Galerien Heiligenfigürchen deponiert. Nichts von alledem ist festzustellen. Wo bleiben die Mumien der göttlichen Apis-Stiere?

Widersprüchliche Überlieferungen

Glaubt man dem griechischen Historiker Herodot (um 490–425 v. Chr.), der um 450 v. Chr. Ägypten ausführlich bereiste und mit den dortigen Priestern sprach, dann suchen wir vergeblich nach Apis-Mumien. Herodot vermeldet, die Ägypter hätten ihre göttlichen Stiere schlichtweg aufgegessen [5]:

»Sie halten Stiere für heilige Tiere des Epaphos. Deshalb prüfen sie sie in folgender Weise: findet man nur ein einziges schwarzes Haar an einem Stier, hält man ihn für unrein. Diese Untersuchung nimmt ein eigens hierfür bestimmter Priester vor. Das Tier steht dabei aufrecht und wird auch auf seinen Rücken gelegt; man zieht ihm die Zunge heraus, um nachzusehen, ob sie von den vorgesehenen Anzeichen frei ist, die ich an anderer Stelle beschreiben werde. Der Priester beschaut die Schwanzhaare, ob sie natürlich gewachsen sind... So wird also das Tier geprüft, das Opfer aber in folgender Weise vollzogen:

Das gezeichnete Tier wird zum Altar geführt, an dem sie gerade opfern, und ein Feuer angezündet. Dann sprengen die Priester Wein über dem Opfertier, rufen den Gott an und schlachten es. Danach schneiden sie dem toten Rind den Kopf ab. Den Körper häuten sie ab, der Kopf aber wird unter vielen Verwünschungen weggetragen. Falls sich ein Markt in dem Ort befindet und Griechen als fremde Kaufleute dort Handel treiben, bringt man den Kopf auf den Markt und verkauft ihn. Sind keine Griechen da, wirft man den Tierkopf in den Nil... Das

Ausweiden der Opferstiere und das Verbrennen verläuft bei den jeweiligen Opfern verschieden... Wenn sie den Stier abgehäutet und ein Gebet gesprochen haben, nehmen sie die Bauchhöhle aus; Innereien aber und Fett lassen sie im Körper. Dagegen trennen sie die Schenkel, die Hüftknochenspitze, die Schulterblätter und den Hals ab. Danach füllen sie den übrigen Körper des Tieres mit reinem Brot, Honig, Rosinen, Feigen, Weihrauch, Myrrhe und anderem Räucherwerk und verbrennen ihn als Opfer. Vorher haben sie noch eine Menge Öl darübergegossen. Vor dem Opfer fasten sie. Während die Opfer brennen, wehklagen sie alle. Wenn sie genug gejammert haben, tischen sie aus den restlichen Teilen des Opfertieres ein Mahl auf.

Alle Ägypter opfern reine Stiere und Kälber; Kühe dagegen dürfen sie nicht darbringen; sie sind der Isis heilig...«

Soweit Herodot. Hätte er recht, ergäbe die Frage nach den Stier-Nekropolen auch gar keinen Sinn. Weshalb die Schufterei mit den Granit-Sarkophagen, wenn die Priester sich die Tierleiber an einer Festtafel schmecken ließen? Paradoxerweise beschreibt derselbe Herodot an einer anderen Stelle die Einbalsamierung eines Stieres, bei dem die Eingeweide aus dem Körper gelöst wurden, indem man Zedernöl durch die Gedärme spritzte. Überhaupt überlieferten die Schriftsteller des Altertums Widersprüchliches, wenn es um die göttlichen Stiere ging. Läßt Herodot die Stiere verspeisen, schreibt Diodor von Sizilien von »prachtvollen Bestattungen«. Plinius, Papinius Statius und Ammianus Marcellinus, allesamt römische Schriftsteller der Antike, waren sich hingegen einig, die Stiere seien in einer heiligen Quelle ertränkt worden.

Ertränkt – verspiesen – einbalsamiert – zerstückelt, wie hätten wir's denn gerne?

In einer altägyptischen Überlieferung, dem »Papyrus Apis«, wird gar in allen Einzelheiten festgehalten, auf welche Weise der göttliche Stier zu mumifizieren war. Jeder Handgriff wird beschrieben, es wird vermerkt, wie viele Priester während der Einbalsamierung an welcher Stelle zu stehen hatten, wo und wie die Linnen rechts und links, von oben und unten und auch noch kreuzweise angelegt werden mußten. Nach der Reinigung mit Wasser und Öl soll der Stier bis zur vollständigen Austrocknung mit Natron bedeckt worden sein. Während der ganzen Zeremonie mußte ein priesterlicher Vorleser vor dem Stier stehen, Beschwörungsformeln und Gebete murmeln und die Einbalsamierer überwachen, auf daß ihnen ja keine falschen Handreichungen unterliefen. War das Vieh endlich mit einigen tausend Metern Linnen umwickelt, wurde der Schädel eingegipst und zwischen die Hörner eine Goldscheibe geklemmt. Diese symbolisierte die Abstammung des Stieres vom Sonnengott. Schließlich wurden noch Glasaugen in die Augenhöhlen geschoben und die präparierte Mumie in einer feierlichen Prozession in die vorbereitete Gruft getragen. Dies alles ist im Detail überliefert. Was nur ist schiefgegangen?

Wer war Omar Khayyam?

Ein Bekannter hatte mich zum Nachtessen in ein typisch ägyptisches Restaurant eingeladen. Es gab Reis, Geflügel, braune, in Dampf gegarte Bohnen, die mit Zwiebeln vermischt waren, und dazu das einheimische Nationalgemüse Muluchija. Die Blätter sind herzhaft und saftig, man verarbeitet Muluchija zu würzigen Suppen oder Gemüse-Eintöpfen. Während ein schwerer, fruchtiger Wein gereicht wurde, erzählte mein Begleiter, in der schrecklichen Zeit des Kalifen El Hakim, der von 996–1021 in Kairo regierte, sei jedermann an Ort und Stelle abgeschlachtet worden, der beim Muluchija-Schmaus erwischt wurde. Der sadistische Kalif wollte die Ägypter nicht nur umerziehen, er genoß ihr Leiden. Seit dem Kalifen El Hakim kann es sich keine ägyptische Regierung leisten, den Anbau von Muluchija in irgendeiner Weise zu kürzen.

Mit Appetit stopfte mein vergnügtes Gegenüber Grünzeug in sich hinein. Meine Augen wanderten zur Weinflasche. »Omar Khayyam«, las ich auf der Etikette. Wer war Omar Khayyam?

»Ich denke, das ist der Name des Weinbauern oder Grossisten«, antwortete mein Begleiter.

Ein Kellner, der mitgehört hatte, widersprach sofort: »Omar Khayyam ist ein früherer Herrscher von Ägypten gewesen!«

Plötzlich stand der Oberkellner am Tisch und wies seinen Untergebenen mit einer brüsken Handbewegung vom Tisch: »Omar Khayyam war ein berühmter General!« Das paßte nun dem Gast am Nachbartisch ganz und gar nicht. »Omar Khayyam? Das ist doch ein Beduinen-Häuptling gewesen«, schnaubte er. Oh, hätte ich nur nie gefragt! Das ganze Restaurant verfiel einer regelrechten Ekstase der Raterei, bald ging es zu wie an einer Aktienbörse: »Ein Admiral!« schrie jemand. »Der Begründer des zoologischen Gartens!« übertönte ihn ein anderer. »Was behauptest du da?« gestikulierte ein älterer Händler mit breiter Zahnlücke, »Omar Khayyam war der Ingenieur des Assuan-Staudammes...«

Viele Tage später, bei einem Gespräch mit dem Chefausgräber von Sakkara, Dr. Holeil Ghaly, scherzte ich am Rande: »Wer war eigentlich Omar Khayyam?«

Der Herr über die Archäologen seines Bezirkes lächelte und griff zum Lexikon:

»Omar Khayyam«, las er, »persischer Poet, Mathematiker, Astrologe, lebte von 1048–1122, behandelte philosophische Themen, schrieb blumige Liebeslieder.«

Man muß sich eben an die richtigen Leute wenden.

Eine Pyramide wird gefunden

Ich saß dem richtigen Mann gegenüber. Dr. Holeil Ghaly ist nicht irgendein Ägyptologe, er ist, so sein Titel, »Direktor der Antiquitäten von Sakkara«. Ein scharfsinniger, liebenswürdiger Fachmann, polyglott, der sogar zugab, einige meiner Bücher gelesen zu haben. »Phantasie ist wichtig, auch bei uns in der Archäologie«, sagte er. Ich wünschte mir mehr von seinem Schlage!

Dr. Holeil Ghaly, Direktor der Antiquitäten von Sakkara, ein scharfsinniger, liebenswürdiger Fachmann.

Das archäologische Gebiet von Sakkara ist der ausgedehnteste Grabungsbezirk Ägyptens, das größte Grabungsfeld der Welt. Es beginnt an der Grenze von Gizeh, bei Abusir, und zieht sich sechzig Kilometer südlich den Nil hinauf. Während der Wintermonate sind ständig mehrere, internationale Teams an der Arbeit und versuchen, dem Wüstensand und dem felsigen Boden darunter seine Geheimnisse abzuringen. Erst im Frühjahr 1988 hat eine französische Equipe vom Collège de France zwei bislang unbekannte Pyramiden aus der Zeit Pepis I. (2289–2255 v. Chr.) entdeckt.

»Möchten Sie die Pyramide sehen?« fragte Dr. Ghaly. In seinem Jeep fuhren wir über Sanddünen, vorbei am touristisch erschlossenen Bezirk von Sakkara. Unterwegs erfuhr ich, dieser Pharao Pepi wäre seit langem bekannt. Er war der Nachfolger von Teti (2323–2291 v. Chr.), der wiederum der Begründer der 6. Dynastie war. Teti, Pepi, derart simple Namen sollten unsere Politiker haben! Die Pyramide Pepis I. liegt in Sakkara-Süd, und unweit davon war dem französischen Team ihr Fund geglückt: eine Pyramide aus dem Herrscherhaus der Familie

Pepi. Was gibt es da groß zu entdecken, dachte ich, recken denn Pyramiden ihre Spitze nicht aus dem Sand?

Es war gegen 16 Uhr, die Hitze drückte wie ein Vorhang aus Glutpartikeln, drang in die Poren, unter die verschwitzte Kopfhaut. Ein letzter Ruck, der Jeep hielt vor einem großen Loch im Boden. Von einer Pyramide weit und breit keine Spur. Dr. Ghaly, mein Mitarbeiter Willi Dünnenberger und ich traten an den Rand des Loches. Mir stockte der Atem, nicht wegen der Hitze, die man schier abbeißen konnte, sondern wegen des Anblicks, der sich zehn Meter unter uns auftat. Man hat sich daran gewöhnt, *vor* Pyramiden zu stehen, ihre klaren Konturen gegen den Horizont zu bewundern. Hier war alles anders. Wie Zeitreisende aus einer fernen Dimension standen wir zehn Meter *über* den Resten der Pyramide, die den Anwohnern schon vor Jahrtausenden als billiger Steinbruch gedient haben muß. Immerhin waren noch zwei Pyramiden-Flächen mit blitzsauber polierten und perfekt eingefügten Blöcken erkennbar.

»Wie lange wird hier schon gegraben?«

»Die vergangenen sechs Monate war das französische Team gemeinsam mit ägyptischen Archäologen und insgesamt hundertachtzig Arbeitern am Werk«, erläuterte Dr. Ghaly. »Jetzt, im Sommer, sind Grabungen wegen der Hitze nicht möglich.«

Die Archäologen vom Collège de France hatten die Pyramide unter der dicken Sand- und Gesteinsschicht mit elektronischer Hilfe angepeilt. Da gibt es verschiedene neue Methoden, von denen ein Heinrich Schliemann nicht zu träumen wagte. Mit dem Magnetometer läßt sich das magnetische Feld des betreffenden Ortes bestimmen. Die Meßeinheit wird ›Gamma‹ genannt. Das magnetische Feld der Erde schwankt zwischen 25000 Gamma am Äquator und 70000 Gamma an den Polen. Mit ausgetüftelten Meßreihen wird der Gamma-Wert an einer bestimmten Stelle festgelegt und mit Sonden geprüft, ob dieser Wert überall im Gelände derselbe ist. Ergeben sich Unregelmäßigkeiten, etwa durch Metalle oder Hohlräume im Boden, wird das ›ground penetrating radar‹ (GPR) hinzugezogen. Es funktioniert ähnlich wie ein Echolot. Der Sender schickt Hochfrequenzimpulse in das Erdreich, die reflektiert

Unter diesem Erdloch erhebt sich eine Pyramide aus der Zeit des Pharao Pepi I., die seit 1988 ausgegraben wird.

Die Archäologen markieren in Sakkara ihre Grabungsfelder; ihre Werkzeuge sind zum Teil immer noch dieselben wie im 19. Jahrhundert.

und von einer Spezialantenne gemessen werden. Ein tragbarer Computer zeichnet die Impulse auf und wirft Wellen und Linien auf den Monitor. Ist etwas Abnormales im Boden aufgespürt, so läßt sich das fremde Objekt mit dem GPR regelrecht einkreisen. So wurde das französische Archäologenteam fündig, ohne auch nur einen Spaten angesetzt zu haben. Eine Mannschaft aus Physikern und Archäologen der University of California in Berkeley ist seit zehn Jahren sogar dabei, eine vollständige Karte der unterirdischen Anlagen im Tal der Könige zu erarbeiten [6].

Jahrtausendelang verschollene Gruften werden lokalisiert, unterirdische Gewölbe angepeilt. Wir können in den nächsten zehn Jahren mehr archäologische Schätze ans Tageslicht heben, als in den hundert Jahren zuvor. Wird am richtigen Ort angesetzt und mit Zeit und Geld nicht knausrig umgegangen, entgeht den modernen Schatzsuchern kaum noch etwas. Doch leider gibt es religiöse und politische Glaubensrichtungen, denen diese archäologische Zielsetzung gar nicht paßt. Es sind die

Ewiggestrigen, die sich vor Enthüllungen der Vorfahren fürchten.

»Weiß man eigentlich, was der Name Sakkara bedeutet?« fragte ich auf der Rückfahrt Dr. Ghaly.

»Das Wort ist bereits im Altägyptischen bekannt. Sakkara kommt von Schakal.«

»Wie alt sind denn die ältesten Funde von Sakkara?« Der sehr jugendlich wirkende Dr. Ghaly wiegte den Kopf: »Die Geschichte von Sakkara zieht sich von der 1. Dynastie, die begann um 2920 v. Chr., bis in die christliche Zeit. Es gibt hier sogar vorgeschichtliche Funde.«

Immer noch auf der Spur der göttlichen Apis-Stiere fragte ich ernst: »Ich habe den Grabungsbericht von Auguste Mariette sehr gründlich studiert. Ist Ihnen eigentlich bekannt, daß Mariette im Serapäum nie einen Stier gefunden hat?«

Dr. Ghaly überlegte kurz: »Ja, das ist mir bekannt!«

»Sind denn bei Grabungen in Sakkara noch Sensationen zu erwarten?«

Der Ägyptologe lächelte verständnisvoll, zeigte seine weißen Zähne, die unter dem schwarzen Haarschopf wie Elfenbein funkelten: »Wir nehmen an, daß etwa zwanzig Prozent von Sakkara bekannt sind. Achtzig Prozent liegen noch unberührt unter der Erde.«

Oh Gott, durchzuckte es mich, zwanzig Prozent und so viele offene Fragen! Was mag die Zukunft für Überraschungen bereithalten? Welcher Ägypten-Tourist, der mit seiner Reisegruppe die Stufen-Pyramide des Djoser (2630–2611 v. Chr.), den Pyramiden-Bezirk des Pharaonen Unas (2356–2323 v. Chr.) oder das prachtvolle Grab des noblen Herrn Ti in Sakkara besucht, ahnt denn schon, daß der Boden unter seinen Füßen labyrinthähnlich mit Abertausenden von Gängen untertunnelt ist? Welchem von der Hitze geschundenen Reisenden, der im Touristenzelt seinen süßen Tee schlürft oder an einer lauwarmen Cola nippelt, wird gesagt – von wem auch? –, daß in

Folgende Doppelseite: *Das Tal der Könige bei Luxor gehört zu den berühmtesten Sehenswürdigkeiten des alten Ägypten.*

Sakkara Millionen (!) von mumifizierten Tieren aller Gattungen ruhen? Eine überdimensionale Arche Noah unter der Erde!

In meinem Gedankengebäude spielen die monumentalen Sarkophage für Pseudostiere eine Schlüsselrolle. Geduld – bitte! Ich bin dabei, die Monstren einzukreisen, für welche den Ägyptern jede Schwerarbeit gerade recht war. Weshalb überhaupt diese Versessenheit, alles mumifizieren zu müssen? Bei menschlichen Mumien mag dieses Verhalten einigermaßen nachvollziehbar sein. Aber bei Tieren?

Körper, Ka und Ba

Aus Pyramiden-Texten, aus einer Vielfalt von Grabinschriften, doch auch aus Papyri und Büchern antiker Schriftsteller wie Herodot sind die Glaubensvorstellungen der Ägypter recht gut belegt. Als der Gott Chnum (der mit dem Widderkopf) den Menschen formte, schuf er ihn in zwei Teilen: Körper und Ka. Der Körper ist vergänglich, das Ka unsterblich. Dieses Ka ist Bestandteil des großen, universellen Geistes, der Schwingungen sozusagen, die alles beleben. Der Körper ist nur Materie, die ohne Ka keinen Lebensodem hätte. Im Gegensatz dazu ist das Ka spirituell, allgegenwärtig und ewig. Dennoch entspricht das Ka nicht unserer Vorstellung von einer Seele. Reinhard Grieshammer, ein Fachmann ersten Ranges, schrieb dazu [7]:

»Man hat in ihm einen Doppelgänger des Menschen sehen wollen oder eine Art Schutzgeist. Allein sicher ist nur, daß sich in ihm eine gewisse Kraft und Mächtigkeit manifestiert. Wir wissen, daß der mit Ka bezeichnete Aspekt des Menschen mit seiner Geburt ins Leben tritt. Texte und Darstellungen bezeugen das.«

Neben dem Ka besitzt jeder Mensch auch noch ein Ba. Damit wird ein Zustand bezeichnet, der erst aus der Vereinigung von Körper und Ka entsteht. Man könnte dieses Ba als das Bewußtsein einstufen, als individuelles Gewissen, als Psyche oder auch als Informationsgehalt eines Lebens. Stirbt der Körper, vereinigt sich das Ka mit dem Ba. »Er geht zu seinem Ka«, sagten die alten Ägypter, wenn jemand verschied. Der Körper ist jetzt eine abgestreifte Hülle, Ka und Ba hingegen vereinigen sich, sind unsterblich verbunden und treten in einer anderen Dimension vor Götter und Ahnen.

Diese uralte Betrachtungsweise, die während Jahrtausenden in der einen oder anderen Form von den Religionen gelehrt wird, ist heute wieder hochmodern. Die Namen haben sich geändert, die Inhalte sind geblieben. Hinter jeder Materie erkennt die Physik letztlich Schwingung. Die Welt des Atoms, der subatomaren Teilchen, aus denen alles aufgebaut ist, ist die Dimension der Strahlung, der Schwingung. Beispiel: ein Elektron, Bestandteil jedes Atoms, pulsiert 10^{23} mal pro Sekunde. Das ist eine 10 mit 23 Nullen. Die Physik, auf der Jagd nach der Weltformel, die alles erklären, alles unter einen Hut bringen könnte, weiß nicht, was der Ursprung aller Schwingung ist, was den Motor der Schwingung treibt. Die Esoteriker und Philosophen ihrerseits, nur ausgerüstet mit den Schwächen der Gefühle und des Verstandes sagen: Alles ist Eines, Jedes ist irgendwie mit Jedem verbunden.

Der Baum, das Tier, der Mensch hat die Schwingung, das Ka, doch der Pflanze und dem Tier fehlt die Eigenverantwortung. Ein Baum, beispielsweise, vollzieht keine Handlungen, die mit richtig oder falsch, gut oder böse, logisch oder unlogisch bewertet werden. Folgerichtig entwickelt sich keine Psyche, keine individuelle Verantwortung. Es fehlt das Ba. Erst die Trinität von Körper, Ka und Ba machen den Menschen zur einmaligen Persönlichkeit, die ihn von jedem anderen Menschen unterscheidet. Keiner von uns, auch eineiige Zwillinge nicht, erduldet, erleidet, registriert dieselben Erfahrungen auf dieselbe Weise, niemand fühlt oder freut sich mit derselben Intensität. Wir bleiben alle Menschen, aufgebaut aus demselben genetischen Grundmaterial – und doch ist keiner gleich. Wir sind *geworden*, was wir sind.

So weit – so gut. Dies alles ist noch kein Grund, einen toten Körper, die leere Hülle ohne Ka und Ba, zu mumifizieren. Bei den alten Ägyptern entwickelte sich mehr und mehr die eigenartige Vorstellung, das Ka sei auch nach dem Tode mit dem Körper verbunden, das Ka brauche den Körper, um zurückzukehren. Sollte es Ka und Ba im Jenseits wohlergehen, mußte der Körper erhalten bleiben. Wir wissen nicht, was die Ägypter und andere Völker, die ebenfalls die Mumifizierung betrieben, auf diesen seltsamen Gedanken brachte, denn er widersprach letztlich ihrem eigenen Glauben. Nach ihren Vorstellungen war der Körper nach dem Entweichen von Ka und Ba ohnehin nur wertloser Ballast. Die Idee, auch der Körper müsse erhalten bleiben, führte zwangsläufig zur Mumifizierung und zum festungsartig abgesicherten Grabbau. Die Gruften wurden mit Fallen und irreführenden Gängen ausgestattet, gegen Feinde und Räuber abgesichert. Je reicher der Verstorbene, um so mehr Schätze wurden ihm mitgegeben. Nicht nur Gold, Edelsteine und haltbare Eßwaren, auch die Lieblingsgegenstände, Spielsachen, Schmuckutensilien, ja sogar das Bett und das Handwerkszeug wanderten mit der Mumie ins dunkle Verlies. Der Verstorbene sollte sich wohl fühlen und genügend Werte als Opfergaben auf der langen Reise durch die verschiedenen Jenseitsgefilde mit sich führen.

Dies alles ist richtig und durch Grabfunde belegt – und unlogisch und falsch. Ich bin versucht zu fragen: Für wie blöd halten wir eigentlich die alten Ägypter? Andersherum: Was haben *wir* bei der Beurteilung von Gräbern und Schriften nicht kapiert? Alle Erklärungen für den ägyptischen Totenpomp stehen auf sandigem Grund und laufen jeder praktischen Erfahrung und Anschauung zuwider. Weshalb?

Gräber wurden zu allen Zeiten von habgierigen Nachfahren geplündert, auch schwer abgeschirmte Pharaonen-Gruften. Dies keineswegs erst in den vergangenen zwei Jahrtausenden, sondern bereits in der Blüte des verschachtelten, voluminösen, exzentrischen Grabbaues. Schon zu Beginn der 18. Dynastie (um 1500 v. Chr.) gab es kaum ein Herrschergrab, das nicht ausgeraubt worden wäre. Aus Inschriften ist bekannt, daß der Pharao Haremheb (1319–1307 v. Chr.) das aufgebrochene Grab seines Kollegen Thutmosis IV. (1401–1391 v. Chr.) wieder instand setzen ließ. Thutmosis hatte gerade achtzig stille Jährchen im Sarkophag verbracht. Pharaonen und Priester wußten klipp und klar, daß der Verstorbene weder seine Schätze und Lieblingsgegenstände in jenseitige Ebenen mitgenommen, noch Opfergaben unterwegs verschachert hatte. Anstatt daraus den vernünftigen Schluß zu ziehen, der ganze Mumienpomp mit allem Drum und Dran sei Mumpitz, allein schon deswegen, weil er dem religiösen Konzept des spirituellen und unsterblichen Ka zuwiderlief, verstärkten die Priester ihre Anstrengungen. Man zog ins Tal der Könige bei Theben um, meißelte unterirdische Grabkammern in die Berge, sicherte sie mit Fallen und monströsen Felsbrocken und versorgte die Toten mit noch mehr Klimbim als zuvor. Das ausnahmsweise nicht ausgeraubte Grab von Tutanchamun (1333–1323 v. Chr.) spricht Bände.

Irgend etwas reimt sich nicht!

Die schlafenden Toten

Vor dreiundzwanzig Jahren sprach ich in ERINNERUNGEN AN DIE ZUKUNFT die damals überzogene Vermutung aus, die alten Ägypter hätten weniger eine spirituelle als vielmehr eine körperliche Wiedergeburt im Auge gehabt [8]:

»Drum wohl war die Versorgung der in den Grabkammern einbalsamierten Leichen so praktisch und für ein diesseitiges Leben gedacht. Was hätten sie sonst mit Geld, mit Schmuck, mit ihren Lieblingsrequisiten anfangen sollen? Und da man ihnen sogar einen Teil ihrer Dienerschaft, fraglos bei lebendigem Leibe, mit ins Grab gab, war wohl die Fortsetzung des alten Lebens in einem neuen Leben mit all den Vorbereitungen gemeint. Die Gräber waren, quasi atombombensicher, ungeheuer dauerhaft und solide gebaut; sie konnten die Stürme aller Zeiten überdauern. Die mitgegebenen Werte waren absolut krisenfest, nämlich Gold und Edelsteine.«

Damals verwies ich auf ein Buch des Physikers und Astronomen Robert C. W. Ettinger [9], der einen Weg aufzeichnete, wie Leichen in einer Weise präpariert werden könnten, um eine spätere Wiederbelebung zu ermöglichen. Und heute?

In den Vereinigten Staaten von Amerika – wo sonst? – gibt es die ›American Cryonics Society‹ (ACS). Gründer und Präsident der Gesellschaft ist der Mathematiker A. Quaife, der sich strikt weigert, den Tod als unausweichlich hinzunehmen. Zweck der Organisation ist das Präparieren und Einfrieren von Leichen, um sie später – nach Jahrzehnten? Jahrhunderten? Jahrtausenden? – wieder aufzutauen. Im Tierversuch sind die Experimente weit fortgeschritten. Dr. Paul Eduard Segall von der ACS bestätigt, seinen eigenen Hund tiefgefroren und nach fünfzehn Minuten wieder aufgetaut zu haben. Er wedelte putzmunter! An Hamstern ist das Experiment hundertfach probiert worden, jedes fünfte Tierchen überlebte den Kälteschlaf. Auch Katzen, Fische, Schildkröten waren bereits Versuchsobjekte – mit Erfolg. Den Tieren wird Blut abgesaugt und durch eine frostschutzähnliche Lösung ersetzt. Blut würde gefrieren, die Zellen zerreißen. Die blutleeren Körper werden in Spezialtanks mit flüssigem Stickstoff bei 196 Grad minus gelagert. Beim Menschen wird daran gedacht, das Gehirn und bestimmte, empfindliche Organe aus dem Körper zu lösen und in separaten Behältern aufzubewahren. Ganz ähnlich wie es beim Transport von Organen (für Transplantationen) bereits geschieht. Frankenstein läßt grüßen!

Vor einigen Jahren besuchte ich bei Orlando (Florida, USA) eine große Bestattungs-Pyramide. Hier wird der Sarg mit den Dahingeschiedenen nicht mehr unter die Erde geschaufelt, nicht mehr verbrannt, sondern einem gekühlten Schubfach anvertraut. Jedes Fach trägt eine Tafel mit den persönlichen Daten des Verstorbenen. Auch die Todesursache ist festgehalten. Im Zentrum der Pyramide liegt ein mit Teppichen ausgestatteter Gedächtnisraum, Angehörige können ihre Toten jederzeit besuchen. Lautlose Fahrstühle bedienen die vielen Stockwerke innerhalb der Pyramide, Lebende und Tote werden rund um die Uhr von leiser Orgelmusik berieselt.

Welche Schlüsse müßten Archäologen nach dreitausendfünfhundert Jahren ziehen, wenn ihnen tiefgekühlte Tote oder mumifizierte Leichen aus luftdicht vakuumisierten Schubladen entgegenquellen? Dreitausendfünfhundert Jahre, das entspricht etwa der Zeitspanne, aus der *wir* heute die Mumifizierung im alten Ägypten beurteilen! Ich vernehme den Einwand, das Beispiel sei nicht vergleichbar, denn im alten Ägypten habe man auch die Segenswünsche und Sprüche aufgefunden, die den Mumien mit auf den Weg gegeben wurden. Aus derartigen Ratschlägen und Anweisungen für das Verhalten nach dem Tode entstanden die ägyptischen Totenbücher. Sticht der Einwand?

Wer im Vollbesitz seiner Kräfte damit einverstanden ist, sich einfrieren zu lassen und nach dem Tode gar seine Eingeweide und sein Gehirn in separaten Behältern verwahren zu lassen, der hat eine *körperliche* Wiedergeburt im Visier. Dies wird die Hinterbliebenen nicht hindern, fromme Verse und Psalmen in die Kühlbox zu legen. »Freue dich auf ein Leben in einer besseren Welt«, steht da vielleicht. Oder: »In deinem neuen Leben wirst du befreit von der Krankheit sein, die dich hier quälte. Der allmächtige, ewige Gott beschütze dich auf deiner Reise und sei dir gnädig.«

Aus ähnlichen Sprüchen müßten zukünftige Archäologen ableiten, die Verstorbenen hätten an ein zweites Leben im Jenseits geglaubt. Denkste! Woher wollen wir denn mit Bestimmtheit wissen, welche Motive einen Pharao vor viertausendsechshundert Jahren leiteten, als er sich ein luxuriöses Grabmal für die Ewigkeit errichten ließ? Nach den großen Vorbildern, den Herrschern, wollte natürlich jedermann mumifiziert werden. Das ursprüngliche Ziel, die Hoffnung auf eine körperliche Wiedererweckung, versank im Dunst des Vergessens. Von den Priestern gefördert, die schließlich das beste Geschäft damit machten, begann in Ägypten ein Mumienkult, der nichts Vergleichbares in der Welt hat. Neue Berufe – Einbalsamierer, Körperreiniger, Einschneider – entstanden, ganze Industriezweige müssen für die Mumifizierung produziert haben. Sarkophage aus Granit, Alabaster und Holz wurden geschlagen, Unmengen von Honig, Wachs, Salben, Ölen und Natron be-

2138

Im Ägyptischen Museum ist ein kleiner Zoo zu bestaunen, Kanopen und mumifizierte Tiere, z. B. Falken und Ibisse.

reitgestellt, Millionen von Kanopen (vasenähnliche Behälter für die Eingeweide und das Gehirn) angefertigt und einige Millionen Meter Bandagen und Leichentücher gewoben.

Was ist eigentlich aus diesen Massen von eingewickelten Leichen geworden?

Nach der Einnahme des Pharaonen-Reiches durch die Römer wachte keine ägyptische Priesterschaft mehr über die Gräber. Zu Tausenden wurden Gruften geplündert, Mumien und Holz-Sarkophage als Brennmaterial verwendet. Mit dem Einzug des Christentums im 2. Jahrhundert zerstörten Mönche unterirdische Galerien, in denen die Mumien oft kreuz und quer übereinander gestapelt lagen. Im Mittelalter grassierte in ganz Europa ein geradezu groteskes Mumienfieber. Mumien wurden als Arzneimittel angepriesen! Mumienteile, Mumienpuder, Mumienhaut und Mumienpaste wurden gegen Lähmungen, Herzschwäche, Leberschäden, Magenvergiftung, Epilepsie und gar Knochenbrüche empfohlen. Ein Massenexport von Mumien aus Ägypten setzte ein, europäische Apotheker rissen sich um Mumien. »Etwas Mumie« gehörte in jede Haus- und Reiseapotheke, man nahm »Mumie« oral oder in Form von Salben und Pülverchen. Nach dem Arzneispuk, der immerhin zwei Jahrhunderte anhielt, begann das, was der französische Arzt und Mumienforscher Ange-Pierre Leca als »Ägyptomanie« betitelte [10]. Mumien wurden zu begehrten Sammelobjekten. Man stellte sie in Museen und auf Jahrmärkten aus, plazierte sie wie Ritterrüstungen in die Empfangshallen nobler Häuser und zelebrierte öffentliche Mumienenthüllungen. Im letzten Jahrhundert begann ein Geschäftsmann aus Maine, USA, aus dem Rohstoff Mumien Papier herzustellen. Zum Ärger des cleveren Fabrikanten verfärbten Harze und Bitumen in den Mumien das Papier bräunlich. Das war die Geburtsstunde des Packpapiers! Die braunen Folien, ungeeignet als Schreibpapier, gelangten rollenweise in den Einzelhandel. Die Mumie diente jetzt als Verpackung – »eingewickelt für die Ewigkeit« [11].

Millionen von Tieren in Bandagen

Der Mensch ist ein Bündel aus Ängsten, Freuden, Traurigkeit und Hoffnung. Da sterben die Eltern, die Geliebte, ein Kind, ein Freund. Der Mensch hat keine Wahl, er muß sich mit dem Tode auseinandersetzen. Existieren die Verstorbenen in irgendeiner Weise weiter? Geht es ihnen gut? Leiden sie? Ist mit dem Tod alles aus, oder ziehen uns Götter und Geister für irdische Taten zur Verantwortung? Wir wissen es nicht. Fünftausend Jahre menschliche Geschichte brachten keine Antworten auf die urewigen Fragen. Es gibt keinen einzigen, naturwissenschaftlich abgesicherten Beweis für ein Leben nach dem Tode, für eine Wiedergeburt. Oh, ja, ich kenne die Bücher, die das Gegenteil belegen. Sie entstammen entweder religiösen Vorstellungen, der Philosophie, der Esoterik, oder es sind Erlebnisberichte. Menschen erzählen vom jenseitigen Leben, vom freien Bewußtsein in farbenprächtigen Sphären, Menschen lassen sich durch hypnoseähnliche Zustände zurückführen in frühere Existenzen. Ich habe viel über derartige Versuche gelesen, habe an mir persönlich ein Rückführungsexperiment vollziehen lassen. Es gibt heute Forschergruppen, die mittels Tonbändern mit Verstorbenen kommunizieren, andere, denen es gelingt, Fernsehbilder von Jenseitigen auf den Monitor zu zaubern. So manches, was da an die Oberfläche geschwemmt wird, klingt einleuchtend, bestechend, in manchen Fällen gar überzeugend. Nur kann der Naturwissenschaftler damit nichts anfangen. Er verlangt jederzeit wiederholbare Experimente, will vorzeigbare Daten, die keine andere Interpretation als diejenige der Wiedergeburt oder des Lebens nach dem Tode mehr zulassen. Persönliche Erlebnisberichte, mit oder ohne Hypnose, gelten in der Naturwissenschaft nicht.

Dieses beharrliche Suchen nach Antworten über den eigenen Tod hinaus gehört zur menschlichen Unruhe. Zu mühselig und leidensvoll war die eigene Lebensgeschichte. Und dies alles für nichts? Ein kurzes Leben für einen langen Tod? Niemals! Das darf, das kann nicht sein! Das Leben muß seinen Sinn über den Tod hinaus haben.

Die alten Ägypter waren gegen derartige Überlegungen sowenig gefeit wie wir. Wer Antworten sucht, findet Antworten. Und da wir uns mit einem endgültigen Aus partout nicht zufriedengeben, blitzt der Funke der Hoffnung in unserem Bewußtsein auf. Es gibt eine Chance, dem Tod zu entkommen. Wiedergeburt! Ob spiritueller oder körperlicher Art ist im Augenblick unerheblich. Das zähe Festhalten an einer Wiedergeburt in einem viel schöneren Leben wird jetzt zum Sinn des Lebens. Der Hoffnung wachsen Flügel, jetzt werden die tägliche Schufterei, die Pein, der Ärger und die Ungerechtigkeiten erträglich. Aus der Hoffnung an die Wiedergeburt entstehen – heute! – amerikanische Gesellschaften wie die ACS, und genauso entstanden – damals! – religiöse Organisationen für Mumifizierungen.

Das alles ist verständlich, ist gedanklich nachvollziehbar, es geht schließlich um das eigene Ich. Was aber treibt ein Volk dazu, Abermillionen von Tieren zu mumifizieren? Daß eine begüterte Lady ihren Schoßhund oder die Lieblingskatze wie einen Menschen beerdigen läßt, gehört schon fast zum Alltag. Tierfriedhöfe bezeugen es. Die Einsamkeit des Menschen schuf zu allen Zeiten eine besondere Beziehung zum Haustier. Affenliebe nennt man dies geringschätzig. Weshalb aber werden Hunderttausende von Krokodilen, Schlangen, Flußpferden, Igeln, Ratten, Fröschen und Fischen mumifiziert? Sie gehörten ja nun wirklich nicht gerade zur Sorte pusseliger Haustierchen? Hier eine (unvollständige) Liste der Tiere, welche die alten Ägypter mumifizierten [12]:

Stier	Kuh
Widder	Schaf
Ziege	Antilope
Gazelle	Hund
Wolf	Pavian
Krokodil	Wiesel
Spitzmaus	Ratte
Schlange	Löwe
Katze	Bär
Luchs	Hase
Igel	Flußpferd
Fledermaus	Frosch
Fisch	Aal
Fischotter	Ibis
Falke	Adler
Geier	Sperber
Eule	Krähe
Rabe	Taube
Schwalbe	Wiedehopf
Storch	Gans
Käfer	Skorpion

Zu den berühmtesten und zweifellos erfolgreichsten Ausgräbern von Sakkara gehörte Dr. Walter Brian Emery (1903 bis 1971). Bereits als junger Ägyptologe gehörte er zum Ausgräberteam, das unter der Tempelstadt Armant (dem südli-

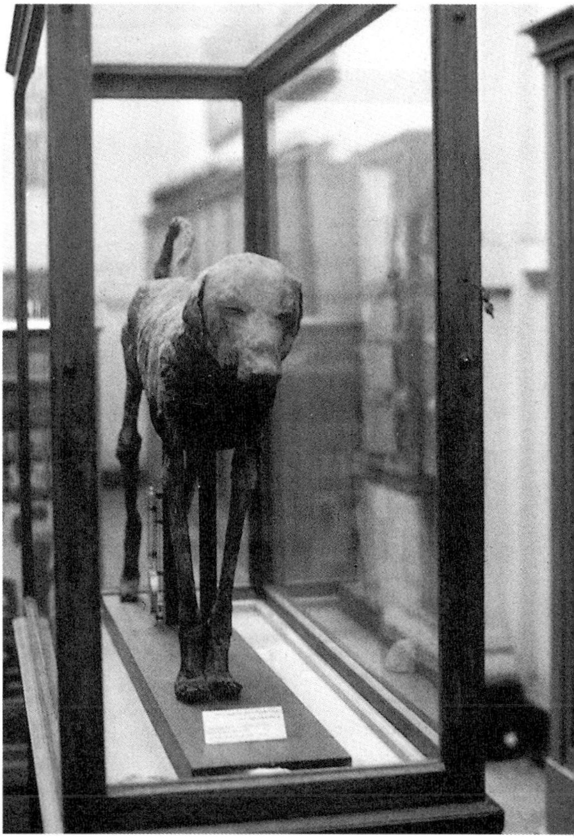

Mumifiziert wurden nicht nur Hunde, sondern sogar Fische!

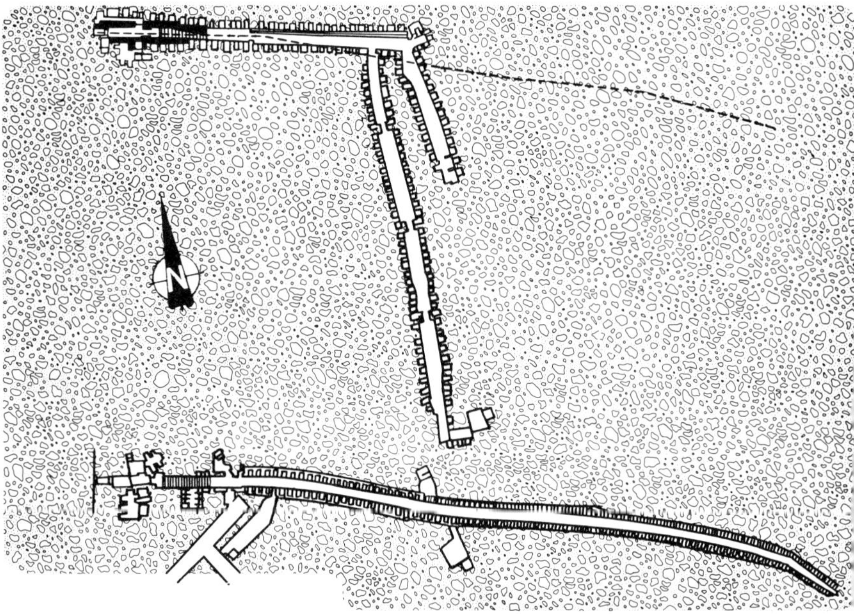

Plan der unterirdischen, teils doppelstöckigen Vogelgalerien von Sakkara.

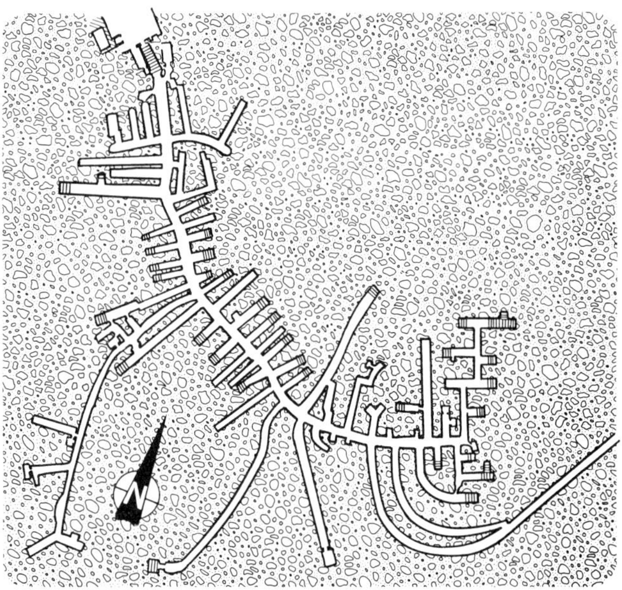

chen On) auf unterirdische Gänge des Bucheums (mit den Sarkophagen für die Buchis-Stiere) gestoßen war. Ab 1935 grub er fast ausschließlich in Sakkara. Er entdeckte die ältesten Pharaonen-Gräber aus der ersten Dynastie mitsamt den Nebengräbern von Gefolgsleuten, die beim Tod der Hauptperson ihr Leben lassen mußten. Als Emery 1964 ein jüngeres Grab aus der Ptolemäer-Zeit (um 330 bis zur römischen Eroberung) freilegte, stieß er in 1,25 Meter Tiefe auf die Überreste eines Rindes, das einst in Grabtücher gewickelt gewesen war. Sechs Meter tiefer steckte ein Tonkrug mit einem konischen Deckel im Boden. Emery putzte diesen Krug sorgfältig frei, dabei bemerkte er links und rechts daneben weitere Krüge derselben Art, einige trugen das Zeichen des Mondgottes Thoth. Über fünfhundert Gefäße kamen zum Vorschein, jeder Krug enthielt eine Ibis-Mumie.

Nur wenige Meter östliche des Grabes Nr. 3510 aus der III. Dynastie (2649–2575 v. Chr.) stieß Emery in zehn Metern Tiefe auf einen Schacht, der vom Boden bis zur Decke mit Ibis-Mumien ausgefüllt war. Die Überraschung der Ausgräber war unbeschreiblich, als der freigelegte Schacht in einen langen, gekrümmten Hauptgang mündete, von dem über fünfzig Nebengänge abzweigten, die sich wiederum in weitere Schächte spalteten. Insgesamt ein mehrere Kilometer langes Labyrinth mit schätzungsweise eineinhalb Millionen Ibis-Mumien [13]! Alle Vögel waren sauber präpariert, mit Bandagen umwickelt und in vasenähnliche Krüge gesteckt worden. Die Krüge lagen Kopf an Fuß bis unter die Decke gestapelt. In den Hauptgang von 4,5 Metern Höhe und 2,5 Metern Breite hätte man bequem mit dem Traktor hineinfahren können. Das unterirdische Labyrinth, von dem der französische Ägypten-Reisende Paul Lucas zu Beginn des 18. Jahrhunderts schrieb, er habe darin über vier Kilometer zurückgelegt, ist bis heute nicht restlos erforscht worden. Die von Emery freigelegten Eingänge sind wieder versandet. Was soll man mit Millionen von Ibis-Mumien anfangen? Vielleicht entdeckt demnächst ein Keramikhändler das Geschäft seines Lebens. Anderthalb Millionen Vasen warten auf Abnehmer.

Geht es um die Quantität der Vögel, dann schlägt der Fund von Ibis-Mumien bei Tuna el-Gebel wohl alle Rekorde. Tuna el-Gebel liegt bei der alten Tempelstadt Hermopolis, etwa vierzig Kilometer südlich von el-Minia. Dort lokalisierten Ägyptologen einen unterirdischen Tierfriedhof, der sich über ein Areal von sechzehn Hektar hinzog. Über zwei Stollen gelangten die Ausgräber in eine regelrechte Felsenstadt mit Straßen, Sackgassen und verwinkelten Kammern, vollgestopft mit Ibis-Mumien, doch auch von Falken, Flamingos und Pavianen. Alleine vier Millionen Ibisse sind in den Katakomben gezählt worden! Bekannt ist, daß Hermopolis mit dem sieben Kilometer westlich davon gelegenen Tuna el-Gebel bis in die Griechen- und Römerzeit als Wallfahrtsort und Stätte der heiligen Tiere hochverehrt wurde. Eine Grenzstele des Pharao Echnaton (1365–1347 v. Chr.) gilt als ältestes Denkmal der Nekropolis. Zwischen Pharao Echnaton und der Römerzeit liegen tausenddreihundert Jahre. Welche Überzeugungskraft muß eine Religion ausstrahlen, die über eine derart lange Epoche dieselben Leitbilder wachhält? Wobei wir nicht einmal wissen, ob die Ursprünge der Tier-Nekropole von Tuna el-Gebel nicht noch tausend Jahre tiefer in die Vergangenheit zurückreicht.

Kisten für die Paviane

In Abydos wissen wir es. Abydos liegt etwa fündhundertsechzig Kilometer nilaufwärts von Kairo. Der Ort ist archäologisch besonders wichtig, weil die Gräber von Abydos aus der I. und II. Dynastie stammen, aus einer Zeit also, die, ab heute gemessen, füntausend Jahre zurückreicht. Abydos war der zentrale Kultort für den Gott Osiris, dem die Herrschaft über alles Irdische anvertraut war. Er war es, der so nützliche Dinge wie den Acker- und Weinbau auf der Erde einführte und von den Menschen deshalb als »der Vollendete« betitelt wurde. Osiris hatte einen Bruder namens Seth, und der, neidisch geworden über die Beliebtheit von Osiris, lockte den göttlichen Sproß in einen

In diesen hülsenähnlichen Kanopen entdeckte Dr. Walter Brian Emery Millionen (!) von einbalsamierten Vögeln. Die Aufnahmen stammen aus der unterirdischen Falkengalerie von Sakkara.

Kasten, zerstückelte ihn und warf die Teile in den Nil. Die Legende berichtet, der Kopf des Osiris liege in Abydos begraben. Kein Wunder also, wenn sich die ersten Pharaonen in der Nähe ihres hochverehrten Osiris zur jenseitigen Ruhe betten ließen. In Abydos wurden nicht nur handwerklich hervorragende Königsgruften aufgetan, sondern auch die Gräber des Hofgesindes, der oberen Beamten und sogar von Haremsdamen entdeckt, die ihrem Herrscher in die Grube folgen mußten. Ob freiwillig oder unfreiwillig, ist nicht überliefert. Es war eine große Ehre, in Abydos bestattet zu werden.

Gerade deshalb versteht man nicht recht, warum ausgerechnet in der heiligen Erde von Abydos Tausende und Abertausende von Hundemumien liegen. Als Archäologen zu Beginn dieses Jahrhunderts einen mit Steinen zugeschütteten Schacht aufbrachen, stießen sie auf unterirdische Gänge, anderthalb Meter hoch und zwei Meter breit. Die Korridore endeten in Grabkammern, die bis zur Decke mit Hundeleichen angefüllt waren. In weiße Tücher gehüllt, lagen die Tiere kreuz und quer in Zehnerreihen übereinander gestapelt. Ein Abtransport der Hundekadaver erwies sich als unmöglich; die Mumien zerfielen bei der kleinsten Berührung. Immerhin fand man zwischen den aufeinander getürmten Hundeleichen einige römische Öllampen aus dem 1. vorchristlichen Jahrhundert. Dies läßt den Schluß zu, Hundemumien seien während Jahrtausenden bis in die Römerzeit in den Gruften von Abydos beigesetzt worden. Aber vielleicht haben auch nur römische Grabräuber um 100 v. Chr. ihre Ölfunzeln in den stickigen Gewölben von Abydos liegenlassen.

Tiermumien, wohin das Auge blickt. Dabei wurde erst die Spitze des Eisberges angebohrt. Erinnern wir uns: nur zwanzig Prozent von Sakkara sind bekannt! Dem unermüdlichen Ausgräber Walter Emery, dem das Millionenheer von Ibis-Mumien in Sakkara in die Hände fiel, gelang ein anderer, spektakulärer Fund. Bei der Freilegung eines Tempels aus der Zeit des Pharao Nektanebo I. (380–322 v. Chr.) stieß Emery auf einen kleinen Raum, der einen Abstieg zu tiefer gelegenen Gängen freigab. Beidseitig des Hauptkorridors waren rechteckige Ni-

In den felsigen Untergrund von Tuna el-Gebel sind Nischen geschlagen, jede Nische enthielt eine Vogelmumie.

Die bandagierten Vögel wurden in rechteckige Minisarkophage gelegt.

schen in den Fels geschlagen. In jeder Nische stand eine hölzerne Kiste und darin in Tüchern bandagierte Paviane. Die Füße der Tiere steckten in Kalk ober Gips, damit sollte wohl das Umkippen der rechteckigen Holz-Sarkophage verhindert werden. Der gut zweihundert Meter lange Hauptgang mündete in der Südostecke in einen länglichen Raum ohne Nischen. Emery und seine Crew leuchteten mit Lampen herum, eine steile Stufe wurde entdeckt. Sie führte in ein tiefer gelegenes Gewölbe, das sich endlos lang in ostwestlicher Richtung hinzog. Wie eine Perlenschnur reihte sich Nische an Nische, in jeder Nische eine aufrechtstehende Holzkiste mit einem mumifizierten Pavian. Als Emery in einem Teil der höher gelegenen Galerie Schutt freilegen ließ, stolperten die Arbeiter über Gipsabdrücke von menschlichen Körperteilen. Durcheinander lagen Hände, Beine, Füße, Arme, doch auch Perücken und vollständige Köpfe. Der französische Ägyptologe Jean Philippe Lauer, seinerzeitiger Mitarbeiter von Walter Emery und heute der große alte Mann von Sakkara, vermerkte [14]:

»Ohne Zweifel hat man es hier mit ›medizinischen Votivgaben‹ zu tun, die von kranken, heilungsuchenden Pilgern zurückgelassen wurden, sei es, um dem Gott so die Art ihrer Krankheit und den betroffenen Körperteil mitzuteilen, sei es als Zeichen des Dankes für die bereits erfolgte Heilung.«

Emery ließ die Pavian-Galerien säubern, er vermutete weitere Überraschungen. Er war der Typ des rastlosen Ausgräbers mit Entdeckerinstinkt, vergleichbar einem Auguste Mariette. Tatsächlich stieß Emery im tieferen Stockwerk der Pavian-Gewölbe auf eine Nische, die als Verbindungsgang zu neuen unterirdischen Labyrinth-Komplexen führte. Einer dieser Gänge war »von unten bis oben mit Ibis-Mumien in unzerstörten Keramik-Krügen gefüllt. Tausende dieser Mumien blockierten den Durchgang [14].« Während der Grabungsperiode 1970/71 stieß Emery auf die Kadaver von Raubvögeln. Die Gesamtzahl von Adlern, Falken, Geiern, Raben und Krähen konnte nur noch geschätzt werden. Der Spezialist Jean Philippe Lauer, der »das ungeheure Netz unterirdischer Gewölbe« aus eigener Anschauung kennt, spricht von einer Zahl, die »leicht die Millionen überschreiten dürfte« [14]. Insgesamt, soviel weiß man bis heute, haben die Ägypter achtunddreißig verschiedene Vogelarten als göttlich verehrt und mumifiziert.

Für Emery stand fest, daß die Gänge in irgendeinem Zusammenhang mit den oberirdischen Bauten aus der III. Dynastie

In Tuna el-Gebel befindet sich auch ein unterirdisches Pavian-Heiligtum.

(2649–2575 v. Chr.) stehen mußten. Das Schicksal ließ ihm keine Gelegenheit mehr, seine Theorie zu beweisen. Während der Grabungsarbeiten, die ihn faszinierten und in den Bann zogen, traf ihn der Schlag.

Mumientanz und Totenzauber

Wer den Aufwand überdenkt, den die Ägypter mit ihren Abermillionen von Tiermumien trieben, muß ins Grübeln kommen. Heilige, den Göttern geweihte Lebensformen? Das muß es wohl sein. Für die Hindu – beispielsweise – gilt die Kuh noch heute als heiliges Tier. Dennoch ist es ihnen noch nicht in den Sinn gekommen, das tote Vieh mit Spezereien einzureiben, mühsam austrocknen zu lassen, kunstvoll zu bandagieren, in Monster-Sarkophage zu stecken und in Gruften zu bestatten, die erst einmal im Schweiße des Angesichts dem Fels abgerungen werden mußten. (Am Rande: auch für die Ägypter war die Kuh heilig. Wer hat von wem übernommen?)

Im Land am Nil wurden nicht nur Vögel, Paviane und Hunde mumifiziert, in den Kanopen lagen auch Ibis-Eier, manchmal vierzig oder hundert an der Zahl, jedes einzelne sorgfältig mit Stoff umwickelt. In der Tebtynis-Nekropole, einem unterirdischen Friedhof, der westlich des Nils in der Oase Medinet el Faijum liegt, wurden über zweihunderttausend (!) mumifizierte Krokodile gezählt! Zwischen den zerfallenen und von Insekten zerfressenen Krokodil-Leichen Tonkrüge mit sorgsam verpackten Krokodil-Eiern. Aus den Überlieferungen antiker Schriftsteller (Herodot und andere) kennt man gar den Namen eines noch gewaltigeren Labyrinths für göttliche Krokodile: Das Sucheion. Bis heute konnte dieses Sucheion nicht lokalisiert werden.

Die Mumifizierwut der Ägypter verschonte selbst Schlangen und Frösche nicht. Diverse Giftschlangenarten, von denen es in Ägypten wimmelte, wurden mit wohlriechenden Salben eingeschmiert, mit schmalen Linnenstreifen umwickelt und in lange Holzsarkophage gesteckt. Mumifizierte Frösche quetschte man mitsamt den Bandagen in kleine Bronzebehälter. Ja, und die Priester der Stadt Esna, fünfzig Kilometer oberhalb des heutigen Luxor, spezialisierten sich gar auf die Mumifizierung von Fischen. Zu Abertausenden fand man sie, von der kleinsten bis zur größten Art säuberlich bandagiert, in einer eigenen Fisch-Nekropole zehn Kilometer westlich der Stadt Esna.

Aus heutiger Sicht ist der absurde Mumientanz der Ägypter nur aus einer religiösen Motivation heraus verständlich. Sie hielten die Tiere für heilig und glaubten, auch das arme Vieh besitze ein Ka, und dieses Ka benötige im jenseitigen Leben den diesseitigen Körper. Volkswirtschaftlich betrachtet war das Ganze ohnehin ein Irrsinn. Gewaltige Mengen an Wertgegenständen und Edelmetallen wanderten in Sarkophage und Grüfte, eine unvorstellbare Zahl von Arbeitsstunden wurden in Mumien mit allem Drum und Dran investiert. Wozu? Für ausgetrocknete Leichenhüllen, von denen die Ägypter aus tausendjähriger Erfahrung und tagtäglicher Anschauung wußten, daß gar nichts mit ihnen passierte? Kein Bandageninhalt belebte sich auf geisterhafte Art von selbst, keine Krokodil-Mumie wühlte sich aus den Linnen, kein Hundegejaul war aus der dumpfen Stille der Nekropolen zu vernehmen. Es gibt nicht den leisesten Zweifel: die Ägypter betrieben ihre Tierverehrung bereits in vorgeschichtlicher Zeit, sie ist keine Eingebung pharaonischer Priester. Welcher Glaube oder Irrglaube war derart beherrschend, daß er die Jahrtausende der ägyptischen Geschichte überdauerte?

Dieselbe Frage ließ schon den Schriftstellern der Antike keine Ruhe. Im 86. Kapitel seines ersten Buches schreibt Diodor von Sizilien [6]:

»Diese wunderbare und allen Glauben übersteigende Tierverehrung der Ägypter bringt diejenigen in große Verlegenheit, welche die Ursachen solcher Dinge zu ergründen suchen. Die Ansicht, welche die Priester hierüber haben, muß, wie wir schon bei Gelegenheit ihres Götterglaubens gesagt haben, geheimgehalten werden; das ägyptische Volk aber gibt die drei folgenden Ursachen an, deren erste ganz und gar sagenhaft und nur der Einfalt der alten Zeiten entsprechend ist. Sie sagen nämlich, die uranfänglichen Götter, die wegen ihrer geringen Zahl von der Menge und dem Frevelmut der erdgeborenen Menschen überwältigt worden, hätten die Gestalt gewisser Tiere angenommen und seien auf diese Art der Rohheit und Gewalttätigkeit der Menschen entgangen. Als sie dann später sich die Herrschaft über das ganze Weltall und alle Wesen darin errungen, hätten sie sich gegen diejenigen dankbar erwiesen, welche die Ursache ihrer Rettung gewesen, und die Tierarten für heilig erklärt.

Als zweite Ursache geben sie das Folgende an: Vor alter Zeit, sagen sie, hätten die Ägypter wegen der Unordnung in ihren Heeren viele Schlachten verloren und seien deshalb darauf verfallen, den einzelnen Scharen ein Abzeichen zu geben. Nun hätten sie Bilder eben der Tiere gemacht, die sie jetzt noch verehren, dieselben auf Lanzen gesteckt und den Hauptleuten zum Tragen gegeben, und auf diese Weise habe jeder gewußt, zu welcher Abteilung er gehöre...

Als dritten Erklärungsgrund führen sie den Nutzen an, welchen jedes dieser Tiere der menschlichen Gesellschaft und den Einzelnen gewährt...«

Dies alles ist, wie Diodor von Sizilien ausdrücklich betont, nur die Ansicht des Volkes, denn das Wissen der Priester über den Ursprung der Tierverehrung muß »geheimgehalten werden«. Schon damals!

Der griechische Schriftsteller Lukian (um 120 n. Chr.), der im hohen Alter noch zum kaiserlichen Sekretär in Ägypten befördert wurde, schreibt, der Tierkult der Ägypter gehe auf die Astrologie zurück. Die Ägypter hätten in verschiedenen Gauen verschiedene Zeichen am Himmel verehrt und diese Zeichen auf lokale Tiere übertragen. Andere Schriftsteller des Altertums widersprechen dem. Die Tiere seien aus Furcht und Entsetzen verehrt worden oder weil sie Wunder vollbrachten. Diodor von Sizilien vermeldet ein derartiges Mirakel:

»Es geht aber auch noch eine andere Sage über diese Tiere. Ein alter König nämlich, Menas geheißen, habe sich, von seinen eigenen Hunden verfolgt, in den Moeris-See geflüchtet und sei wunderbarerweise von einem Krokodil aufgenommen und auf das andere Ufer getragen worden.«

Nichts als Sagen und Märchen aus der Phantasiewelt des Menschen, ist man versucht zu spotten. Steckt etwas dahinter? Irgendeine mißgedeutete Urwahrheit, nur den Priestern und Eingeweihten bekannt? Der Fachmann Dr. Theodor Hopfner, der sich schon vor siebzig Jahren ausführlich mit dem Tierkult der Ägypter auseinandersetzte und dem alle Überlieferungen antiker Schriftsteller bekannt waren, resümierte [12]:

»Keine dieser Tatsachen erklärt den Umstand, warum die Ägypter überhaupt darauf verfielen, eine Verkörperung der Götter in Tieren anzunehmen. Ebensowenig wie die Verkörperung der Götter kann auch die Verkörperung der Seelen der Toten in Tieren die Ursache des Tierkultes gewesen sein, wie denn überhaupt von einer Seelenwanderung... für Ägypten nicht die Rede sein kann.«

Was nun? Interessant ist diese Tatsache: innerhalb der Gattung galten nur ganz bestimmte Exemplare als heilig. Nicht jede Gazelle, jeder Hund, nicht irgendeine Kuh und irgendein Stier wurden von den Priestern mit dem göttlichen Siegel versehen, sondern nur Einzeltiere mit unverkennbaren Eigenarten. Über den schwarzweiß gefleckten Apis-Stier schreibt Herodot:

»Der sogenannte Apis hat folgende Abzeichen: Er ist schwarz; auf der Stirn trägt er einen viereckigen weißen Fleck, auf dem Rücken das Bild eines Adlers, die Schweifhaare sind doppelt, und unter der Zunge erkennt man das Bild eines Käfers.«

Dieser ganz besondere Stier – und nur der! – wurde bereits im vorgeschichtlichen Ägypten verehrt. Die unbekannten Vorväter sahen im göttlichen Stier einen Abkömmling aus dem Kosmos, ein Werk des Gottes Ptah. Diese früheste Verehrung belegen Paletten mit sternengeschmückten Stierköpfen, die bei Abydos gefunden wurden, oder die goldenen Sonnenscheiben, die man den Apis-Stieren zwischen die Hörner klemmte. Der griechische Historiker und Philosoph Plutarch (um 50 n. Chr.)

schreibt, der göttliche Stier sei nicht auf natürliche Weise ins Leben getreten, sondern durch einen Mondstrahl, der vom Himmel fiel. Derartige Ansichten finden Bestätigung auf einer Stele, die Auguste Mariette im Serapäum fand. Über Apis stand da: »Du hast keinen Vater, du bist vom Himmel geschaffen.« Auch Herodot hält ähnliche Überlieferungen fest: »Die Ägypter behaupten, sie werde, ehe sie den Apis zur Welt bringe, durch einen Strahl vom Himmel befruchtet.«

Irgendwann in grauer Vorzeit haben die ominösen Götter mit Apis (und anderen Tieren) ein Spiel getrieben und dies schon zu einem Zeitpunkt, »den wir historisch nicht mehr zu erfassen vermögen [15].« So ist denn der Startschuß des Tierkultes im mythischen Bereich anzusiedeln, eingenebelt in die widersprüchlichen Handlungen der Götter, die kein Mensch verstand. Diese Götter, hervorgetreten aus einer überirdischen Herkunft, vollbrachten Unmögliches, für simple Menschen nicht mehr Erfaßbares. Sie erweckten Tiere zum Leben – wer vermag das schon –, lebten in Tieren, wirkten durch Tiere. Tiere waren es, die den Göttern Informationen über die Menschen brachten, Tiere unterstützten die Götter im Kampf untereinander und gegen die Menschen. Göttergleich ist auch die Erschaffung neuer Tiere, die Verkuppelung von Tierarten, die es in der Natur nicht gab. Göttlichen Ursprungs sind alle Zwitterwesen, die Ungeheuer und die verschiedenartigen Sphingen. Das war alles etwas viel für den beschränkten Verstand von Menschen, die kaum der Steinzeit entronnen waren. Auch die menschliche Phantasie, und sei sie noch so reich und verträumt, braucht Anstöße. Nichts kommt von gar nichts – nicht einmal Phantastisches.

Tiere auf dem Reißbrett

In meinem letzten Buche [16] sprach ich einen Verdacht aus, der sich seither verdichtete und der, wie zu belegen ist, in einer bestechenden Weise mit dem Tierkult der alten Völker in Verbindung gebracht werden kann. Ich behandelte die Entwicklung und die zukünftigen Möglichkeiten der Gentechnologie, machte klar, daß Genetiker in naher Zukunft durchaus in der Lage sein werden, neue Kreaturen zu erschaffen und bestehende zu mischen. Zitat:

»Die Entwicklung schlägt Kapriolen und beweist, daß die Praxis schneller sein kann als die kühnste Spekulation. Im April 1987 gab das amerikanische Patentamt (US Patent and Trademark Office) bekannt, daß es künftig auch ›vielzelligen, lebenden Organismen‹ Patentschutz gewähren werde, sofern sie auf einem Programm aufgebaut seien, das in der Natur nicht vorkäme. Es wurde eine Entwicklung legalisiert, die längst Praxis war: Bis März 1987 waren in den USA schon über zweihundert genetisch veränderte Mikroben, die beispielsweise ausgelaufenes Rohöl neutralisieren oder Insulin produzieren, zum Patent angemeldet. Im April 1987 wurden fünfzehn Patentanträge für Tiere gestellt, die es in der Natur nicht gibt. So gelang, beispielsweise, Wissenschaftlern der Universität Kalifornien eine Mischung aus Schaf und Ziege – die Schiege – auf biotechnischem Weg; diese Neuzüchtung aus dem Labor erfreut sich des Vorderteils eines Schafes und des Hinterteils einer Ziege. Entsetzte Kritiker wurden mit dem Hinweis beruhigt, das Monstrum wäre nur der Prototyp einer Serie, deren Modell die kalifornischen Tierdesigner zu verbessern versprachen.

Wer hat da noch die Stirn zu versichern, fliegende Pferde könne es nie, niemals gegeben haben?! Fliegende Mäuse (Fledermäuse) und fliegende Fische gibt es seit Jahrtausenden. Ob diese Abarten Produkte einer natürlichen Evolution sind oder aus den Labors außerirdischer Besucher stammen, wird man doch nunmehr fragen dürfen.«

Das war vor zwei Jahren. Die Uhr ist weitergelaufen.

1976 ist in Kalifornien die Firma GENENTECH gegründet worden. Man wollte den praktischen Einsatz von genetisch gewonnenen Medikamenten untersuchen und kommerziell verwerten. In den ersten Existenzjahren verbuchte die Firma nur Auslagen für Investitionen und Löhne, keiner glaubte so recht an einen Erfolg. Inzwischen stieg der Jahresumsatz auf zweihundertfünfzig Millionen Dollar, GENENTECH produziert längst in den schwarzen Zahlen, und weltweit sind dreihundert ähnlich gelagerte Firmen aus dem Boden geschossen. Was produzieren sie? Auf welch teuflische Art hat der herzlose Kapitalismus schon wieder zugeschlagen? Bereits 1979 gelang es GENENTECH, das Gen für das menschliche Insulin zu klonieren, ein Jahr darauf erfolgte die Klonierung von Interferon-Alpha. Kurz darauf das gentechnisch erzeugte Präparat Protropin, ein Wachstumshormon, mit dem Entwicklungsstörungen bei Kindern behoben werden.

Für diese und ähnliche Produkte werden Lizenzen vergeben – Lizenzen bringen Geld. GENENTECH rechnet damit, in Kürze das Patent für ein Präparat zu erhalten, das Wunder bei der Wundheilung vollbringt. Es geht zu wie bei den Göttern der Mythologie; aufgerisse Wunden schließen sich – Hokuspokus – fast über Nacht.

Am 13. Juni 1988 berichtete die Tageszeitung DIE WELT [17]:

»Eines der ehrgeizigsten Projekte der Molekularbiologie, die vollständige Entschlüsselung des menschlichen Erbgutes, nimmt jetzt konkrete Formen an. Drei Milliarden Dollar werden als Gesamtkosten für dieses »Genom-Projekt« veranschlagt, das seit rund zwei Jahren mit kontroversen Argumenten unter den Wissenschaftlern diskutiert wird... Die Wissenschaftler wollen innerhalb weniger Jahre mit einem immensen Aufwand an Personal, Apparaten und Geld die gesamte menschliche Erbsubstanz bis in ihre kleinsten Bausteine analysieren.«

Sie werden es schaffen. Der gläserne Mensch pocht an die Tür. Das »Genom-Projekt« soll aber nicht nur den Menschen, sondern auch »andere Organismen« einbeziehen. Wir sind ja alle miteinander verwandt – nicht? Genetiker der Universität Texas entwickelten bereits ein Verfahren, mit dem sich Tiere, die durch Genmanipulationen verändert wurden, sofort von ›echten‹ oder ›originalen‹ Tieren unterscheiden lassen. Das Spielchen ist einfach. Man schleust in die veränderten Gene noch ein Zusatzgen, das Luciferase auslöst. Das ist das Enzym, dem Leuchtkäfer ihr kaltes Licht verdanken. Das Enzym wird an die nächste, übernächste Generation vererbt, alle Nachkommen tragen das Luciferase-Gen. Eine kleine Gewebeprobe genügt, um festzustellen, ob ein Tier aus der x-ten Generation von einem genetisch veränderten Vorfahren stammt. Die Gewebeprobe, mit einigen Chemikalien behandelt, beginnt zu leuchten.

Es war mir schon immer schleierhaft, wie es die mythischen Götter fertigbrachten, ganz bestimmte Geschöpfe auf Anhieb von den anderen derselben Art zu unterscheiden. Der Schleier lüftet sich.

Dr. Tony Flint, Direktor am Londoner Zoo, gründete kürzlich eine »Tierbank«. Nein, die Viecher sollen weder Geld anlegen noch Börsengeschäfte tätigen. Die »Tierbank« hortet Eizellen, Samen, Embryos und genetisches Grundmaterial von Tierarten, die in den nächsten zwanzig Jahren vom Aussterben bedroht sind. Damit Genetiker der Zukunft sie wieder entstehen lassen können. Die Götter lassen grüßen!

Manetho und Eusebius – zwei Zeugen

Ist es wirklich zu weit hergeholt, zu spekulativ, die absehbare Zukunft in die mystische Vergangenheit zu transportieren? Hat das eine mit dem anderen nichts, aber auch gar nichts zu tun? Könnte der ganz spezielle Apis-Stier aus einer Gen-Manipulation entstanden sein? Ich möchte zwei Zeugen zu Worte kommen lassen, die ein paar tausend Jahre älter sind als ich.

Manetho ist der Name des einen. Er war Oberpriester und Schreiber der heiligen Tempel in Ägypten. Beim griechischen Historiker Plutarch wird Manetho als Zeitgenosse des ersten ptolemäischen Königs (304–282 v. Chr.) erwähnt. Der König habe eine schwere Skulptur nach Alexandrien schaffen lassen, schreibt Plutarch, und der Priester Manetho sei der einzige gewesen, der den König belehrte, »daß die rätselhafte Gestalt ein Serapis sei« [18]. Manetho lebte in Sebennytos, einer Stadt im Nil-Delta, und dort verfaßte er auch sein dreibändiges Werk über die Geschichte Ägyptens. Als Augenzeuge hatte er das Ende des dreitausendjährigen Pharaonen-Reiches miterlebt, als Wissender schrieb er die Chronik seiner Götter und Könige. Der Urtext von Manetho ist verschollen, doch übernahm der griechische Historiker Julius Africanus (gestorben 240 n. Chr.) wesentliche Passagen aus Manethos Büchern.

Der zweite Zeuge ist ebenfalls Historiker, Eusebius mit Name, gestorben 339 n. Chr., der auch als Bischof von Caesarea und als frühchristlicher Chronist in die Kirchengeschichte einging. Auch Eusebius zitiert ausführlich aus Manethos Werken, doch auch aus vielen anderen Quellen, wie er im Vorwort seiner »Chronographie« festhält [19]:

»Durchgegangen habe ich die mannigfaltigen Schriftwerke der Geschichten der Altvorderen: was die Chaldäer und Assyrer berichten, was im einzelnen auch die Ägypter schreiben...«

Manetho und Eusebius ergänzen sich in vielen Überlieferungen, wenn auch Eusebius oft christlich doziert, wo Manetho kühl Zahlen und Namen wiedergibt. Manetho beginnt seine Geschichte mit der Aufzählung von Göttern und Halbgöttern, wobei er Regierungsjahre dieser Gestalten anführt, die unsere Archäologen erschaudern lassen [20]. 13 900 Jahre sollen die Götter über Ägypten geherrscht haben, und die darauffolgenden Halbgötter zusammen nochmals 11 000 Jahre. (Ich werde an anderer Stelle darauf zurückkommen.) Die Götter, so Manetho, hätten verschiedene Wesen entstehen lassen, Monstren und Mischkreaturen aller Art. Genau dies bestätigt der Kirchenfürst Eusebius [19]:

»Und es waren daselbst gewisse andere Untiere, von denen ein Teil selbsterzeugte waren, und mit lebenerzeugenden Formen ausgestattete; und sie hätten erzeugt Menschen, doppelbeflügelte; dazu auch andere mit vier Flügeln und zwei Gesichtern und einem Leib und zwei Köpfen, Frauen und Männer, und zwei Naturen, männlichen und weiblichen; weiter noch andere Menschen, mit Schenkeln von Ziegen und Hörnern am Kopfe; noch andere, pferdefüßige; und andere von Pferdegestalt an der Hinterseite und Menschengestalt an der Vorderseite, welche der Hippokentauren Formen haben; *erzeugt hät-*

ten sie auch Stiere, menschenköpfige, und Hunde, vierleibige, deren Schweife nach Art der Fischschwänze rückseits aus den Hinterteilen hervorliefen; auch Pferde mit Hundeköpfen; und Menschen sowie noch andere Ungeheuer, pferdeköpfige und menschenleibige und nach Art der Fische beschwänzte; dazu weiter auch allerlei drachenförmige Unwesen; und Fische und Reptilien und Schlangen und eine Menge von Wunderwesen, mannigfaltig gearteten und untereinander verschieden geformten, deren Bilder sie im Tempel des Belos eins neben dem andern dargestellt aufbewahrten.«

Zwitter soweit das Auge reicht

Starker Tobak, was Eusebius da behauptet! Man muß es zwei-, dreimal lesen, auf der Zunge zerfließen lassen, bis die Ungeheuerlichkeit dieser Mitteilung in die Gehirnzellen tröpfelt. *Wie* war das damals? Es soll »doppelbeflügelte Menschen« gegeben haben? Alles Unsinn? Weshalb starren uns dann ihre Reliefs auf Stelen und Skulpturen in allen großen Museen entgegen? Sie tragen dort nur nicht das Etikett »doppeltbeflügelte Menschen«, unsere moderne Archäologie, bar jeder phantastischen Realität, nennt sie »geflügelte Genien«. »Menschen mit Schenkeln von Ziegen und Hörnern am Kopf« – hochpotenzierter Blödsinn? Bitte, wie wär's mit einem Blick auf sumerische und assyrische Rollsiegel und Tempelwände? Die Abbilder solcher Chimären existieren zu Hunderten. Auch »pferdefüßige Menschen« und Zentauren – halb Mensch, halb Pferd – sind in antiken Darstellungen verewigt. Ja, und »Stiere« sollen sie erzeugt haben, »menschenköpfige«. Göttlicher Apis, hilf! Im Louvre kann jedermann drei kleine, nur zehn Zentimeter hohe Figürchen von menschenköpfigen Stieren bestaunen. Sie werden um 2200 v. Chr. datiert. (Hier sei auch an das Ungeheuer von Kreta, den Minotaurus, erinnert. Er war ein Monstrum, Stier mit Menschenkopf, für den die Kreter das berühmte Labyrinth bauen ließen.) »Hunde mit Fischschwänzen« soll es gegeben haben, »andere Ungeheuer« und »eine Menge von Wunderwesen«. Gegrüßt seist du, Sphinx! Beim Wörtchen Sphinx denkt jeder an die riesige Löwengestalt mit Menschengesicht neben der großen Pyramide von Gizeh. Doch Freunde, Sphingen gibt es in allen Variationen! Löwenkörper mit Widderkopf, Hunde- oder Bockkörper mit Menschenkopf, Widderkörper mit Vogelkopf, Menschenkörper mit Krokodil-Kopf usw. usw. Ganze Alleen der verschiedenen Sphingen wurden dem Wüstensand entrissen, starren uns von ägyptischen Tempelwänden entgegen. Besonders seltsame Wesen sind in die Wand eines kleinen Nebentempels von Dendera in Zentralägypten geschlagen worden. Sie haben Löwen- oder Paviansköpfe mit langen Mähnen, schlanke, fast menschliche Oberkörper, jedoch endet der ganze Unterleib in einem Schlangenschwanz. Die kuriosen Zwitter, die der Göttin Hathor gehörten, stützen sich elegant auf ihre doppelt geschwungenen Schwänze. »Wunderwesen«, wie Eusebius überliefert, »mannigfaltig geartet und untereinander verschieden.«

Wer auch nur einmal durch ein großes Museum schlenderte, nur einmal Bildbände über Sumer, Assur und Ägypten durchblätterte, kann das Hohelied dieser »Wunderwesen« anstimmen. Da steht im Museum von Bagdad das Figürchen der »archaischen Göttin«. Ein Frauenkörper mit zierlichen Brüsten – und einem Monsterkopf. In den Staatlichen Museen von Berlin-DDR ist das rekonstruierte Tor des Ishtar-Tempels von Babylon ausgestellt. Von einer blau-gelb-braun emaillierten Ziegelwand leuchten dem Betrachter schuppige Fabelwesen mit langen Schwänzen und überlangen Hälsen entgegen. Die Vorderklauen gleichen Löwenpranken, die Hinterbeine den Greifwerkzeugen des Adlers. Die Originaldarstellung soll um etwa 600 v. Chr. entstanden sein. Auf einem sumerischen Siegel, das heute im Louvre in Paris zu bestaunen ist, doch gleichermaßen auf einer Schminktafel im Ägyptischen Museum von Kairo erkennt man vierfüßige Wesen mit langen, geschwungenen Hälsen, die in Schlangenköpfen enden. Nie hat die Evolution derart absurde Zwitter hervorgebracht. Freie künstlerische Phantasie? Weshalb werden dann die Viecher von Menschen an der

Auf Sumerischen Rollsiegeln (oben) finden wir immer wieder rätselhafte Gestalten. Die geflügelten Wesen (unten, heute im Britischen Museum in London) nennen die Archäologen »fliegende Genien«.

kurzen Leine gehalten? Ebenfalls im Louvre steht der dreiundzwanzig Zentimeter hohe »Becher des Gudea«, entstanden um etwa 2200 v. Chr. Die Gravur auf dem Becher zeigt ein Mischwesen ganz besonderer Art: Vogelklauen an den Beinen, Schlangenkörper, Menschenhände, Flügel und den Kopf eines

Drachens. (»...dazu weitere auch allerlei drachenförmige Unwesen...« Eusebius.) Auf einer zwanzig Zentimeter hohen Miniaturstele wird eine »geflügelte Göttin« gezeigt: anmutiger Frauenkörper, Mädchengesicht, Damenhände, als ob es eine ganz normale Lady wäre. Nur die Flügel auf dem Rücken und die widerlichen Tierklauen anstelle der Füße stören das erotisierende Bild.

An künstlerischen Darstellungen dieser »Wunderwesen« fehlt es weiß Gott nicht. Ob im Asutosh-Museum von Kalkutta, im Archäologischen Museum von Ankara, ob im Museum von Delphi in Griechenland oder im Metropolitan Museum von New York, Zwitterwesen und Monster soviel man will.

Auf einem Relief des Assyrer-Königs Assurnasirpal (Britisches Museum) führt ein stämmiger Mann ein merkwürdiges Tier an einem Strick. Es schreitet affenartig auf zwei Füßen, die Greifwerkzeuge enden in Flossen. Ebenfalls im Britischen Museum steht der schwarze Obelisk des Assyrerkönigs Salmanassar III. Hinter einem Elefanten laufen zwei kleinwüchsige Figuren, als ob es Kinder wären. Die kleinen Wesen mit den Menschenköpfen haben Oberschenkel und Beine von Tieren, sie

Sphingen gibt es in allen Variationen, oben *aus dem Ägyptischen Museum in Kairo,* rechts *aus dem Museum in Delphi in Griechenland.*

werden von zwei Wärtern abgeführt. Auf einem anderen Bildausschnitt desselben Obelisken erkennt man zwei sphingenartige Gestalten – eindeutig mit Menschenköpfen. Nichts Besonderes? Weshalb lutscht denn eine der Sphingen am Daumen, weshalb werden sie an Ketten gehalten, und weshalb spricht der eingemeißelte Begleittext von »Menschentieren, die in Gefangenschaft geführt« werden?

Sogar im fernen Zentral- und Südamerika fehlen die Mischkreaturen auf künstlerischen Darstellungen nicht. Ob Olmeken, Maya oder Azteken, immer wieder tauchen tiermenschliche Schauergestalten auf Tempelwänden und auf Codices auf. Stets in Verbindung mit gebieterischen Göttern. Vor 18 Jahren fotographierte ich in der Sammlung des alten Paters Crespi in Cuenca, Ecuador, diverse Metalltafeln mit undefinierbaren Wesen. Der inzwischen verstorbene Geistliche will die kuriosen Darstellungen, die aus inkaischen Gold-, Kupfer- und Zinklegierungen bestehen, von den Indios erhalten haben. Ja, und im Sommer 1988 wurde im Norden Perus bei der Ortschaft Sipán die sensationellste Entdeckung in neuerer Zeit gemacht. Peruanische Archäologen fanden das intakte Grab eines

Oben und unten: *Noch einmal Sphingen aus dem Ägyptischen Museum in Kairo.*
Links: *Diese unbegreiflichen Fabelwesen (heute im Louvre in Paris) werden offensichtlich an der kurzen Leine gehalten.*

Moche-Priesterfürsten. (Die Kultur der Moche-Indianer entwickelte sich etwa zur Zeit der Geburt Christi an der peruanischen Küste.) In einem Holz-Sarkophag lag der mit Schmuck, Perlenschnüren, Keramik und Goldobjekten reich ausstaffierte Fürst, der im Alter von etwa fünfunddreißig Jahren verstorben war. In derselben Familiengruft fand man vier weitere Sarkophage mit Frauen und Männern, und einige Meter über dem eigentlichen Grab das in Baumwolltücher eingewickelte Skelett eines Mannes. Auf einem kupfernen Zepter, einen Meter lang, eine künstlerische Darstellung, die an Deutlichkeit nichts zu wünschen übrig läßt: eine Frau kopuliert mit einem Mischwesen, halb Kater, halb Reptil.

Außerhalb dieser recht eindeutigen Darstellungen gibt es sicher unzählige Formen von Mischwesen, die nie ein Mensch erblickte. Die Kulturgeschichte vieler Völker belegt die imagi-

Links: *Auch diese Figur mit dem schlangenhaften Leib wird als Sphinx bezeichnet.*

Rechts: *Im Britischen Museum in London steht dieser schwarze Obelisk des Assyrer-Königs Salamasars II., der mit einzigartigen, rechteckigen Reliefs verziert ist. Detailaufnahmen Seite 80/81.*

näre Umwandlung von einer Schauergestalt zur nächsten. Ein Zentaur beispielsweise kann sehr wohl aus der schemenhaften Vorstellung von Roß und Reiter hervorgegangen sein, die ineinander verschmelzen. Auch der Ursprung des Pegasus wird wohl im menschlichen Wunschdenken begründet sein, ein fliegendes Pferd zu besitzen.

Der griechische Dichter Homer (um 800 v. Chr.) beschreibt in den Abenteuern des Odysseus die Sirenen, die derart betörend sangen, daß die Seeleute ihren Auftrag willenlos vergaßen. Obschon Homer selbst das Aussehen dieser Sirenen nicht beschrieb, machten spätere Autoren daraus geflügelte Frauen mit Vogelfüßen. Darstellungen von Sirenen sind quer durch die Kunstgeschichte belegbar – obschon nie ein Künstler eine Sirene zu Gesicht bekam. Selbst das deutsche Märchen von der Lorelei verdankt seinen Ursprung den antiken Sirenen.

Die Mischwesen fanden Einzug in die dramatische Literatur vom Altertum bis in die Kindermärchen unserer Zeit. Der Grieche Hesiod (um 700 v. Chr.) beschrieb das Ungeheuer Medusa, aus dessen Kopf Schlangen zuckten und dessen Anblick derart schrecklich war, daß Menschen zu Stein erstarrten. Goethe läßt in seiner Walpurgisnacht Adams Verführerin zu einer Schlange mit Frauenkopf werden, und bei dem Schriftsteller Elliott Smith wird der chinesische Drache zur Kreuzung zwischen Schlange, Krokodil, Löwe und Adler [21].

Dies und viel mehr entsteht aus der Vielfalt der menschlichen Phantasie, ohne die kein Märchen auskommt. Mir geht es um mehr. Ich suche nach einem gemeinsamen Ursprung dieser Phantasie, nach dem Startschlüssel, durch welchen der ganze Zauber in unsere Vorstellungswelt geriet. Es sind schließlich nicht nur der alte Manetho und der Kirchenfürst Eusebius, die von diesen »Wunderwesen« sprechen, sondern auch Plutarch, Strabon, Platon, Tacitus, Diodor und – auch wenn er mehrfach erwähnt, er dürfe oder möchte nicht darüber berichten – Herodot.

Dem gebeutelten Verstand bleiben nur zwei Möglichkeiten, an die Überlieferungen und künstlerischen Darstellungen dieser Mischwesen heranzugehen:

1. Es gab diese Viecher nie. Sie sind ausnahmslos Ausgeburten der Phantasie. Dann übertreiben die alten Maler, Bildhauer und Autoren.
2. Derartige Mischkreaturen existierten irgendwann. In diesem Falle können die »Wunderwesen« (Eusebius) nur durch genetisches Design entstanden sein. Jeder andere Schluß ist nicht möglich, weil die Evolution keine derartigen Monstren hervorzubringen vermag. Die Geschlechtsapparate und Chromosomen der Viecher sind unterschiedlich. Eine Paarung würde gar nichts bringen. Logo?

Ich kann nicht zwischen den Regentropfen wandeln, ohne naß zu werden. Bei der Beschäftigung mit »Wunderwesen« bin ich durch göttliche Gewitter marschiert und bis auf die Knochen durchnäßt worden. Immer fest mit beiden Beinen auf dem Boden, vermied ich jeden Absturz in die Unwirklichkeit. Oh ja, der Gedanke, die von Eusebius und anderen beschriebenen Ungeheuer (»mannigfaltig geartet und untereinander verschieden«) könnten tatsächlich gelebt haben, ist auf Anhieb unwirklich. Gewöhnt an die lieben Kreaturen in der Natur sträubt sich unser Verstand, einen Zoo von lebenden Monstren ins Kalkül zu ziehen. Man wird mir vorwerfen, ich verwandle meine eigenen Wunschvorstellungen zu Realitäten. Bin ich da nicht in guter Gesellschaft, wie die Altvorderen belegen? Ist denn die Idee, »Wunderwesen« hätten gelebt, ein Beweis dafür, daß sie nicht gelebt haben? Sind Überlieferungen nur deshalb schon falsch, weil sie der Legende angehören? Wer hat denn die Überlieferungen zu Legenden verkrüppeln lassen? War das nicht unser beschränkter Verstand? Nicht der eingezäunte und abgesteckte Horizont der Universitätslogik, die uns in jeder Generation vorschreibt, bis wohin wir zu denken haben? Ich vermute eher, daß vieles von dem, was wir als unglaubwürdig und unvernünftig abtun, einst erlebte Geschichte war. Der römische Philosoph Lucius Apuleius, der im 2. Jahrhundert v. Chr. lebte und damals auch Ägypten bereiste, schrieb in seinen »Metamorphosen«: »Oh, Ägypten! Ägypten! Von deinem Wissen werden nur Fabeln übrigbleiben, die späteren Geschlechtern unglaublich vorkommen.« Eine Fabel aus der Kiste der ewig jungen Science-Fiction mag das Terrain übersichtlicher gestalten.

Ein Modell aus der Sience Fiction

Es gab einst eine Zeit, in der die Götter die Erde beherrschten. Die Menschen wußten nicht, wer die Götter waren, woher die Götter kamen. Dumpf, eben dem Tier entwachsen, blinzelten sie dem Licht entgegen. Die Götter wohnten im Himmel, irgendwo dort oben zwischen den Sternen.

Dort, im Asteroidengürtel zwischen Mars und Jupiter, hatten Außerirdische ihr Mutterraumschiff verankert. Die lange Fahrt zwischen den Sternen hatte viel Energie gekostet, nun

Auch diese kleinwüchsigen Menschentiere auf dem assyrischen Obelisken (s. S. 77) werden von Wärtern an der kurzen Leine gehalten (oben). Es sind Tiere mit menschlichen Köpfen (unten); eines der Mischwesen steckt den Daumen in den Mund – die Monstren lebten!

An welche »Vorbilder« haben die alten Ägypter wohl bei den Sphingen gedacht?

galt es, den Weiterflug sicherzustellen, Rohstoffe abzubauen, zu verarbeiten, zu verladen. So blieb den Göttern gar nichts anderes übrig, als einige Jahrhunderte in unserem Sonnensystem zu verweilen. Träge zogen die Jahre dahin, bald langweilten sich die Götter. Sie suchten nach Abwechslung, Unterhaltung, erfanden Spiele und Wettkämpfe. Menschliche Moralbegriffe oder gar eine Ethik im heutigen Sinne war ihnen völlig fremd. Sie empfanden, sie dachten in anderen Dimensionen, die Erde war ihre Spielwiese, ihr Tummelplatz.

Eines Tages entwarf Ptah, der Organ-Designer, ein neues Lebewesen auf dem Reißbrett. Das genetische Grundmaterial stammte von zwei stupiden Lebensformen auf der Erde. Die

Kombination zwischen Löwe und Schaf ergab einen pflanzenfressenden Neuling mit den Pranken und der Schnelligkeit des Löwen. Zum Entsetzen von Ptah zerfetzte ein echter Löwe die göttliche Kreatur. Das war unerhört! »Der Verstand des Schafes«, sagte Chnum zu Ptah, »war dem irdischen Raubtier unterlegen. Versuche es nochmals mit einem Löwentorso und einem Stierschädel.« Dieses Monster überlebte, die Löwen der Erde gingen ihm aus dem Wege.

Schon wollte sich Ptah als Sieger feiern lassen, da ereignete sich etwas Unfaßbares. Die primitiven Zweifüßler hatten sich zusammengerottet, hatten das Ungeheuer mit Lanzen und Schleudern zur Strecke gebracht. Wie ein Blitz fuhr Ptah hernieder, wütend bestrafte er die tolpatschigen Menschen, die nichts verstanden.

Der Rat der Götter überhäufte Ptah mit Vorwürfen. »Es ist falsch, Menschen für eine Tat büßen zu lassen, ohne sie vor den negativen Auswirkungen gewarnt zu haben.« Einsichtig begann Ptah, seine Neuschaffungen zu markieren, jedem »Wunderwesen« ein sichtbares Merkmal einzupflanzen, ein helles Viereck auf der Stirne oder zwei leuchtende Hörner auf der Schläfe. Jetzt wußten die Menschen, welche Geschöpfe Eigentum der Götter blieben, und welche sie abschlachten und verspeisen durften. Für die ET's hatte die Langeweile ein Ende. Munter entwarfen sie neue Horrorgestalten, »mannigfaltig geartet und untereinander verschieden«. Sie studierten ihr Verhalten, ihre Nützlichkeit, ließen die Tiere in der freien Natur aufeinanderprallen, beobachteten unter viel Gelächter die Reaktionen der verdutzten Menschen.

Endlich war das Mutterraumschiff mit Rohstoffen vollgestopft, man konnte aufbrechen zu neuen Ufern im Universum. Zurück blieben niedergebeugte Menschen mit ihren seit Urzeiten vertrauten Tieren – und den göttlichen Monstern. Die Priester begriffen als erste das Verschwinden der Götter. Verzagt und unsicher wagten sie nicht, an eine der himmlischen Kreaturen Hand anzulegen. Generationen kamen und vergingen, viele der göttlichen Tiere starben aus, andere, »mit lebenerzeugenden Formen ausgestattete« (Eusebius), hatten sich verändert, wanderten in Gefangenschaft oder wurden als Tempeltiere verhätschelt. Die Priester hielten das Wissen über ganz bestimmte, allein den Göttern vorbehaltene Geschöpfe wach. Und weil die Priester jederzeit ein unangemeldetes und plötzliches Wiederauftauchen der Götter befürchteten, beobachteten sie argwöhnisch jede Bewegung am nächtlichen Firmament. Ständig waren Novizen beauftragt, auf dem Lande Ausschau nach göttlichen Tieren zu halten und sie in die Tempel zu bringen, damit ihnen die nötige Ehrerbietung zuteil werde. Ganz klar, daß die verstorbenen Exemplare mit allem Pomp mumifiziert wurden, schließlich gehörten sie den Göttern, mit deren Rückkehr jederzeit zu rechnen war.

Jahrhunderte, Jahrtausende verstrichen, die Zeiten änderten sich und mit der Zeit die Menschen. Im Volksglauben war die Erinnerung an schreckliche Monster wachgeblieben. Zwar gab es sie längst nicht mehr, diese Ungeheuer, doch ihre Nachfahren, erkennbar an bestimmten Merkmalen des Felles oder Gebisses, lebten wie göttliche Spione unter den übrigen Tieren. Vor den kleinen Kreaturen, den Vögeln, Fischen und Haustieren ängstigte sich niemand. Mit ihnen konnte der Mensch reden, vielleicht gar erreichten die Gebete über die Vermittlerdienste der Tiere die Götter. Doch was war mit den großen, achtunggebietenden Bestien? Würden sie sich nach ihrem Tod in ihre schreckliche, ursprüngliche Form zurückverwandeln? Würden sie bei einer Wiedergeburt Furcht und Entsetzen unter den Menschen verbreiten? Was konnte der Mensch tun, um die Götter zufriedenzustellen, ohne unter den Bestien zu leiden?

Lange bekümmerte dieser schwerwiegende Gedanke die Priester. Schließlich fanden sie eine einfache Lösung des Dilemmas. Solange die Tiere lebten, sollten sie verwöhnt, angebetet, vergöttlicht werden, damit ihr Ka und Ba nach dem Tode zu den Göttern auffuhr und dort vom menschlichen Wohlwollen und der Ehrerbietung vor den göttlichen Tieren Zeugnis ablegte. Nach dem Tode hingegen sollten die Knochen der unheimlichen Kreaturen zerschlagen, zersplittert und mit Asphalt vermischt werden. Aus härtestem Granit sollten schwere Sarkophage gehauen werden, derartig wuchtig und gewaltig,

In Luxor werden ganze Prunkstraßen von Sphingen gebildet.

daß kein wiedergeborenes Untier das Gefängnis zu sprengen vermochte. Die Sarkophage mußten in unterirdische Felsgruften eingemauert werden, nie wieder sollten Monster und Ungeheuer über die Menschen herfallen, die Menschen tyrannisieren können.

Pseudostiere in falschen Gruften

Wir brauchen Modelle, neue Vorstellungen, um die Ungereimtheiten und Widersprüche unserer Vorfahren auch nur einigermaßen einordnen zu können. Die Geschichte, die ich hier erfand, kann nicht mehr als ein solches Modell sein, eine Krücke meinetwegen, aus der man sich immerhin aus dem Sumpf der Vorgeschichte hochhangeln kann. Wir sind ja parteiisch genug und auch sofort bereit, das Geschreibsel eines Herodot, Strabon, Diodor, Tacitus, Manetho oder Eusebius wohlwollend und dankend anzunehmen, wenn es ins gängige Schema paßt. Doch wehe, es paßt nicht! Selbstherrlich ernennen wir uns zu Richtern, die, ohne mit der Wimper zu zucken, dieselben Überlieferungen derselben antiken Autoren in Bausch und Bogen ablehnen. Es darf nicht sein, was offensichtlich ist.

Was fand Auguste Mariette am 5. September 1852 in den unversehrten Stier-Sarkophagen von Sakkara?

»Meine erste Sorgfalt galt dem Kopf des Stieres, aber ich fand keinen. Im Sarkophag lag eine bitume, sehr stinkige Masse, die beim kleinsten Druck zerbröselte.«

Sind die Knochen dieses Pseudostieres in einer Zeit zerschlagen worden, die Jahrhunderte oder Jahrtausende *nach* der eigentlichen Beerdigung anzusiedeln ist? Mariette:

»In der stinkigen Masse lag eine Anzahl sehr kleiner Knöchelchen, offenbar schon zersplittert *in der Epoche des Begräbnisses.*«

Und wie war's mit dem zweiten, unberührten Sarkophag?

»Keine Stierschädel, keine größeren Knochen; im Gegenteil,

eine noch größere Verschwendung von winzigen Knochensplittern.«

Wieso entdeckte der Archäologe Sir Robert Mond in Stier-Sarkophagen Knochen, von denen er *annahm*, es müßten »die eines Schakals oder Hundes« sein? Ich verüble es keinem Anthropologen, der unter diesen Umständen Knochen nicht weiter untersucht. Wie sollte man auch auf die absurde Idee von »vierleibigen Hunden« (Eusebius) kommen, »deren Schweife nach Art der Fischschwänze rückwärts an den Hinterteilen hervorliefen«?

Dr. Ange-Pierre Leca ist Arzt und Spezialist für ägyptische Mumien. Über sein Spezialgebiet verfaßte er ein aufregendes Buch [10]. Darin erwähnt er zwei »wunderbar bandagierte Stiere« mit »wunderschönem Äußeren«, die in den Gewölben von Abusir entdeckt worden waren. Zitat:

»Im Innern einer zweiten Mumie, wieder schien es sich um einen einzigen Stier zu handeln, wurden abermals die Knochen von sieben Tieren gefunden, darunter ein zweijähriges Kalb und ein riesiger alter Bulle. Ein dritter muß zwei Schädel gehabt haben.«

Wie bitte? *Zwei Schädel?* Schlag nach bei Eusebius: »Wunderwesen, mannigfaltig geartet und untereinander verschieden... und einem Leib mit zwei Köpfen.«

Natürlich habe ich meinen Verdacht dem Chefausgräber von Sakkara, Dr. Holeil Ghaly, geschildert: Ich fragte ihn, ob er oder seine Kollegen je Mumien von Tieren gefunden hätten, deren Knochen partout nicht zusammenpaßten. Nachdenklich und wie mir schien auch etwas ungläubig hatte mich der Gelehrte angestarrt: »Mein Gott, wer achtet denn auf so was?«

Niemand. Der Gedanke ist ungeheuerlich.

Der unermüdliche Ausgräber Walter Emery entdeckte in Sakkara auch Katakomben mit heiligen Kühen. Es gab keinen Zweifel daran, denn die Schriften auf den sorgfältig behauenen Kalksteinblöcken bestätigten: hier liegt Isis, die Mutter des Apis. Zudem wurden mehrere gut erhaltene Papyri aus dem 3. und 4. Jahrhundert v. Chr. gefunden, auf denen die Kuhgöttin angerufen und verehrt wird. Anstelle der erwarteten Kuhmu-

Dr. Holeil Ghaly und Erich von Däniken.

mien förderten die Archäologen eingewickelte Rinderknochen sowie Knochen von anderen Tieren zutage. Dazu der Archäologe und Emery-Nachfolger Jean Philippe Lauer [14]:

»Es handelt sich ganz klar um Knochen aus geplünderten Gräbern. Doch der Eingang zu diesen Gräbern zeigte sich nicht...«

Ich erwähnte es schon: Grabräuber sind auf materielle Werte aus, sie lassen Unordnung und Zerstörung zurück. Pingeligkeit liegt ihnen nicht. Es ist schwer einzusehen, weshalb Plünderer die Knochen aus irgendeiner anderen Gruft in die Gewölbe der heiligen Kühe transportiert haben sollten.

Das Rätsel des Pavian-Säuglings

Im damaligen Äthiopien und Nubien (heutiger Sudan) lebte ein hundsköpfiger Pavian, den die Ägypter als göttliches Tier verehrten. Dieser Pavian mit dem Hundekopf war sogar Bestandteil der Tributzahlungen, welche die Ägypter den Nubiern abgetrotzt hatten. Zu Tausenden sind diese drolligen Wesen mit dem Unterkiefer von Hunden und den dicken Mähnen mumifiziert worden. Gedanken darüber macht sich niemand, wozu auch, schließlich leben auch heute noch ganz ähnlich geartete Mantelpaviane. Und doch gibt es einen kuriosen Fund, der es verdiente, genauer unter die wissenschaftliche Lupe genommen zu werden.

Im Jahre 1972 erteilte Dr. Henry Riad, damaliger Direktor des Ägyptischen Museums in Kairo, einigen Wissenschaftlern die Erlaubnis, Mumien zu röntgen und zu untersuchen. Prof. Dr. James E. Harris von der University of Michigan, USA, beschäftigte sich intensiv mit der Mumie der Priesterin Makare. Diese Dame trug den höchsten Titel der weiblichen Hierarchie, sie war »Gattin des Gottes Amon« [22]. Die Bandagierung ihres Körpers ließ den Schluß zu, die Priesterin sei an einer Fehlgeburt gestorben, denn das Baby, ebenfalls von Bandagen umwickelt, lag im Sarkophag auf dem Körper der Mutter. Sorgfältig wurde das kleine Bündel von allen Seiten geröntgt. Die Verblüffung war grenzenlos. Der vermeintliche Säugling entpuppte sich klipp und klar als hundsköpfiger Pavian mit einem etwas zu großen Gehirnvolumen!

Man wird ja nun fragen dürfen, ob die Frau, immerhin Priesterin des Gottes Amon, das kleine Monster zur Welt gebracht habe? Nicht umsonst läßt Herodot seinen Widerwillen über die sexuellen Abartigkeiten der ägyptischen Priesterschaft immer wieder durchblicken. Im 2. Buch, Kapitel 46, sagt er, die ägyptischen Bildhauer würden den Gott Pan »mit Ziegenkopf und Bocksbeinen« darstellen. »Weshalb sie ihn in dieser Weise darstellen, ist mir peinlich zu sagen.« Er läßt es denn auch, um einige Zeilen später verärgert zu vermerken: »Vor aller Augen paarte sich ein Bock mit einer Frau.« Offenbar wußte auch Diodor von Sizilien mehr, als er schrieb, der Ursprung der Tierverehrung müsse »geheimgehalten werden«.

Die wenigen Ägyptologen, die ich persönlich kenne, sind aufgeschlossene Leute, die Großartiges für die Enträtselung und Rekonstruktion der ägyptischen Altertümer geleistet haben. Ohnehin nimmt die Ägyptologie in der Geschichte der Archäologie eine einzigartige Stellung ein. Nur in Ägypten sind dem Wüstenboden über Jahrzehnte mit konstanter Zähigkeit und unendlichem Fleiß derart viele Tempel und Skulpturen entrissen worden. Das Geschichtsbild des alten Ägypten ist transparent gemacht, die Hieroglyphen entziffert worden. Ägyptologen wissen, wovon sie reden. Sie werden mir zum Vorwurf machen, ich verschweige die Tatsache, daß auch echte, mumifizierte Apis-Stiere gefunden worden sind. Zu bestaunen beispielsweise im Louvre, in den Naturhistorischen Museen von Wien, München und New York. Ich weiß das, Freunde, und ich weiß auch, daß Herkunft und Inhalt dieser Stiermumien sehr obskur sind. Wir alle, die wir uns mit der Materie intensiv auseinandersetzen, wissen auch, daß sich ausgerechnet der Priester Manetho für den Serapis Kult stark machte und daß zu seinen Lebzeiten unzweifelhaft echte Stiere zu Grabe getragen worden sind. Wir, die Wissenden, kennen auch die Texte, die zu Ehren des Apis im Serapäum von Alexandrien (und anderswo) gefunden wurden [23]. Aber all dies geschah zur Zeit der Ptolemäer und Römer, das sind *nur* zweitausend bis zweitausendfünfhundert Jahre hinter uns. Mein Pfeil ist nicht in diese junge Epoche gerichtet, ich ziele auf den Ursprung des Tierkultes, der weit in die Vorgeschichte zurückreicht. Es ist ja schon seltsam: da läßt der erste Ptolemäer-König (304–284 v. Chr.) eine schwere Skulptur nach Alexandrien schaffen, die irgendwo im Dreck herumgelegen hatte, und kein Mensch weiß, was die Skulptur eigentlich darstellt. Einzig der Priester Manetho, der dabeisteht, kann seinen König aufklären. Die rätselhafte Gestalt ist ein Serapis, verkündet Manetho. (Serapis ist das griechische Wort für den göttlichen Stier.)

Aus der kurzen Episode, von Plutarch überliefert, läßt sich ein pikanter Schluß ziehen. Der König und alle Umstehenden waren doof. Die erkannten nicht einmal eine Stierskulptur. Warum wohl? Weil die Skulptur ein »Wunderwesen« darstellte. Nur Priester Manetho konnte das erklären.

»Nichts ist unglaubwürdiger als die Wirklichkeit« (F. Dostojewski, 1821–1881).

2. KAPITEL

DAS VERSCHOLLENE LABYRINTH

»Man darf die Wahrheit nicht
mit der Mehrheit verwechseln.«

Jean Cocteau, französischer Dichter, 1889–1963

Vor zehn Jahren dachte ich, über Ägypten zu schreiben sei reichlich sinnlos. Man weiß ja schon alles – nicht wahr? Ich gehörte zu denen, die eher lustlos in Ägypten-Büchern schmökerten. Immer wieder diese Pyramiden! Diese Sphingen! Diese Pharaonen! Dann die verwirrenden Götter mit ihrem seltsamen Kopfschmuck – regelrecht komisch. Von Berufs wegen in allen Mussen der Welt zu Gast, begegneten mir die alten Ägypter auf Schritt und Tritt. Mit der Zeit begann ich, mir die Namen der verschiedenen Götter einzuprägen, und bald begrüßte ich sie wie alte Bekannte auf ihren Museumssockeln und hinter ihren Vitrinen eher belustigt. Hathor? – Das ist doch die, welche graziös ein Rindergehörn und eine Sonnenscheibe auf dem Haarschopf balanciert. Thot? – Ich weiß schon! Der Jünglingskörper mit dem Vogelgesicht, der Mondsichel und der Kugel über dem stolzen Haupte. Ein alter Kollege nebenbei, denn Thot ist auch der Gott der Schreiberlinge. Sobek? – Ist das nicht der Verrückte mit dem Krokodilskopf und den aufgesetzten Antennen? Min? – Unverkennbar an der Doppelreihe von Sonnenbatterien über der Kapuze. Dieser Typ braucht schließlich Energie, er ist stets mit einer dreischwänzigen Geißel dargestellt. Horus? – Mein alter Spezi, an

dem kein Ägypten-Besucher vorbeikommt. Sein Werkzeug, die geflügelte Sonnenscheibe, winkt tausendfach von vergoldeten Decken herunter, leuchtet als dominierende Flügelscheibe über monumentalen Tempeleingängen. Ein hervorragendes Reklamesujet für fliegende Bahnen (Magnetbahnen) oder UFOs. Ja, und das Auge des Horus, stets wachsam, stets präsent über der Erde, formidabel geeignet als Gott der Satellitenbauer! Horus selbst wird, je nachdem, ob in Ober- oder Unterägypten, als Menschenkörper mit Falkenkopf oder auch nur als Falke allein dargestellt. Respektlos erinnert mich seine doppelte Krone an eine Schöpfkelle, in der eine Schnapsflasche steckt. Man muß sich bei den verwirrenden Kopfputzen schließlich etwas vorstellen können.

Der Göttergestalten gibt es viele, Männlein und Weiblein, Mensch/Tier-Mischwesen oder auch nur Tiere. Kompliziert wird der ägyptische Götterhimmel eigentlich erst durch die verwandtschaftlichen Bande der Götterfamilien sowie – unvermeidlich – durch die menschliche Fabulierkunst, die den himmlischen Gestalten alles und jedes andichtet. Warum soll es in Ägypten anders sein als im alten Griechenland, in Indien, Japan oder Zentralamerika? Menschen brauchen nun mal für jedes Wehwehchen einen zuständigen Gott. Die in den letzten zwei Jahrtausenden in den Himmel aufgenommenen christlichen Heiligen machen da keine Ausnahme.

Irgendwann geriet mir ein Buch über die ägyptische Götterwelt in die Hände. Ich weiß noch, wie freudlos ich mich durch die monotone und langweilige Lektüre kämpfte, denn mir war ziemlich schnuppe, welcher Göttersproß von welchem Göttervater abstammte und aus welcher Inzucht welcher Götterbalg hervorging. Schließlich konnte ich all das, sollte ich es je wissen wollen, in einem der ausgezeichneten Lexika über Mythologie nachschlagen. Zudem haben die Archäologen vorbildliche Arbeit geleistet, in langen Reihen sind die Namen und Regie-

Alle ägyptischen Götter tragen einen interessanten Kopfschmuck, die Göttin Hathor z. B. ein Kuhgehörn mit einer Sonnenscheibe. Die Lamellen über der Sonnenscheibe interpretieren die Fachgelehrten als »Federn«.

rungszeiten aller Pharaonen aufgelistet, jeder Tempel, jede Säule ist etikettiert, jedes Bildmotiv ausführlich besprochen. Nein, ein Ägypten-Buch würde ich wohl kaum jemals schreiben, das lag nicht auf meiner Linie. Ich bin Detektiv, Pfadfinder auf der Spur nach ungelösten Rätseln – was gab es in Ägypten noch zu enträtseln?

Vom Saulus zum Paulus

Diese Abneigung änderte sich schlagartig, als ich vor einigen Jahren – aus ganz anderem Anlaß! – wieder einmal beim alten Herodot etwas nachschlug. Mann, oh Mann! Herodot erzählt Geschichten, die hinten und vorne nicht mit dem »gesicherten Wissen« der Ägyptologen übereinstimmten! Wer hatte recht? Der zweitausendfünfhundert Jahre alte Historiker oder der moderne Archäologe? War Herodot ein spintisierender Einzelgänger oder bestätigten andere Augenzeugen aus dem Altertum seine Storys? Die Diskrepanz zwischen Herodot und dem heutigen Stand der Erkenntnis war streckenweise derart frappant und haarsträubend, daß ich begann, der Sache nachzugehen. Je tiefer ich mich in die uralten Schmöker fraß, um so faszinierender wurde plötzlich Ägypten. Jetzt erst packte mich das Jagdfieber! Das konnte doch alles nicht wahr sein! Haben denn die von mir so hochgelobten Ägyptologen geschlafen? Haben sie nur die Oberfläche des Mosaiks zusammengekittet, um die Ungereimtheiten darunter zu überdecken? War ich auf der Fährte eines Jahrtausende alten Wissens, bekannt nur gerade den Kuttenträgern obskurer Geheimgesellschaften? Gab es Botschaften aus dem alten Ägypten, die nicht in unsere moderne Zeit paßten, die nicht opportun waren, über die man besser schwieg, um die Alltagsmenschen nicht wie einen erschreckten Vogelschwarm aufzuscheuchen?

Vor über dreitausend Jahren muß der phönizische Geschichtsschreiber Sanchuniathon (um 1250 v. Chr.) wohl ähnliche Gedanken gehabt haben, als er schrieb:

Der Himmelsgott Horus erscheint rechts als Falkenmensch. Die doppelte Krone links außen erinnert mich an eine Schöpfkelle, in der eine Schnapsflasche steckt.

»Seit unserer frühesten Jugend sind wir daran gewöhnt, verfälschte Berichte zu hören, und unser Geist ist seit Jahrhunderten so sehr von Vorurteilen durchtränkt, daß er die phantastischen Lügen wie einen Schatz hütet – so daß schließlich die Wahrheit unglaubwürdig und die Fälschung wahr erscheint.«

Es war der Philosoph Cicero (106–43 v. Chr.), der Herodot zum »Vater der Geschichtsschreibung« erhob. Dieser Titel blieb Herodot bis in die Gegenwart erhalten, obschon er ganz gewiß nicht als erster Historiker amtierte.

Wer war Herodot?

Was weiß man über diesen Herodot? Er stammte aus Halikarnassos, einer Stadt in der Südwestecke Kleinasiens. Herodots Vater rebellierte derart vehement gegen den Despoten und Tyrannen Lygdamis, daß die ganze Familie vertrieben wurde. Es war damals nicht anders als heute. Auf der Insel Samos verfolgte Herodot das politische Geschehen seiner Umwelt. Es war keine ruhige Zeit, das mächtige Perser-Reich drohte den Griechen, Athen hatte den ersten Attischen Seebund gegründet und rivalisierte mit der Militärmacht Sparta. Vielleicht waren es die politischen Querelen, die den jungen Herodot veranlaßten, den Dingen an Ort und Stelle auf den Grund zu gehen, sich Informationen aus erster Hand zu beschaffen. Er wurde zum schreibenden Globetrotter seiner Zeit. Herodot bereiste ganz Kleinasien, Italien und Sizilien, doch auch Südrußland, Zypern, Syrien, und er gelangte gar bis Babylon, wo er sich längere Zeit aufhielt. Als Herodot im Juli 448 v. Chr. nach Ägypten kam, betrat er keine »terra incognita«, kein unbekanntes Land, vor ihm hatte schon sein Landsmann und Naturphilosoph Hekataios (um 550–480 v. Chr.) das Land am Nil beschrieben. Herodot folgte seinem Vorläufer nicht als unkritischer Jünger, im Gegenteil, er stand ihm »mit einer gewissen Voreingenommenheit und einem starken Mißtrauen gegenüber.« [1]

Herodot war nie ein reiner Historiker. Zwar notierte er eifrig alles, was seine Gesprächspartner über die Geschichte ihres Landes berichteten, doch beschrieb er auch die Geographie und Topographie der besuchten Gegenden. Er war genauso Geograph wie Geschichtsschreiber. Als erster brachte Herodot den Gedanken zu Pergament, daß »jede Geschichte in ihrem geographischen Raume betrachtet werden muß, und jeder geographische Raum seine Geschichte hat«. [2]

Das damalige Ägypten stand in regen Handelsbeziehungen zu Griechenland, der Perserkönig Artaxerxes I. (465–424 v. Chr.), der im Land am Nil regierte, schickte sogar ägyptische Knaben zum Sprachunterricht nach Griechenland, umgekehrt wirkten griechische Fremdarbeiter als Kaufleute und Wirte in Ägypten. Herodot, der kein Ägyptisch sprach, mußte

Oben die Göttin Hathor und der widderköpfige Gott Harsapis, unten der Gott Month, falkenköpfig, mit Sonnenscheibe und »Federn«.

sich an Dolmetscher halten, doch davon gab es genug. Seine Gewährsleute waren die Priester aller Kategorien aus den Heiligtümern von Memphis, Heliopolis und Theben, doch auch die Bibliothekare, einige Beamte des Hofstaates sowie vornehme Ägypter, die gerne mit dem fremden Griechen palaverten.

Herodot unterschied sehr rasch zwischen der Volksüberlieferung und der offiziellen Geschichte Ägyptens, die in den Papyri der Bibliotheken und Tempel verzeichnet war. Als ihm ein Priester die Namen von 331 Pharaonen vorlas, notierte er sie exakt, doch als man ihm eine Story über die Kuh des Mykerinos erzählte, kommentierte er die Mitteilung mit »törichtes Geschwätz«! Penibel und ausführlich ließ er sich über die Heldentaten längst verstorbener Pharaonen unterrichten, doch wurde er sofort hellhörig und skeptisch bei Geschichten aus dem Volke wie derjenigen, beim Bau der Pyramide seien für Rettiche und Zwiebeln tausendsechshundert Silbertalente ausgegeben worden.

Der Zuhörer Herodot notierte nicht gläubig und staunend, was ihm zu Ohren kam, er kommentierte es oft mit bissigem Verstand. Das Gehörte reicherte er durch eigene Berichterstattungen an, wobei er jedesmal sauber trennte, was der Erzählung und was der eigenen Anschauung entsprang. Hier ein vor zweitausendfünfhundert Jahren verfaßter Augenzeugenbericht (2. Buch der Historien, Kap. 148) [3].

Größer als die Pyramide?

»Auch ein gemeinsames Denkmal wollten sie [die zwölf Könige, EvD] hinterlassen und erbauten deshalb das Labyrinth, das etwas oberhalb des Moeris-Sees liegt, etwa in der Nähe der sogenannten Stadt der Krokodile. Ich habe es noch gesehen; es übersteigt alle Worte. Wenn man in Griechenland die ähnlichen Mauerbauten und andere Bauwerke zusammennähme, so steckt in ihnen noch nicht so viel Arbeit und so viel Geld wie in diesem einen Labyrinth. Dabei ist doch der Tempel von Ephesos und der auf Samos recht ansehnlich. Gewiß übertrafen schon die Pyramiden jede Beschreibung, und jede von ihnen wog viele große Werke der Griechen auf; das Labyrinth aber überbietet sogar die Pyramiden. Es hat zwölf überdachte Höfe, deren Tore einander gegenüberliegen, sechs im Norden, sechs im Süden, alle dicht nebeneinander. Rings um alle läuft eine einzige Mauer. Zwei Arten von Kammern sind in diesem Gebäude, unterirdische und darüber oberirdische, zusammen dreitausend, je tausendfünfhundert von beiden Arten. Durch die oberirdischen Räume bin ich betrachtend selbst gegangen und spreche aus eigener Erfahrung; von den Kammern unter der Erde habe ich mir nur erzählen lassen. Denn die ägyptischen Aufseher wollten sie auf keinen Fall zeigen; sie erklärten, dort befänden sich die Särge der Könige, die dieses Labyrinth von Anfang an gebaut hatten, und die Särge der heiligen Krokodile. So kann ich von den unteren Kammern also nur sagen, was ich gehört habe; die oberen, die ich mit eigenen Augen sehen konnte, sind ein geradezu übermenschliches Werk... An die Ecke am Ende des Labyrinths stößt eine vierzig Klafter große Pyramide an, in die riesige Figuren eingehauen sind. Ein unterirdischer Gang führt in das Innere der Pyramide... Doch ein noch größeres Wunderwerk bietet der sogenannte Moeris-See, an dessen Ufern dieses Labyrinth errichtet ist... daß er ein Menschenwerk und künstlich gegraben ist, sieht man deutlich. Denn etwa in der Mitte des Sees stehen zwei Pyramiden, die fünfzig Klafter hoch aus dem Wasser hervorragen und ebenso tief hineinreichen. Auf beiden Pyramiden steht ein Kolossalbild aus Stein, eine auf einem Thron sitzende Figur...«

Unbestritten ist die große Pyramide von Gizeh das überwältigendste Bauwerk der ägyptischen Geschichte, eines der sieben Weltwunder. Wie kann Herodot, der diese Pyramide sehr gut kennt, denn er schreibt ausführlich darüber, von einem Labyrinth reden, das »jede Beschreibung« übertrifft und »sogar die Pyramide überbietet«? Ist Herrn Herodot die ägyptische Sonne ins Gehirn gefahren? Man gewinnt nicht den Eindruck, denn gleich viermal betont er in diesem Textabschnitt seine

Augenzeugenschaft: »...ich habe es noch gesehen, es übersteigt alle Worte... durch die oberirdischen Räume bin ich betrachtend selbst gegangen und spreche aus eigener Erfahrung... die oberen, die ich mit eigenen Augen sehen konnte... sieht man deutlich.« Angenehm an Herodots Schilderung wirkt die Distanz, die klare Unterscheidung zwischen dem, was er staunend aufnimmt, und dem, was ihm berichtet wird: »...von den Kammern unter der Erde habe ich mir nur erzählen lassen... so kann ich von den unteren Kammern also nur sagen, was ich gehört habe«.

Nach Herodots Beschreibung muß dieses Labyrinth ein Superbau gewesen sein, man stelle sich nur mal tausendfünfhundert Räume über der Erde vor, dazu »überdachte Höfe« und eine »einzige Mauer«, die diesen Mammutkomplex umgibt. Gigantisch! Nicht genug damit, da ist auch noch ein riesiger, künstlicher See, aus dem zwei Pyramiden ragen.

Meine Vorstellungskraft wird arg strapaziert, wenn ich mir ausdenke, wie ein derartig gewaltiges Bauwerk spurlos von der Erdoberfläche verschwinden soll. Schließlich war es im Herbst des Jahres 448 v. Chr. noch vorhanden. Man mag argumentieren, spätere Generationen hätten den Komplex Block für Block wieder abgetragen, für andere Bauten verwendet. Wer denn? Ägypten hat zu Herodots Zeiten und auch später kein sensationelles Bauwerk mehr hochgezogen, die Epoche der Pyramiden-Bauten war längst vorüber, die Tempel zerfielen. Auch die darauf folgenden Römer, Christen und Araber brachten nichts Ausgefallenes mehr zustande. Aber muß es denn etwas Extravagantes sein? Man kann mächtige Monumente der Vorfahren schließlich auch zum Häuser- und Straßenbau abtragen, wie es in allen Teilen der Welt nachweisbar ist. Doch wo stehen denn diese ägyptischen Steinhäuser, gemauert aus riesigen Blöcken des ehemaligen Labyrinths? Wo sind die Superstraßen, zusammengefügt aus farbenprächtig verzierten und mit Götterskulpturen verschwenderisch ausgestatteten Quadern? Herodot sagt über das Innere des Wundergebäudes:

»Die Ausgänge durch die Säle und die Kreuz- und Quergänge durch die Höfe mit ihren bunten Farben boten Wunder über Wunder. Da kommt man aus dem Hof in die Säle, aus den Sälen in die Säulenhallen, aus den Hallen wieder in andere Kammern und aus ihnen wieder in andere Höfe. Überall ist die Decke aus Stein, ebenso die Wände; die Wände sind voller Reliefs, jeder Hof von sorgfältig gefügten weißen Marmorsäulen umgeben.«

Derart luxuriöse und »mit Wänden voller Reliefs« geschmückte Kunstwerke haben die Ägypter niemals zum Straßen- und Häuserbau ausgeschlachtet. Auch zur Ptolemäer- und Römerzeit wurden die religiösen Überlieferungen hoch geachtet. Die Römer ihrerseits waren keine Barbaren. Ihre Geschichtsschreiber hätten die Plünderung und Schleifung eines derart wunderschönen und unvergleichlichen Bauwerks festgehalten. Nichts davon steht in den Überlieferungen. Haben Mohammedaner das Labyrinth abgetragen? Sind daraus Moscheen oder die gewaltige Zitadelle von Kairo entstanden? Der Kern des heutigen Kairo entwickelte sich aus einem Heerlager in der Mitte des 7. Jahrhunderts. Dabei sind keinerlei reich verzierte oder besonders mächtige Bauelemente verwendet worden, und als der Sultan Saladin 1176 die eindrucksvolle Zitadelle errichten ließ, wußte längst kein Mensch mehr etwas von einem grandiosen Labyrinth. Zudem geht es nicht nur um die Demontage eines unvergleichlichen Bauwerks, (»...überbietet sogar die Pyramiden«, Herodot) auch der Transport von überdimensionalen Granitblöcken, Marmorsäulen, »Kolossalbildern aus Stein« (Herodot) muß ins Kalkül gezogen werden. Derartige Transportleistungen mit allen damit zusammenhängenden organisatorischen Problemen wurden in der Frühzeit und der Hochblüte des Pharaonen-Reiches erbracht, später nie mehr!

Ist Herodots Labyrinth vom Sand verschlungen worden? Möglich, der Sand verschluckte einst ganze Pyramiden und sogar die mächtige Sphinx von Gizeh. Wo aber, bei allen ägyptischen Göttern, sind die von Herodot vermeldeten tausendfünfhundert Räume *unter* der Erde mit den Gräbern der zwölf Könige? Ich habe, sagt man mir nach, eine blühende Phantasie, ich kann mir sogar einen Märchenpalast aus Tausendundeiner Nacht ausdenken. Welche übermenschliche Leistung aber steckt hinter tausendfünfhundert Räumen »unter der Erde« (Herodot)? Den Tunnelbauern stand damals weder Dynamit noch modernes Bohrgerät zur Verfügung. Die tausendfünfhundert Räume unter der Erde werden vermutlich reich verziert und mit Reliefs und Skulpturen versehen sein, schließlich ging es um nicht weniger als die Gräber von gleich zwölf Königen. Womit sind tausendfünfhundert unteriridsche Räume erleuchtet worden? Welches Ventilationssystem wurde während des Aushubes eingesetzt? Mit was für Bildern, Schriften waren die Wände geschmückt? Wie tief lagen die Sarkophage der zwölf Könige? Welche Botschaften aus einer längst vergangenen Zeit warten in tausendfünfhundert Räumen auf ihre Entzifferung?

Heiliger Osiris, dieses Labyrinth müßte doch jeden Ägyptologen in helle Aufregung versetzen! Wo in der Welt gibt es denn noch einmal so etwas? Auch wenn die von Herodot bezeugten tausendfünfhundert Räume über der Erde nicht mehr existieren sollten, so müßten doch die Überreste der gigantischen Mauer, die Fundamente der Säulenhallen und vielleicht die Querbalken der wuchtigen Tore zu lokalisieren sein. Die tausendfünfhundert Räume darunter müßten dann ja wohl bald zu finden sein. Seit Herodots Rapport mich aufwühlte, frage ich mich, wieso kein Archäologe zur Entdeckung dieses zwölffachen Königsgrabes etwas unternahm? Weshalb die Achselzuckerei? Weshalb die Gleichgültigkeit einer aufregenden Sensation gegenüber?

Eine Glaubensfrage?

Ich kenne die Gründe für das denkfaule Desinteresse. Es gibt Archäologen, die reden sich damit heraus, Herodots Bericht sei unglaubwürdig, die Mehrheit der Ägyptologen allerdings meint, daß Labyrinth sei längst entdeckt.

Über Herodots Glaubwürdigkeit ist viel Tinte verspritzt worden. Nicht etwa nur akademische Traktätchen, einige Seiten lang, sondern Bücher mit voluminösem Inhalt. Nun gestehe ich jedem Gelehrten, der sich mit Herodot auseinandersetzt, sein ehrliches Bemühen und seine Integrität zu, dennoch bleibt jede Beurteilung Herodots letztlich subjektiv, weil keiner von uns seine persönliche Bekanntschaft machte. Wir können nur indirekte Schlüsse über Herodots Charakter ziehen. War er rechthaberisch? Aufbrausend? Sanftmütig? Ein stiller Zuhörer und Mitschreiber? Im Gelehrtenstreit wird »der Vater der Geschichtsschreibung« (Cicero) zum fleißigen Materialsammler, liebenswürdigen Erzähler, halbgebildeten Amateur und sogar zum Fabulierer zurechtgestutzt. Man lobt sein »glänzendes Gedächtnis« und kritisiert »eine gewisse Eitelkeit« [4]. Sagte der deutsche Philosoph Dr. Wilhelm Spiegelberg im Jahre 1926 noch, Herodot habe die ägyptischen Sagen überliefert, wie er sie gehört habe, und in dieser Hinsicht »darf man ihm volles Vertrauen schenken« [1], so kommt der Gelehrte Kimball Armayor anno 1985 zum Schluß: »Herodots Labyrinth hat in der wirklichen ägyptischen Geschichte nie existiert« (»...is out of the questions in the real world of Egyptian history«) [5].

Etwas wohlwollender sieht der Geograph Hanno Beck Herodots Wirken [6]:

»Da Herodot die Sprache der Völker, die er besuchte, nicht selbst kannte und sprach, war es unvermeidlich, daß ihm gelegentlich Mißverständnisse unterlaufen sind, daß sich andrerseits auch ab und zu übertreibende oder gar unrichtige Angaben in sein Werk eingeschlichen haben. Im ganzen ist Herodot bemüht, an den erhaltenen Nachrichten Kritik zu üben.«

Schließlich resümierte Friedrich Oertel, der einen fundierten Beitrag über Herodots Glaubwürdigkeit verfaßte: [4]

»Das Ergebnis ist also, daß aus der Schilderung Unterägyptens nichts Stichhaltiges gegen die Glaubwürdigkeit Herodots abzuleiten ist, im Gegenteil.«

Mir ist nach dem Studium einiger scharfsinniger Werke pro und kontra Herodot klargeworden, daß die Negativurteile stets auf die betreffenden Gelehrten zurückfallen. Man geht vom heutigen Wissensstand aus. Weil dieses oder jenes *bis heute* nicht belegt ist, weil man sich dieses oder jenes *heute* nicht vorstellen kann, muß Herodot falsch liegen. Aber was bedeutet denn unser Wissensstand gegen eine fünftausendjährige Geschichte? Ein chinesisches Sprichwort sagt: Alle Menschen sind klug; die einen vorher, die andern nachher.

Herodot hat sein Labyrinth mit dem künstlichen See nicht erfunden. Im 1. Jahrhundert v. Chr. berichtete auch Diodor von Sizilien darüber (1. Buch, Kap. 61) [7]:

Augenzeugen berichten

»Nach dem Tode dieses Königs errangen sich die Ägypter wieder ihre Unabhängigkeit und setzten einen Einheimischen auf den Thron, den Mendes, den einige auch Marrhos nennen. Dieser vollführte nun zwar keine kriegerischen Taten, erbaute sich aber ein Grabmal, das sogenannte Labyrinth, welches nicht sowohl wegen der Großartigkeit des Baues berühmt war, als wegen dessen unnachahmlicher Künstlichkeit. Wer dasselbe nämlich betritt, kann nicht leicht den Ausgang finden, wenn er nicht einen ganz kundigen Führer zur Seite hat. Einige erzählen auch, Dädalos sei nach Ägypten gekommen, habe die Künstlichkeit dieses Werkes bewundert und danach dem Minos, König von Kreta, ein Labyrinth gebaut, ähnlich dem in Ägypten, in welchem der Sage nach der sogenannte Minotauros sich aufhielt. Das Labyrinth auf Kreta ist nun gänzlich verschwunden, sei es nun, daß ein Machthaber es niederriß oder daß die Zeit das Werk zerstört hat; das in Ägypten aber ist in seinem ganzen Bau bis auf den heutigen Tag unversehrt geblieben.«

Fünf Kapitel später erzählt Diodor von Sizilien dieselbe Geschichte über die zwölf Könige und ihr gemeinsames Grabmal wie Herodot. Zudem bestätigt Diodor, das Labyrinth stehe »an der Kanalmündung in den See Moeris«. Die Kunst der Bildwerke, so Diodor, mache »ein Übertreffen unmöglich«.

423 Jahre nach Herodot weilte ein anderer Zeuge am selben Ort: der griechische Geograph Strabon (um 63 v. Chr.–26 n. Chr.). Strabon unternahm große Reisen, die ihn im Jahre 25 v. Chr. auch nach Ägypten führten. Strabons Geschichtswerk ist verlorengegangen, doch blieb der größte Teil seiner siebzehnbändigen »Geographika« erhalten. Im 17. Buch, Kapitel 37, schreibt Strabon [8]:

»Der See des Moeris also ist durch seine Größe und Tiefe geeignet, während der Anschwellungen des Nils die überströmenden Fluten zu fassen... an beiden Mündungen des Kanals aber befinden sich auch Schleusen, durch welche die Baumeister den Ein- und Ausfluß des Wassers mäßigen. Außerdem ist hier auch das Labyrinth, ein den Pyramiden gleichkommendes Bauwerk, und daneben das Grabmal des Königs, welcher das Labyrinth erbaute... dort sind so viele mit einer Säulenstellung umgebene und aneinanderstoßende Palasthallen, alle in einer Reihe und alle an einer Wand... Vor den Eingängen liegen viele und lange verdeckte Gänge, welche untereinander verschlungene krumme Wege haben, so daß ohne einen Führer jedem Fremden den Eingang oder Ausgang einer jeden Palasthalle zu finden unmöglich ist.

Bewundernswert aber ist, daß die Decke eines jeden der Gemächer aus einem Steine besteht und daß auch die Breiten der verdeckten Gänge mit Platten aus einem Steine von außerordentlicher Größe bekleidet sind, indem nirgends weder Holz noch ein anderes Baumaterial beigemischt ist. Besteigt man das Dach, das in keiner bedeutenden Höhe ist, so erblickt man eine Steinfläche von ebenso großen Platten... auch die Wände sind aus Steinen von nicht geringer Größe zusammengefügt. Am Ende... ist das Grabmal, eine viereckige, auf jeder Seite etwa vier Plethra haltende Pyramide von gleicher Höhe. Der Name des darin Begrabenen ist Jsmandes... Schifft man bei diesem Bauwerk vorbei und hundert Stadien weiter, so trifft man die Stadt Arsinoe. Sie hieß früher Krokodilstadt... Unser Gastwirt, einer der geachtetsten Männer, der uns dort die heiligen Gegenstände zeigte, ging mit uns zum See...«

Wie Herodot ist auch Strabon von der Größe und den mächtigen Steinplatten des Labyrinths tief beeindruckt. Auffällig ist sein Schweigen über die tausendfünfhundert Räume unter der Erde. Weshalb wohl? Strabon hält sich zur Römer-Zeit in Ägypten auf. Im Jahre 47 v. Chr. hatte der römische Imperator Gajus Julius Cäsar (100–44 v. Chr.) das ägyptische Heer vernichtend geschlagen und seine Geliebte Kleopatra als Königin über Ägypten eingesetzt. Siebzehn Jahre später – oder fünf Jahre vor Strabons Visite – wurde Ägypten zur römischen Provinz erklärt. Sonnenklar, daß die ägyptische Priesterschaft nicht im Traum daran dachte, den Eroberern ihr uraltes Geheimwissen auszuliefern. Die Plünderungswut von Julius Cäsar und seinen Armeen war auch in Ägypten gefürchtet. Ägyptens Priester verhielten sich wahrscheinlich genauso wie ihre Berufskollegen in Zentral- und Südamerika, als die Eroberer anrückten: Man versteckte die Kulturschätze. Herodot hatte schon 423 Jahre vor Strabon keine Erlaubnis erhalten, die unterirdischen Räume zu betreten. Da kann es nicht verwundern, wenn Strabon überhaupt kein Sterbenswörtchen von unterirdischen Gräbern vernahm. Obschon Grieche, kam Strabon doch aus dem verhaßten Römischen Reich, Griechenland gehörte zum römischen Imperium.

Zudem, und dies kann nicht genug hervorgehoben werden, liegt zwischen Herodots Lokaltermin und Strabons Visite fast ein halbes Jahrtausend! Zum Vergleich: Mit dem Bau des Kölner Doms wurde 1248 begonnen, zweihundert Jahre später stand der Südturm erst bis zum Glockengeschoß, vollendet wurde das heutige Bauwerk gar erst anno 1880. Vor fünfhundert Jahren konnten Architekten und Baumeister sicher über die Katakomben unter dem Dom Auskunft geben. Heute erfährt kein Tourist etwas darüber. Die zeitliche Distanz zwischen Herodot und Strabon beträgt satte 423 Jahre! Das ist kein Klacks! Voller Stolz konnten die Priester den Herodot darauf hinweisen, eigentlich sehe er nur die Hälfte des Bauwerkes, die andere Hälfte liege genauso imposant unter der Erde. Zu Strabons Zeiten hingegen wußten die Priester entweder nichts mehr von den unterirdischen Räumen, oder sie verschwiegen sie aus politischen Gründen. Möglich auch, daß Strabon ein Gerücht über die Königsgräber unter dem Labyrinth zu Ohren kam, er es aber nicht glaubte und daher nicht weitergab.

Hundert Jahre nach Strabon beschrieb der römische Historiker Cajus Plinius Secundus (61–113 n. Chr.) noch einmal das ägyptische Labyrinth. Wieder erfährt man zusätzliche Einzelheiten, die keiner von Plinius' Vorgängern registriert hatte. Offensichtlich standen dem römischen Geschichtsschreiber Quellen zur Verfügung, die weder Herodot noch Strabon zugänglich waren, denn pikanterweise beruft sich Plinius auf Herodot, wobei er sich bemüht, Herodot zu korrigieren und zu ergänzen (36. Buch der »Naturgeschichte«) [9]:

»Auch von den Labyrinthen, diesen seltsamsten, aber nicht, wie man glauben möchte, erdichteten Werken des menschlichen Geistes, müssen wir handeln. Noch jetzt nämlich befindet sich ein solches in dem heracleotischen Bezirke Ägyptens, welches zugleich das älteste, und angeblich vor dreitausendsechshundert Jahren von dem König Petesuchus oder Thitoes erbaut ist, während Herodot sagt, es sei von zwölf Königen, deren letzter Psammetich gewesen, erbauet worden. Die Ursache seiner Erbauung wird verschieden angegeben... Es unterliegt keinem Zweifel, daß von diesem Labyrinthe Daedalos das Muster zu dem von ihm auf Kreta erbauten genommen hat, aber er ahmte nur den hundertsten Teil davon nach... Des Daedalos Labyrinth war also nach dem ägyptischen das zweite, das dritte befand sich auf Lemnos, das vierte in Italien. Alle waren von polierten Steinen gewölbt gebauet, das ägyptische hat am Eingange parische Steine, was mich wundert, im übrigen aber besteht sein Material aus großen Blöcken von Syenit, und selbst Jahrhunderte konnten es nicht zerstören, obgleich die Heracleopoliter das ihrige dazu beigetragen haben, ein ihnen verhaßtes Werk zu beschädigen ... (Das Labyrinth) enthält außerdem die Tempel aller ägyptischen Gottheiten, ferner Rachegöttinen in vierzig Kapellen, mehrere Pyramiden von je vierzig Ellen Höhe, welche mit ihrer Basis einen Raum von sechs Äckern einnehmen. Jetzt schon ermüdet vom Gehen, kommt man an jene unentwickelbar durcheinanderlaufenden Gänge. Aber auch hohe Speisezimmer sind oben, und auf neunzig Stufen steigt man in Galerien hinab, welche Säulen von Porphyr, Götzenbilder, Königsstatuen und allerlei scheußliche Gestalten enthalten. Einige von den Häusern haben eine solche Lage, daß beim Öffnen der Türen inwendig ein schrecklicher Donner erschallt. In dem größten Teile des Labyrinths muß man im Finstern wandern. Außerhalb der Mauer findet man noch mehrere andere große Gebäude, welche Flügel heißen, ferner stehen einige Häuser in unterirdischen Gewölben.«

Von allen frühen Berichten ist derjenige Herodots am ausführlichsten. Eigentlich verständlich, denn unter den Mitbewerbern war Herodot der erste Besucher des Labyrinths. Sein Augenzeugenbericht und das, was ihm die Priester über die unterirdische Anlage erzählten, liegt im zeitlichen Ablauf am weitesten in der Vergangenheit, oder, anders gesagt, kommt der fernen Realität noch am nächsten.

Auch wenn die Geschichtsschreiber verschiedene Namen für die Erbauer des Labyrinths reklamieren, sind sie sich in den entscheidenden Punkten doch einig. Der verschachtelte Tempelkomplex liegt am Moeris-See, es gibt künstliche Kanäle, nicht allzuweit entfernt ist die Krokodilstadt. Die oberirdischen Bauten sind ein »geradezu übermenschliches Werk«, die Decken »überall aus Stein« (Herodot, Strabon, Plinius), auch die Wände bestehen aus Platten »von außerordentlicher Größe«, und vom niedrigen Dach aus erblickt man eine »Steinfläche von ebenso großen Platten« (Strabon). Holz wurde nicht verwendet (Plinius, Strabon), doch in nächster Nähe zum Labyrinth steht mindestens eine oder mehrere Pyramiden (Herodot, Strabon, Plinius). Herodot und Plinius erwähnten »unterirdische Räume«, doch vermelden Herodot und Diodor noch zwei zusätzliche Pyramiden, die aus dem künstlichen See ragen.

Schließlich weiß nur Plinius etwas von »Götzenbildern« und »allerlei scheußlichen Gestalten«.

Was ist aus diesem sagenhaften Gebäudekomplex geworden, von dem die alten Historiker derart überschwenglich schwärmten?

Der Großteil der Ägyptologen ist der Meinung, dieses Labyrinth sei bereits im Jahre 1843 durch den berühmten deutschen Archäologen Richard Lepsius (1810–1884) entdeckt worden. Es handle sich dabei um die Grabpyramide mit den umliegenden Ruinen des Pharao Amenemhet III. (1844–1797 v. Chr.), die Lepsius nahe der heutigen Oase El Fayoum lokalisierte.

Der fröhliche Archäologe

Stimmt diese Annahme? Was brachte Lepsius zur Überzeugung, das Labyrinth entdeckt zu haben? Wurden tausendfünfhundert unterirdische Räume betreten? Die Gräber von zwölf Königen besichtigt? Stießen Lepsius und seine Männer der Königlich-Preußischen Ägypten-Expedition auf »Steinplatten von außerordentlicher Größe« oder »Steinflächen von ebenso großen Platten« (Herodot)? Fanden die Ausgräber »allerlei scheußliche Gestalten« (Plinius) und »untereinander verschlungene krumme Wege« (Strabon)?

Nichts von alledem ist lokalisiert worden!

Richard Lepsius, Sohn eines Landrates aus Naumburg an der Saale, galt im letzten Jahrhundert unangefochten als das Genie unter den deutschen Archäologen. Er war ein Exzentriker, ein Besessener, begeisterungsfähig, rechthaberisch, skeptisch und stur, gleichzeitig aber ein galanter Charmeur mit großer Ausstrahlung. 1833 kam der junge Lepsius nach Paris, ein Jahr vorher war Jean-François Champollion, dem 1822 die Entzifferung der Hieroglyphenschrift gelungen war, gestorben. Obschon Lepsius die Hieroglyphen nicht lesen konnte, faszinierte ihn Champollions Arbeit, und eher intuitiv fühlte er, daß Champollions Dechiffrierwerk nicht vollständig sein konnte.

Lepsius begann eine Korrespondenz mit Ippolito Rossellini, einem Schüler von Champollion. Drei Jahre später trafen sie sich in Pisa. Inzwischen hatte Lepsius gelernt, die Hieroglyphentexte zu lesen. Rasch fiel ihm auf, daß Champollion in den Hieroglyphen nur Wortkürzel sah, die zwar einen vernünftigen Sinn ergaben, aber doch unvollständig blieben. Lepsius ergänzte das Übersetzungswerk von Champollion durch eine sehr wertvolle Erkenntnis: Die Hieroglyphen waren nicht nur Abkürzungen, sondern auch Laut- und Silbenzeichen zugleich. Mit zielgerichteter Verbissenheit kopierte und übersetzte Lepsius fast alle in Europa zugänglichen Hieroglyphentexte.

1841 wandten sich verschiedene Freunde von Lepsius, darunter Alexander von Humboldt, an seine Majestät, König Friedrich Wilhelm IV., er möge in seiner Weitsicht und Großzügigkeit eine Ägypten-Expedition ausrüsten. Expeditionsleiter sollte Richard Lepsius sein, der inzwischen schon mehrere Publikationen über Ägypten verfaßt hatte. Majestät ließ sich überzeugen. Im August 1842 schiffte sich die »Königlich-Preußische Ägypten-Expedition« in Hamburg ein. Unter den Teilnehmern befanden sich auch ein Maler, ein Zeichner, ein Stukkateur sowie zwei Architekten. Dazu dreißig Kisten mit Material. Die Preußen ließen sich nicht lumpen.

In Ägypten angekommen, wurde Lepsius vom Vizekönig empfangen, der ihn mit einigen Freibriefen versorgte und ihn sogar ausdrücklich bat, dem preußischen König alle archäologischen Funde zu schenken, die Lepsius für würdig fand. Die Katalogisierung von Altertümern hatte in Ägypten noch nicht begonnen, eine Auguste Mariette war noch nicht auf der Bühne, die Europäer machten in Ägypten, was sie wollten. So schickte Lepsius im Laufe der Jahre zweihundert Kisten mit archäologischen Kostbarkeiten nach Berlin, von denen die heuti-

Der Rosetta-Stein (heute im Britischen Museum in London) wurde 1799 von Soldaten während des Napoleon-Feldzuges gefunden. Der Basaltblock trägt denselben Text in Hieroglyphen wie in demotischen und griechischen Schriftzeichen.

gen Ägypter gerne wieder einiges zurück haben möchten. Zimperlich war er nicht, dieser Richard Lepsius. Zum Geburtstag des Königs ließ er auf der Cheops-Pyramide die preußische Flagge hissen, und in den Pyramiden-Gängen erschallte die preußische Nationalhymne. Auf Lepsius' Befehl schleppten ägyptische Arbeiter Holzstöße zu den Spitzen der drei großen Pyramiden, die in der Weihnachtsnacht 1842 zum »Stille Nacht, heilige Nacht« angezündet wurden. In seinem humorvollen Buch über »Die größten Abenteuer der Archäologie« schreibt Philipp Vandenberg [10]:

»Und hier stand er: Richard Lepsius, von Friedrich Wilhelms Gnaden Expeditionsleiter, im dunklen Anzug, eine Kerze in der Hand, allseits frohe Weihnachten wünschend. Im Sarkophag des Königs Cheops... stand eine junge Palme, auf ihren Blättern brannten Kerzen.«

Lepsius war auch Gefühlsmensch – und singen konnte er noch dazu! Ganz Kairo staunte.

Was fand die Königlich-Preußische Ägypten-Expedition?

Im Mai 1843 verließ die »Königlich-Preußische Ägypten-Expedition« Gizeh. Lepsius hatte ein neues Ziel im Visier: Das Labyrinth. Er kannte die Überlieferungen von Herodot, Strabon und anderen, und er wußte auch ganz genau, wo das Labyrinth zu lokalisieren war. Wie das?

Hundertzwanzig Kilometer südwestlich von Kairo breitet sich mitten in der Wüste ein fruchtbares Gebiet aus: die Oase von Fayoum. Seit Jahrtausenden ist die vegetativ reiche Landschaft durch einen Kanal, den Bahr Jusuf = Josephskanal, mit dem Nil verbunden. Fünfundzwanzig Kilometer nordwestlich der Stadt El Fayoum liegt der flache Karun-See, in dem viele Archäologen Herodots Moeris-See vermuten. Vor dreitausendsiebenhundert Jahren ließ sich der Pharao Sesostris II. (1897–1878 v. Chr.) in dieser paradiesischen Grünlandschaft, umgeben von ausgetrockneten Felsen und Sanddünen, eine Pyramide erbauen.

Nun hatte Diodor von Sizilien überliefert, der Erbauer des Labyrinths heiße Mendes, »den einige auch Marrhos nennen« [7]. Bei Manetho heißt derselbe Herrscher »Lamarcs«, und Plinius verbindet den Namen der Figur gar mit dem Namen »Moeris«. So hieß der See. »Marrhes« ist aber gleichzeitig der Thronname von Amenemhet III. (1844–1797 v. Chr.), und genau dieser Pharao hatte seine Sommerresidenz mitsamt seiner Pyramide nach Hawara verlegt, das vierzig Kilometer vom Ufer des (heutigen) Karun-Sees entfernt liegt. Zudem hieß die frühere Hauptstadt der Oase Fayoum »Krokodeilon polis«, Krokodilstadt. Sie war einst das Kulturzentrum zu Ehren des Krokodilgottes Sobek. Die Gedankenverbindung war einfach: Das Labyrinth mußte in der Nähe der Krokodilstadt zu finden sein, der Erbauer des Labyrinths hieß »Marrhos«, und exakt das war der Thronname von Amenemhet III. Dieser Pharao wiederum hatte sich in der Oase Fayoum eine Pyramide errichten lassen. Folgerichtig mußte das Labyrinth in nächster Nähe dieser Pyramide zu suchen sein. Logo?

Lepsius war nicht der erste, der im Oasengebiet von Fayoum nach dem Labyrinth forschte. Bereits 1714 hatte der französische Forschungsreisende Paul Lucas am Karun-See sein Zelt aufgeschlagen, weil er annahm, hier müßten die Überreste der zwei Pyramiden zu erblicken sein, deren Spitzen zu Herodots Zeiten aus den Fluten ragten. Nachdem Lucas die windigen und wasserdurchlässigen Boote begutachtet hatte, mit welchen die Fischer ihn über den See rudern wollten, verzichtete er auf sein Vorhaben.

Im Januar 1801 ritt Dr. P. D. Martin, ein Ingenieur aus Bonapartes Ägypten-Armee, quer durch die Wüste zur Oase Fayoum. Die Beduinen waren beeindruckt von den körperlichen Strapazen, die Dr. Martin auf sich genommen hatte, und gaben ihm bereitwillig Auskunft. Das Labyrinth fand er nicht.

1828 beauftragte der französische König Karl Philipp X. (1757–1836) den fleißigen Übersetzer der Hieroglyphen, Jean-François Champollion, mit der Leitung einer Ägypten-Expedition. Der zartbesaitete und hochintelligente Champollion suchte in der Oase Fayoum vergeblich nach dem Labyrinth.

Schließlich, ein Jahr vor Lepsius, erreichte eine französische Forschergruppe die Pyramide von Amenemhet III. Dort lagen zwar einige Mäuerchen und zerbrochene Säulen herum, von den Überresten eines gigantischen Gebäudekomplexes war nichts auszumachen.

Nach seinem Sieg in Antiochia hatte Julius Cäsar am 2. August 46 v. Chr. die drei berühmten Worte nach Rom gemeldet: »Veni – vidi – vici!« Ich kam – sah – siegte! Genauso war es mit Richard Lepsius. Er kam, sah und siegte. Restlos überzeugt notierte er bereits nach der Ankunft [11]:

»Wir zogen am 19. Mai 1843 weiter und lagerten uns am 23. im Faium auf den Trümmern des Labyrinths. Die Lage desselben war schon längst richtig vermutet worden; und gleich der erste Augenschein ließ uns keinen Zweifel darüber zurück.«

Noch deutlicher kam Lepsius' Voreingenommenheit in den Briefen zum Ausdruck, die er ins ferne Berlin schickte [12]:

»Hier sind wir nun seit dem 23. Mai auf der Südseite der Pyramide des Moeris, auf den Trümmern des Labyrinthes angesiedelt. Denn daß wir das vollste Recht haben, uns dieser Bezeichnungen zu bedienen, stand mir vom ersten Augenblicke an fest, sobald ich das Ganze nur flüchtig überschaut hatte. Ich hatte nicht geglaubt, daß es uns so leicht werden würde, diese Überzeugung zu gewinnen.«

Mit diesen Sätzen war Herodots Labyrinth für die Wissenschaft abgehakt, katalogisiert und schubladisiert, obschon beim näheren Hinsehen rein gar nichts mit den alten Historikern übereinstimmt. Lepsius heuerte aus den umliegenden Dörfern Männer und Kinder an: »Sie haben ihre Aufseher, und Brot wird ihnen gebracht; jeden Morgen werden sie gezählt, und jeden Abend bezahlt; jeder Mann erhält einen Piaster, etwa zwei Silbergroschen, jedes Kind einen halben, zuweilen auch dreißig Para, wenn sie besonders fleißig waren.« Die Männer mußten eine Harke und einen geflochtenen Korb mitbringen, bei den Kindern genügte ein niedriger Korb. Lepsius ließ an fünf verschiedenen Orten gleichzeitig Gräben ziehen. Die

Männer füllten die Körbe, die Kinder und Alten trugen den Schutt weg. Die Korbprozession wurde durch Aufseher kontrolliert, welche die emsigen Ameisen auch noch zum Singen animierten.

Schon nach wenigen Tagen hatte Lepsius einen Platz mit Überresten von Granit- und Kalksteinsäulen freigelegt, die »fast wie Marmor« schimmerten. Bei Herodot sind es noch »sorgfältig gefügte, weiße Marmorsäulen« gewesen. Der begeisterte Preuße fand, wie er selbst sagt, »Hunderte von neben- und übereinander-« liegende Kammern, »kleine, oft winzige neben größeren und großen, von Säulchen unterstützt... ohne Regelmäßigkeit der Ein- und Ausgänge, so daß die Beschreibung von Herodot und Strabon in dieser Beziehung vollkommen gerechtfertigt ist.«

Wirklich?

Archäologen gegen Historiker

Wo sind denn »die Wände voller Reliefs« (Herodot)? Wo die »untereinander verschlungenen, krummen Wege« (Strabon)? Wo die Decke, die bei jedem Gemach »aus einem Steine besteht«, wo die »verdeckten Gänge mit Platten aus einem Stein von außerordentlicher Größe« (Strabon)? Lepsius buddelt kleine und »oft winzige« Kammern aus – Herodot hingegen wandelte durch »Säle in die Säulenhallen, aus den Hallen wieder in andere Höfe«. Von Kriechen und Bücken stand bei Herodot und seinen Nachfolgern nichts.

Zum Gesamtkomplex vermerkte Lepsius [12]:

»Die Disposition des Ganzen ist so, daß drei mächtige Gebäudemassen in der Breite von dreihundert Fuß einen viereckigen Platz umschließen, der an sechshundert Fuß lang, an fünfhundert breit ist. Die vierte Seite, eine der schmalen, wird durch die dahinter liegende Pyramide begrenzt, welche dreihundert Fuß im Geviert hat und daher nicht ganz bis an die Seitenflügel jener Gebäudemassen heranreicht.«

Wie reimt sich das mit Herodots »zwölf überdachten Höfen« zusammen? Mit den »riesigen, eingehauenen Figuren«? Mit dem »geradezu übermenschlichen Werk«? Lepsius persönlich bezeugt, in den Ruinen »der großen Zimmermassen... nichts von Inschriften« entdeckt zu haben. Herodot staunte noch vor »Wänden voller Reliefs«. Bei Lepsius wird der Zentralplatz »durch eine lange Mauer in zwei Hälften geteilt«, während Herodot »rings um alles eine einzige Mauer« beschreibt. Plinius hatte vor zweitausend Jahren gemeldet: »...auf neunzig Stufen steigt man in die Galerien hinab.« Neunzig Stufen? Das ist ganz schön tief. Rechnet man eine Stufe mit nur zwanzig Zentimetern Höhe, so müßten die Galerien etwa achtzehn Meter unter dem (damaligen!) Boden liegen. Keine Spur davon bei Lepsius. »Ferner stehen einige Häuser in unterirdischen Gewölben«, schrieb Plinius. Nirgendwo, bei allen Krokodilgöttern, hat Lepsius »Häuser in unterirdischen Gewölben« betreten. Gräber oder Sarkophage von irgendwelchen mythischen Pharaonen sind von der »Königlich-Preußisch Ägypten-Expedition« schon gar nicht entdeckt worden.

Sic transit gloria mundi. So vergeht der Ruhm der Welt!

Die fixe Idee, die Pyramide von Amenemhet III. sei diejenige, unter welcher das Labyrinth liege, war von Anfang an falsch. Hätte Lepsius seinen klaren Verstand behalten und die Situation nicht »nur flüchtig überschaut« (Lepsius), so wäre ihm dies vermutlich auch aufgegangen. Schön, der Name »Marrhos«, den Diodor von Sizilien anführt, ist gleichzeitig der Thronname von Amenemhet III., aber weshalb um alles in der Welt versteifte er sich auf diesen Namen? Schließlich zählten die alten Historiker noch ganz andere Namen als diesen »Marrhos« auf, wenn es um den Erbauer des Labyrinths ging.

Hier die Namensliste:

Herodot: Zwölf Könige, darunter den namentlich genannten Psammetichos, »der vierundfünfzig Jahre über Ägypten herrschte«.

Diodor: Mendes oder Marrhos, dazu Psammetichos aus Sais, sowie Moeris.

Plinius: Petesuchus oder Thitoes, dazu Motherudes und Moeris.

Manetho: Lamares.

Es ist nicht einzusehen, weshalb »Marrhos« alias Amenemhet III. höher bewertet wird als die anderen. Die Tatsachen vor Ort fordern, ihn als Erbauer des Labyrinths abzulehnen. Die Beweislage ist eindeutig.

Widersprüche am laufenden Band

Schlag nach beim Augenzeugen Herodot: »An die Ecke am Ende des Labyrinths stößt eine vierzig Klafter große Pyramide an, in die riesige Figuren eingehauen sind.« Strabon doppelt nach: »Am Ende... eine viereckige, auf jeder Seite etwa vier Plethra haltende Pyramide... schifft man bei diesem Bauwerk vorbei...«

Nach Herodot hätte die Pyramide eine Seitenlänge von umgerechnet 71 Metern, nach Strabon eine solche von 120 Metern. Die Pyramide von Amenemhet III. bei Hawara weist aber 106 Meter Seitenlänge auf. Keine Angabe stimmt. Herodot und Strabon sind sich darin einig, diese Pyramide stehe »in einer Ecke« am Ende des Labyrinths. Dies trifft auf Hawara nicht zu. Die Pyramide von Amenemhet III. liegt in gar keiner Ecke, sondern auf derselben Achse wie die Tempelruinen. Augenzeuge Herodot sieht »riesige Figuren«, die in die Pyramide »eingehauen« sind. Das ist bei der Hawara-Pyramdie glattweg unmöglich, denn diese ist aus Schlammziegeln erbaut. In getrocknete Schlammziegel kann man keine Figuren »einhauen«, schon gar keine »riesigen«.

Man stelle sich nur einmal dieses Paradoxon vor: Alle historischen Augenzeugen schildern das Labyrinth als Wunderwerk

»voller Reliefs«, ein »geradezu übermenschliches Werk« (Herodot), ein »Übertreffen ist unmöglich« (Diodor), aus riesigen Steinplatten von »außerordentlicher Größe« (Strabon) mit »großen Blöcken von Syenit« (Plinius). (Syenit ist ein marmorähnlicher Kalkstein.) Und dann soll – unfaßbar! – derselbe Amenemhet III. der dieses Prachtwerk in die staunende Welt setzen ließ, für sich selbst eine Grab-Pyramide aus dem billigsten, lausigsten, zerbrechlichsten Baumaterial errichtet haben? Aus Schlammziegeln! Das paßt wie die Faust aufs Auge. Facta loquuntur – Tatsachen sprechen für sich!

Jeder Pharao war stolz auf seine Leistungen. Auf Tafeln und Inschriften verkündeten die Herrscher am Nil der Nachwelt, welche Tempel sie erbauen oder restaurieren ließen. Wäre Amenemhet III. der Bauherr des Labyrinths (»übersteigt sogar die Pyramiden«, Herodot), dann würden Inschriften diese unvergleichliche Tat preisen, den Pharao loben und mit Ehren überschütten. Nichts davon existiert. Lepsius fand in einer Kammer und auf Säulenfragmenten Namensschilder mit »Amenemhet III.« Daraus zog er den richtigen Schluß: »Der Erbauer und Inhaber der Pyramide steht also fest.« Fünfundvierzig Jahre nach Lepsius entdeckte der britische Archäologe Sir Flinders Petrie (1853–1942) im Innern der Pyramide sogar die intakten Sarkophage von Amenemhet III. und seiner Tochter. Die Grabkammer bestand aus einem einzigen, gelben Quarzitblock, der in den Boden hinabgelassen war. Über der Grabkammer drei schwere Quarzitplatten von 1,22 Metern Dicke [13]. Genug, um das Gewicht der darüberliegenden Schlammziegel zu tragen. Schließlich stießen Kanalarbeiter in der Nähe der Pyramide auch noch auf eine 1,60 Meter hohe Kalksteinstatue des sitzenden Amenemhet III. Auf keinem dieser Funde weist auch nur die kleinste Hieroglyphe darauf hin, Amenemhet III. habe das Labyrinth erbauen lassen. Flinders Petrie hatte die Grabkammer von Amenemhet III. unberührt vorgefunden. Absolut undenkbar, daß der Pharao darin nicht als der geniale Auftraggeber des Labyrinths gepriesen worden wäre. Kein Pharao hätte sich dieses Ruhmesblatt entgehen lassen!

Das Pyramidion, der Schlußstein der Spitze der schwarzen Pyramide des Pharao Amenemhet III. im Ägyptischen Museum in Kairo.

Kurios genug, ließ sich derselbe Amenemhet III. auch noch in Dahschur, zwanzig Kilometer südlich Kairo, eine zweite Pyramide errichten. Im Volksmund nennt man sie »die schwarze Pyramide«, weil sie aus dunkelgrauen Nil-Schlammziegeln aufgetürmt ist. Der 1,40 Meter hohe Schlußstein dieser Pyramide, das sogenannte Pyramidion, besteht aus schwarzem Granit und ist heute im Ägyptischen Museum von Kairo zu bewundern. Unter den schützenden Vogelschwingen des Gottes Horus bezeugen die Hieroglyphen auf dem Stein die Urheberschaft des Bauherrn Amenemhet III. Daß er auch das phänomenale Labyrinth in Auftrag gegeben habe, ist nirgendwo vermerkt. Vor wenigen Jahren entdeckten Archäologen des Deutschen Archäologischen Institutes in Kairo neben dem bereits gefundenen, leeren Sarkophag aus Rosengranit zwei zusätzliche Sarkophage von Frauen Amenemhets III. Auch dort weist kein Schriftzug darauf hin, ihr Herr und Gebieter sei gleichzeitig der Erbauer des unvergleichlichen Labyrinths.

Bücher über Ägypten, geschrieben von gescheiten und

scharfsinnigen Archäologen, gehörten in den vergangenen Jahren zu meiner Tageslektüre. In all diesen Werken wird die Hawara-Pyramide von Amenemhet III. als das Bauwerk bezeichnet, unter dem das Labyrinth liege. Auch die Labyrinthentdekkung durch Lepsius wird überall erwähnt. Dies ist, als ob die Gelehrten eine Wendeltreppe hochsteigen, ohne sich dabei zu drehen. Einer übernimmt den Unsinn vom andern. Dabei weiß man heute längst, daß eine ganze Reihe von Mäuerchen und Kammern, die Lepsius durch seine singende Ameisenprozession freischaufeln ließ, in Wirklichkeit aus griechischer und römischer Zeit stammen! Amenemhet III. war lediglich der Erbauer der Schlammziegel-Pyramide und einiger Tempel in allernächster Nähe – mit Herodots Labyrinth hat das Ganze sowenig Gemeinsamkeiten wie Beethovens 5. Symponie mit der Hitparade.

Passen schon die archäologischen Überreste partout nicht auf die Beschreibung der alten Historiker, so wird die geographische Lokalisierung erst recht grotesk.

Ein See verdunstet

Herodot behauptet, Labyrinth und Pyramide liegen am Ufer des Moeris-Sees. Diesen See beschreibt er als menschliches »Wunderwerk« mit einem »Umfang von dreitausendsechshundert Stadien... in seiner Länge sogar der Meeresküste von Ägypten gleich«. Auf heutige Maße umgerechnet, müßte Herodots See einen Umfang von 640 Kilometern gehabt haben. Zum Vergleich: Der Bodensee hat einen Umfang von 259 Kilometern. Davon entfallen 160 Kilometer Ufer auf Deutschland, 72 Kilometer auf die Schweiz und 27 Kilometer auf österreichisches Gebiet (Fläche: 538,5 Quadratkilometer). Herodots Moeris-See müßte mehr als den doppelten Umfang des Bodensees umspannt haben.

Möglich, daß sich Herodot von den Ägyptern übertriebene Zahlen aufschwatzen ließ, möglich, daß die Zahlenangaben aus dem Ägyptischen falsch ins Griechische übertragen wurden. Zahlen hin oder her, das Labyrinth lag mitsamt der Pyramide sozusagen an der Seepromenade, denn auch Strabon hebt die Größe des »Sees des Moeris« hervor und bestätigt, »... schifft man bei diesem Bauwerk [der Pyramide, EvD] vorbei...« Derselbe Strabon will höchstpersönlich dort gewesen sein, denn er schreibt: »Unser Gastwirt, einer der geachtetsten Männer... ging mit uns zum See.« Anschließend fütterte ein Priester in Anwesenheit von Strabon und dem Gastwirt ein träges, heiliges Krokodil, das am Seeufer döste und zu faul war, das mitgebrachte Brot zu fressen.

Im 51. Kapitel seines ersten Buches geht auch Diodor von Sizilien auf diesen künstlichen See ein [7]:

»Zehn Menschengeschlechter nach dem eben genannten König übernahm Moeris die Regierung von Ägypten und erbaute in Memphis die nördlichen Vorhallen... Auch ließ er zehn Schoinen weiter oberhalb der Stadt einen See graben, von außerordentlicher Nützlichkeit und ganz unglaublicher Größe. Sein Umfang nämlich soll dreitausendsechshundert Stadien betragen haben und die Tiefe an den meisten Stellen fünfzig Klafter. Wer also, wenn er die Großartigkeit dieses Werkes überdenkt, wird nicht fragen müssen, wieviel tausend Menschen und wieviel Jahre sie daran gearbeitet haben.«

Im darauffolgenden Kapitel bestätigt Diodor genauso wie Herodot, die Zuflüsse zum See seien durch mächtige Schleusen reguliert worden, die je nach dem Wasserstand des Nils geöffnet oder geschlossen wurden.

Labyrinth, Pyramide und See gehören zusammen. Wie Geologen vermelden, gab es bei der Hawara-Pyramide nie einen See [5]. Man kann dies an den Ablagerungen im Erdreich feststellen. Zudem paßt der See schon aus zwei anderen Gründen nicht in die Gegend von Hawara. Die Pyramide von Amenemhet III. besteht aus Hunderttausenden von Schlammziegeln. Schlamm verträgt sich gar nicht mit Wasser, das Fundament der Pyramide wäre aufgeweicht. Die Räume und Kammern, die Lepsius ausbuddelte, wären vom Grundwasserspiegel überflutet gewesen, es sei denn, man hätte sie gegen eindringendes Seewasser abgedichtet. Von wasserundurchlässigen Isoliermauern ist in Hawara nichts gefunden worden.

Heute liegt fünfundzwanzig Kilometer nordwestlich der Stadt El-Fayoum der flache Karun-See. Der aber kann niemals mit dem Moeris-See der antiken Historiker identisch sein. Nicht nur, weil er vierzig Kilometer Luftlinie von der Hawara-Pyramide entfernt liegt, sondern auch, weil er ein natürlicher See ist und nicht von künstlichen Kanälen gespiesen wird. Der Karun-See, auf drei Seiten umrahmt von glühender Wüste, auf einer Seite von etwas Vegetation und einigen Touristenhotels, liegt zu allem Überdruß auch noch tiefer als der Meeresspiegel. Schon Lepsius hatte dies erkannt [12]:

»Bei hohem Nil und reichlicherem Zufluß schwillt er wohl an; doch ist er viel zu tief gelegen, um je einen Tropfen des ihm zugeführten Wassers wieder zurückfließen zu lassen. Es müßte erst die ganze Provinz unter den Fluten begraben sein, ehe diese ihren Rückweg nach dem Tale finden könnten... Der Spiegel des Birquet el Qorn [= Karun-See, EvD] liegt jetzt an siebzig Fuß unter dem Punkte, wo der Kanal einströmt, und kann nie sehr viel höher gestiegen sein. Das beweisen alte Tempelruinen, die an seinen Ufern liegen. Ebensowenig stimmen die Angaben, daß an seinen Ufern das Labyrinth und die Hauptstadt Arsinoe, jetzt Medinet el Faium, gelegen waren.«

Trotz dieser Tatsache blieb Lepsius an seinem Labyrinthstandort kleben. Er hatte mit drei Mitarbeitern die Überreste eines Dammes besichtigt, den er für die Aufschüttung für den künstlich angelegten Moeris-See hielt. Sogar die Überreste von zwei Bauwerken, die anfänglich für die beiden Pyramiden gehalten wurden, die Herodot aus den Fluten des Moeris-Sees ragen sah, untersuchte Lepsius. Nach einer kurzen Grabung stellte er resigniert fest: »Wenigstens geht daraus hervor, daß sie nicht im See standen...«

Auch wer wie Lepsius krampfhaft bemüht ist, das Labyrinth nach Hawara zu zaubern, hätte eigentlich über die Distanzangaben bei Herodot und anderen stolpern müssen. Diodor von Sizilien schrieb, König Moeris habe den künstlichen See »zehn Schoinen weiter oberhalb der Stadt Memphis graben« lassen.

Das wäre ungefähr auf der Höhe von Dahschur oder gute siebzig Kilometer Luftlinie nordöstlich von Hawara. Strabon beschrieb den See als riesiges Gewässer mit Stränden, vergleichbar dem Meer. Herodot seinerseits konstatierte im 4. Kapitel des 2. Buches:

»Das jetzige Land nördlich des Moeris-Sees ragte damals nicht aus ihm hervor, während man jetzt zum Moeris-See sieben Tagereisen weit den Fluß hinauffahren muß.«

Schließlich gibt der »Vater der Geschichtsschreibung« (Cicero) im 150. Kapitel desselben Buches noch einen letzten geographischen Hinweis:

»Die Einheimischen erzählen sich, daß der See einen unterirdischen Abluß nach der libyschen Syrte habe, der nach Westen ins Land hineinführt, entlang den Bergen oberhalb von Memphis.«

»Nicht die Dinge verwirren die Menschen, sondern die Ansichten über die Dinge« (Euripides, griechischer Tragiker, 480–407 v. Chr.).

Inspektion vor Ort

Der Taxichauffeur lachte, als er mich kamerabehangen aus dem Hotel kommen sah. Wir kannten uns, denn ich hatte denselben Driver auch die vorangegangenen Tage engagiert. Dies erspart nicht nur den täglichen Streit mit der Konkurrenz, die in Scharen vor jedem Kairoer Hotel lauert, sondern auch die nervtötende Feilscherei um die Tagespauschale. Der Fahrer wußte, woran er mit mir war, und ich umgekehrt auch. Zudem war sein schwarzes Auto, ein älteres, amerikanisches Modell, in verblüffend gutem Zustand, ein Argument, das in Ägypten viel zählt, denn rasch ist man weg von der Straße und landet irgendwo auf Wüstenpisten und Feldwegen. Kamal, so hieß mein Fahrer, hatte vier Jahre an der Kairoer Uni Ägyptologie studiert. Jetzt fuhr er Touristen, weil dies mehr Geld einbrachte als ein akademischer Bürojob. Er sprach leidlich Englisch und verstand es auch, mir die allzu aufdringlichen Souvenirhändler vom Hals zu halten. Eine ganze besondere Wohltat, wenn man weiß, daß die meisten Guides und Händler sich untereinander kennen und der Fahrer nach einem guten Kauf nicht leer ausgeht.

Wir fuhren die von hupenden und stinkenden Vehikeln stark frequentierte Hauptstraße nach Gizeh hinaus, vorbei an den großen Pyramiden und in südwestlicher Richtung weiter in die Wüste. Die wie mit einem Lineal gezogene, 106 Kilometer lange Strecke nach der Oase Fayoum ist asphaltiert, rechts und links des dunkelgrauen Bandes verrosten einzelne Autos, die Gerippe von ausgeschlachteten Bussen und Lastwagen werfen schauerliche Schatten in den Sand. Die Zeit siegt immer.

»Was suchen Sie da draußen?« hatte Kamal gefragt.

»Ich will nur zur Pyramide von Amenemhet III. bei Hawara.«

»Lohnt sich nicht«, brummte Kamal fachmännisch, »nichts Großartiges, nur getrocknete Ziegel.«

»Weiß ich – ich will trotzdem dorthin!«

Kamal lachte wieder. »Ihr seid alle ein bißchen weltfremd, wenn Sie mir das gestatten. Kein Ägypter besucht freiwillig die Hawara-Pyramide.«

Eigentlich ist das Wörtchen »Oase« für Fayoum falsch, denn die »Oase« ist durch den Bahr Jusuf-Kanal völlig vom Nil abhängig, eigenes Wasser produziert die über viertausend Quadratkilometer große »Oase« nicht. Trotzdem bleibe ich bei der Bezeichnung Oase, denn Wasser in der Wüste ist für uns allemal eine Oase, woher die lebenspendende Flüssigkeit auch immer kommen mag. Einen Moment lang huschte ein Gedanke an Herodot durch mein Gehirn. Von Gizeh nach Hawara hätte Herodot nur per Kamel reiten können. Eine Zwei-Tage-Strecke. Sie wäre in seiner Beschreibung nicht unter die Kamelhufe geraten. Wir Heutigen erreichten die Ausläufer der Oase in zwei Stunden. Gepriesen seien die motorisierten Kamele!

Die fruchtbare Zone von Fayoum, ringsum von Wüste eingerahmt, wird von 324 Kanälen mit einer Gesamtlänge von 1298 Kilometern bewässert. Dazu kommen nach offiziellen

Auf der Fahrt zur Oase Fayoum wird die Straße von ausgeschlachteten Bussen gesäumt, vor der Ortseinfahrt warten die Händler.

Noch heute baden die Kinder in Kanälen, deren dreckiges Wasser von Bilharziose verseucht ist.

Angaben noch 222 Wasserrinnen von nochmals 964 Kilometern [14].

Aus dem Autoradio erklang ein Gebet, der Vorsänger rezitierte, die Menge murmelte. Obschon am Steuer, verneigte sich Kamal dreimal auf das Lenkrad zu. »Es geht um das Wasser«, erklärte er später. Scheich el-Azhar, der höchste sunnitische Geistliche, hatte die Gläubigen aufgefordert, Allah um Wasser anzuflehen. Der Sommer 1988 war das siebte Dürrejahr im Hochland von Äthiopien. Ohne Regen kein Nil-Wasser, ohne Nil-Wasser verschlammte Kanäle, ohne Kanäle kein Ackerbau.

»Ägypten hat doch den Nasser-Staudamm bei Assuan. Ich denke, der reguliert das Nil-Wasser«, sagte ich mitfühlend. Kamal lachte wieder, er lachte immer, doch diesmal war es ein Lachen über meine Unwissenheit. »Das Wasser des Staudammes ist in den letzten Jahren um fünfundzwanzig Meter gesunken. Regnet es im Sudan oder in Äthiopien nicht innerhalb der nächsten zwei Monate, müssen die Turbinen abgestellt werden. Schlimm für alles, was an der Stromleitung hängt! Dann vermag ein Rinnsal von Nil nicht auch noch Tausende von Kanälen rechts und links des Stromes zu füttern. Die Felder trocknen aus. Wissen Sie, was das für 53 Millionen Ägypter bedeutet?«

Ich ahnte es. Seit Menschengedenken ist das ganze Land von einer einzigen Wasserquelle abhängig. Zur Zeit werden 2,6 Millionen Hektar Felder bewässert, die jährlich 49,5 Milliarden Kubikmeter Wasser verschlucken. Dazu kommt ein Trinkwasserverbrauch von jährlich 3,5 Milliarden Kubikmetern. Wer immer der Pharao X gewesen sein mag, der Herodots Moeris-See entstehen ließ, er muß ein weitsichtiger Herrscher gewesen sein.

Nach neunzig Kilometern Fahrt das erste Grün am Straßenrand. Händler hatten sich eingerichtet, sie winkten, streckten uns Rosenbouquets, zu Girlanden zusammengeknotete Zwiebeln und lebende Truthähne entgegen. Nach einer Kurve der erste Kanal. In der müde dahinkriechenden Brühe planschten fröhliche Kinder. Ich ließ anhalten, Kamal lachte nicht mehr. Sein Gesicht bekam einen trotzigen Eindruck.

»Bilharziose?« fragte ich. Kamal nickte.

Die Kanäle waren mit Bilharziose verseucht, das sind die mikroskopischen Saugwürmer, die nach dem deutschen Arzt Theodor Bilharz (1825–1862) benannt werden. Er hatte die Erreger, die durch die Haut in den Kreislauf dringen, entdeckt. Die mörderischen Winzlinge vermehren sich in der Leber, verursachen Leber-, Darm- und Geschlechtskrankheiten, die früher unerbittlich zum Tode führten. Heute gibt es Medikamente gegen Bilharziose. In Zusammenarbeit mit der Weltgesundheitsorganisation führt die ägyptische Regierung seit Jahren einen Kampf gegen die heimtückische Krankheit. Die Erreger vermehren sich an den verschlammten Rändern der Kanäle, dort, wo das Wasser beinahe stillsteht, explosionsartig.

»Weshalb läßt man die Kinder hier baden?«

Kamal schüttelte den Kopf. »Es gibt Aufklärungskampagnen am Fernsehen, am Radio, in den Schulen und sogar in Comic-Heften. Trotzdem wollen viele Bauern das Risiko nicht sehen. Sie vertrauen auf Allah.«

Sie sind gottesfürchtig, ehrlich und genügsam, diese fleißigen Bauern und ihre Familien, die jahraus jahrein ihre Tage auf den

heißen, weitflächigen Feldern verbringen. Baumwolle wird angepflanzt, es wachsen in der Saison Bohnen, Mais, Reis, Gurken, Kartoffeln, Zwiebeln, Knoblauch, Blumenkohl und Wassermelonen. Erntemaschinen sieht man kaum, die gebeugten Rücken der Frauen und Kinder sind preiswerter. Palmengruppen spenden Schatten, jeder Teil der Palme, vom Stamm bis zur Faser, wird verwertet. Vor den Lehmhäusern sitzen korbflechtende Frauen, andere modellieren Schüsseln, Lampen und Figuren, zarte Kinderhände bemalen die Produkte in poppigen Farben. Die Zeit steht hier still.

Kamal zeigte voraus: »Das ist el Medina, die Hauptstadt der Oase, man nennt sie heute mehr und mehr nur noch ›the Fayoum‹. Früher soll sie Krokodilstadt geheißen haben.«

»Soll?«

Kamal wand sich, lachte wieder, vergessen waren die badenden Kinder, vergessen die Bilharziose. »Sie hieß schon mal Krokodilstadt, das weiß man bestimmt. Doch mit Krokodilstadt meint jeder den Ort, welcher von den alten Schriftstellern erwähnt wird: die Krokodilstadt am Moeris-See.«

»Und – war sie es nicht?«

Mein archäologisch sehr bewanderter Taxidriver zuckte die Achseln, verzog die Mundwinkel zu einem schelmischen Grinsen: »Es gab im alten Ägypten verschiedene Krokodilstädte, und in jedem größeren Tempel, vom Nildelta bis hinauf nach Assuan, wurde das Krokodil in irgendeiner Form verehrt, Hier, in Fayoum, hatte sozusagen jedes Dorf ein Krokodilzentrum. Schwer zu bestimmen, von welcher Krokodilstadt Herodot eigentlich sprach.«

Das machte die Sache nicht einfacher, dachte ich.

Langsam kurvten wir zwischen Menschenknäueln und überholten einen Lastwagen, der mit Kamelen beladen war. Die Tiere sind auch bequemer geworden! Kamal stoppte den Wagen: »Das sollten sie sich ansehen, wenn sie schon da sind!«

In einem Kanal, der mitten durch die Stadt floß, drehten sich träge vier riesige, schwarzbraune Wasserräder. Sie ächzten, knackten, quietschten, stöhnten, als würden hunderttausend verborgene Geister unter unsichtbaren Sklavenpeitschen jammern. Die Räder laufen ewig, sie sind das einzige Perpetuum mobile, das ich in meinem Leben zu Gesicht bekam. Ich erfuhr, es gebe etwa zweihundert derartiger Wasserräder in der Oase Fayoum. Durch die Räder wird das Wasser in verschiedene Kanäle geleitet und auf ein anderes Niveau gehoben, und das alles ohne Strom oder irgendwelche künstliche Energiezufuhr. Der Fluß des Wassers ist die einzige Energiequelle. An den mächtigen Rädern, die eine hervorragende Handwerkskunst beweisen, sind breite, simple Paddel angebracht, die bei jeder Umdrehung ins Wasser tauchen. Strömungsbedingt muß sich das Rad drehen. Neben den Paddeln gibt es an jedem Rad noch einige Schaufeln, die sich beim Eintauchen mit Wasser füllen und es bei jeder Umdrehung dem höher gelegenen Kanal zuführen. Die maximale Höhe dieses ewigen Wasserlifts hängt vom Umfang des Rades ab. Verblüffend, auf welch geniale Einfälle der menschliche Erfindergeist schon vor Jahrtausenden kam!

Etwa zehn Kilometer in südöstlicher Richtung gleich hinter dem Dörfchen Hawara, erhebt sich der dunkelgraue Berg der Pyramide von Amenemhet III. Von weitem erinnerte er mich eher an einen umgestürzten, oben abgeflachten Pudding mit ei-

Kamele auf Lastwagen! Auch die Tiere sind bequemer geworden.

nigen Dellen. Ich war nicht mit Vorurteilen beladen und hätte vermutlich Freudensprünge vollführt, wäre rund um die Pyramide auch nur ein Hauch von einem Labyrinth sichtbar gewesen. Doch beim Unterstand, in dem ein einsamer Polizist bei unserer Ankunft vom Schlaf aufschreckte, steckte eine schwarz umrandete Tafel im Boden: »Labyrinth«, stand darauf und 305 × 244 m/3000 Rooms.« Von den Überresten dieser »3000 Rooms« war gar nichts auszumachen.

Ich stocherte einige Stunden herum, kletterte über kleine Mäuerchen aus ptolemäischer und römischer Zeit, leuchtete mit meiner starken Stablampe in Löcher und Schächte, suchte mit wachem Verstand nach »Wänden voller Reliefs« (Herodot). Das einzige, was überhaupt an ehemalige Tempel erinnerte, waren wenige Brocken aus rötlichem Assuan-Granit. Nirgendwo Überreste von »Platten aus einem Stein von außerordentlicher Größe« (Strabon), keine Spur von »großen Blökken von Syenit« (Plinius), ganz zu schweigen von den Gerippen eines »geradezu übermenschlichen Werkes« (Herodot).

Stufe um Stufe kletterte ich an der Südwestecke der Pyra-

Träge drehen sich seit Urzeiten diese riesigen Wasserräder – Sinnbilder des Perpetuum mobile.

mide nach oben, suchte unter den grau-schwarzen Schlammziegeln nach irgend etwas Außergewöhnlichem, einem Granitvorsprung vielleicht, der zu Herodots Zeiten die Last der »riesigen Figuren« getragen hätte, die in die Pyramide »eingehauen« (Herodot) waren. Nichts ist zu finden. Die Pyramide ist teilweise zerstört, Bewohner der Umgebung bedienten sich des vorfabrizierten Baumaterials für ihre Häuser. Die Spitze des Bauwerkes fehlt vollständig, man könnte dort oben ein Zelt aufrichten. Ursprünglich war auch diese Pyramide mit einem Überzug aus Kalksteinen verkleidet – kein Hauch davon ist mehr vorhanden. Regenfurchen haben sich in den Berg aus Schlammziegeln gefressen, viele der etwa fünfzig Zentimeter langen Ziegel sind abgelaugt, abgewetzt. Der Rohstoff für dieses Baumaterial wurde einst zwischen Brettern gepreßt und an der Luft getrocknet, dementsprechend sind die Ziegel porös, durchzogen von einzelnen Strohhalmen, getrockneten Gräsern und kleinen Steinchen.

Kein ägyptischer Michelangelo der Vergangenheit hätte dahinein »riesige Figuren« schlagen können, niemals hätten die

Die Schlammziegel-Pyramide des Pharao Amenemhet III. bei Hawara.

Schlammziegel das Gewicht derartiger Kolosse ausgehalten. Kritiker werden einhaken, die Figuren seien längst heruntergestürzt, zerbrochen, die »Wände voller Reliefs« durch die Jahrtausende abgebröckelt. Weshalb jedoch nur hier, bei der Hawara-Pyramide und dem (angeblichen) Labyrinth? Schließlich sind andernorts zerbrochene Statuen von vielen Pharaonen gefunden worden, und an Ägyptens herrlichen Tempeln, die jährlich Millionen von Touristen anlocken, haben sich die »Wände voller Reliefs« auch nicht in Luft aufgelöst. Beim Labyrinth weiß man zumindest, daß sie zu Herodots Zeiten noch existierten. Sei's drum: zumindest die Reste der riesigen Steinplatten »von außerordentlicher Größe« müßten herumliegen. Nichts – schlichtweg nichts ist da!

Der Ausblick vom achtundfünfzig Meter hohen Pyramiden-Dach ist nicht weniger trostlos. Unter sich erblickt man einige Mäuerchen und Sandhügelchen, dahinter Hochspannungsmasten, einen Kanal, der das gesamte Areal diagonal durchschneidet, und im Hintergrund bebaute Felder.

Diese kläglichen Schutthalden sollen die Reste des so hoch gepriesenen Labyrinths sein?

Kamal hatte zwischen dem Geröll einen Totenkopf entdeckt, der Polizist plazierte den Schädel auf einem Mäuerchen. Ich starrte in die hohlen Skelettaugen, dachte flüchtig, vielleicht sei der Verstorbene einst Strabon oder Herodot begegnet. Wenn Tote reden könnten... ich würde den Schädel nach dem Verbleib des einzigartigen Labyrinths befragen. Kamal lachte aus vollem Hals, mir war, als ob der Totenschädel mitlache und alle Götter des alten Ägypten in das Gelächter einstimmten.

Ein Geröllhaufen als Labyrinth

Im Jahre 1888, fünfundvierzig Jahre nach Richard Lepsius, war der britische Archäologe Sir Flinders Petrie hier gewesen. Der stellte fest, die Kammern, die Lepsius ausgegraben habe, seien

Viele Schlammziegel sind vom »Zahn der Zeit« abgewetzt.

»nur die Ruinen des römischen Örtchens« [15], in dem die Zerstörer des Labyrinths gehaust hätten. Das Labyrinth selbst sei restlos vernichtet, meinte Sir Flinders Petrie, und nur noch eine Mulde mit vielen kleinen Bruchstücken belege den Ort. »Es ist sehr schwer, aus derart wenigen Bruchstücken irgend etwas zusammenzusetzen«, schrieb der Brite, um dann exakt dies zu tun. Oh, hätte er es doch bleiben lassen! Seine eigene Version des Labyrinths, ein Plan mit vielen Kammern und Säulen, paßt ebensowenig zu den Beschreibungen der alten Historiker wie derjenige von Lepsius. Bei Flinders Petrie liegen die Tempel und Säulenhallen in gerade Reihe nebeneinander. Strabon hatte noch von »verschlungenen krummen Wegen« gesprochen und davon, es sei »unmöglich«, den Ausgang ohne Führer zu fin-

den. Plinius hob die »unentwickelbar durcheinanderlaufenden Gänge« hervor. Es ist mir völlig schleierhaft, weshalb Besucher des Labyrinths in der Rekonstruktion von Sir Flinders Petrie irgendwelche Probleme gehabt haben sollten, die Ausgänge zu finden. Sie liegen in gerader Linie – ausgerichtet wie Soldaten. Petries Plan zeigt mehrere alleinstehende Tempel, die sich in großem Abstand gegenüberstehen. Augenzeuge Herodot hatte von überdachten Höfen gesprochen, die »dicht nebeneinander« liegen. Petrie findet im Süden und Westen des Geländes Überreste einer Mauer, Herodot sieht nur »eine einzige Mauer«, die das gesamte Labyrinth umschließt. Petries Mauerreste können nicht Herodots Umfassungsmauer entsprechen, sonst müßten Fundamente davon auch im Norden und Osten zu entdecken sein. Petries Plan des Labyrinths steckt voller Tücken und Widersprüche. Einmal ist das Bauwerk viereckig, dann rechteckig und schließlich gar rund. Ganz offensichtlich versuchte Petrie wie sein Vorgänger Lepsius, die wenigen Bruchstücke in ein vorgefertigtes Schema zu pressen. Eine Methode, mit der sich jeder archäologische Geröllhaufen in ein

Labyrinth verwandeln läßt. Endgültig scheiterte Petries Ausgrabung am riesigen Moeris-See, der in Hawara nicht hinzuzuzaubern ist, und an den tausendfünfhundert unterirdischen Räumen, die bei aller Grabungswut nicht auftauchen wollten.

»Für jedes Problem gibt es eine Lösung, die einfach, klar und falsch ist« (Henry Luis Mencken, 1880–1956, amerikanischer Publizist).

Wo bleibt das Ägyptische Labyrinth? Haben uns Herodot und seine Nachfolger rabenschwarz angelogen? Existierte dieses »geradezu übermenschliche Werk« (Herodot) nie? Oder hatten die alten Historiker mit dem Begriff »Labyrinth« etwas ganz anderes im Auge als wir Heutigen? Sind Herodot und seine Epigonen bloß billige Plagiatoren, die ihre brandheißen Geschichten aus anderen Quellen klauten?

Labyrinthische Verwicklungen

Unter Labyrinth versteht man heute wie damals einen Irrgarten, ein Höhlensystem mit verwirrenden Gängen oder ein ineinander verschachteltes Gebäude mit einem Geflecht von un-

Trostlos ist der Blick vom 58 Meter hohen Gipfel der Pyramide (oben) – und sollen diese kleinen Blöcke aus Rosengranit etwa die einzigen Überbleibsel des gigantischen Labyrinths sein?

Ein weiterer Block aus Rosengranit, aus der Nähe betrachtet.

entwirrbaren Treppen, gekrümmten Korridoren und Räumen. Der Mythos des Labyrinths ist uralt, er reicht bis in die Steinzeit zurück.

Auf Fels- und Höhlenwänden Nordafrikas, Südfrankreichs, Kretas, Maltas, doch auch in Südindien, England, Schottland und in den USA sind eingeritzte Labyrinthe gefunden worden. Das Motiv war bereits in vorgeschichtlicher Zeit international. Auch die späteren »labyrinthischen Dekorationen der griechischen geometrischen Vasenmalerei und der mexikanischen und peruanischen Haushaltskeramik sind sich erstaunlich ähnlich [16].« Etwas ratlos sucht man nach Gründen für diese globale Übereinstimmung. Was veranlaßte nordamerikanische Indios in Arizona, labyrinthische Felsritzungen ins Gestein zu kratzen, wenn doch keinerlei Kontakt zu den europäischen Steinzeitkollegen bestand? Haben Steinzeitler auf allen Kontinenten in die abgedeckten Schädel ihrer Feinde gestarrt, und ist das Urvorbild des Labyrinths aus dem Anschauungsunterricht der menschlichen Gehirnwindungen entstanden? Spielten sie »Hasch-mich« und »Was-denke-ich«, versuchten sie, die Gedanken in der grauen Zellmasse festzunageln? Ich vermute, es ging in den Gehirnen der Steinzeitmenschen noch weniger labyrinthisch zu als heute.

Forscher auf der Motivsuche sind dem schiffbrüchigen Robinson vergleichbar, der eines Tages einen Fußabdruck im Sand erblickte. Die Spur führt immer ins Ungewisse, das Labyrinth ist das Ungeheur mit tausend Tentakeln, nirgendwo faßbar und stets mit einer Aura aus Furcht vor dem Unbekannten eingenebelt. Nach der griechischen Sage erbaute der Handwerksmeister und Erfinder Dädalos ein Labyrinth in Knossos auf der Insel Kreta. Der Komplex mit den verschlungenen Irrwegen, aus dem keiner ohne fremde Hilfe wieder herausfand, war ursprünglich für das Ungeheuer Minotauros, einem Mischwesen von Mensch und Stier, errichtet worden. Diodor von Sizilien und Cajus Plinius Secundus schrieben, jenes Labyrinth auf Kreta sei nur eine verkleinerte Kopie des Originals in Ägypten.

Sir Arthur Evans, der große Ausgräber von Kreta, fand keine Überreste des Labyrinths. Dies brachte Archäologen auf die Idee, mit »Labyrinth« habe man ursprünglich nicht ein einzelnes Gebäude, sondern eine ganze Stadt mit der Vielfalt von Straßen gemeint. Jan Pieper, der dem Labyrinth-Mythos nachspürte, resümierte [17]:

»Es gibt also guten Grund anzunehmen, daß die historische Grundlage des Labyrinthmythos nicht ein einzelnes gigantisches Bauwerk labyrinthischer Anlage ist, sondern eben jene volkdurchwimmelten Städte, die den Hirtenvölkern natürlich labyrinthisch erscheinen mußten, in deren Mitte sie wohl kaum etwas anderes vermuten konnten als ein stierköpfiges menschenfressendes Ungeheuer...«

Obschon die Logik etwas bestechend Einfaches an sich hat,

wird man mit diesem Schlüssel das Labyrinth nicht öffnen. Den steinzeitlichen Künstlern auf allen Kontinenten waren schließlich keine labyrinthischen, »volkdurchwimmelten« Städte bekannt, die als Vorbilder für ihre Darstellungen herhalten konnten.

»Wir irren allesamt, aber jeder irrt anders« (Georg Christoph Lichtenberg, 1742–1799).

Lügner aus der Antike?

In Ägypten irren alle anders, denn dort kommen Augenzeugen zu Wort, die uns einreden, sie hätten das Labyrinth höchstpersönlich betreten. Gleich viermal versicherte Herodot auf einer einzigen Seite, er spreche aus persönlicher Anschauung. Warum eigentlich sollte uns der »Vater der Geschichtsschreibung« in diesem einzigen Falle gleich »quadrophonisch« anlügen? Sonst blieb er doch auch bei der Wahrheit. Aus welchem Anlaß sollte Strabon 423 Jahre später Herodots Lügen auffrischen und mit eigenen anreichern? Die kleine Geschichte, er habe mit seinem Gastwirt, »einem der geachtetsten Männer«, und einem Priester am Moeris-See ein Krokodil gefüttert, wäre dann genauso erstunken. Und Cajus Plinius Secundus, der schrieb, das Labyrinth habe am Eingang »parische Steine, was mich wundert«? Hat er sich nur auf dem Pergament gewundert? Weshalb schwindelt er uns denn vor, »jetzt schon ermüdet vom Gehen, kommt man an jene unentwickelbar durcheinanderlaufenden Gänge«, wenn er keinen Fuß vor den andern setzte und nie ermüdete? Wie kann er »neunzig Stufen in Galerien hinabsteigen«, die nirgendwo existieren.

Ich glaube den alten Herren. Das Labyrinth, das »sogar die Pyramiden überbietet«, lag »etwas oberhalb des Moeris-Sees« (Herodot). Kann ein See mit einem Umfang von 640 Kilometern einfach verschwinden? Ich sagte es schon, vielleicht sind Herodots Maßangaben übertrieben, aber selbst ein so großer See kann sehr rasch verdunsten. Der Nasser-Stausee bei Assuan hat eine Länge von fünfhundert Kilometern. Nur sieben Dürrejahre im Sudan und in Äthiopien reichten, um den Wasserspiegel um fünfundzwanzig Meter zu senken. Dürreperioden, die länger als sieben Jahre andauerten, sind auch ohne moderne Hysterie kein Grund zum Weltuntergang. Schon das Alte Testament berichtete von den sieben dürren Jahren in Ägypten, die nur dank Josephs Vorsorge überstanden wurden.

Herodots Moeris-See wurde durch einen Kanal aus dem Nil gespiesen. Wird der Fluß zum Rinnsal, verschlammt, versandet der Kanal. In einer länger andauernden Dürreperiode dürften die Schleusen zum Moeris-See geschlossen worden sein, das lebenswichtige Wasser wurde entlang des Nils benötigt. Derartige Wassernotstände gab es im Lande der Pharaonen immer wieder, der Moeris-See soll ja sogar dem Nil Wasser zurückgeführt haben. Und doch war plötzlich alles anders.

Da der Moeris-See zu Herodots Zeiten noch existierte, und auch Strabon 423 Jahre später an seinen Ufern noch ein Krokodil füttern konnte, muß die allmähliche Versandung des Sees in die römisch-christliche Zeit fallen. Da war das mächtige Pharaonen-Reich zerbrochen. Kein weitsichtiger Herrscher gab mehr Anweisung, den Moeris-See freizuschaufeln, die Kanäle auszubaggern und die alten Schleusen wieder instand zu stellen. Im 17. Buch seiner »Geographika« beschreibt Strabon verschiedene große Kanäle und kleinere Seen in Ägypten, die sogar schiffbar waren und die ausgedehnten Gaue mit Wasser versorgten. Was ist davon übriggeblieben?

Ein paar Jahre Dürre und einige Jahre Lethargie ließen den Moeris-See verdunsten. Schon Diodor von Sizilien hatte die Frage aufgeworfen, »wieviel tausend Menschen und wieviel Jahre« am Aushub des Sees gearbeitet worden sei. Jetzt, nachdem der See zu versanden begann und die Kanäle nach Wasser lechzten, fehlte es an den vielen tausend Menschen, fehlte es auch an der Kommandostruktur, das ein neues Ameisenheer motivieren und kommandieren konnte. Das Ende nahm seinen Anfang. Diese Feststellung gilt nicht nur für den Moeris-See und das Labyrinth sie gilt für ganz Ägypten. Tempelstädte, die während Jahrtausenden gepflegt worden waren, entvölkerten sich, riesige Pyramiden und die mächtige Sphinx von Gizeh wurden vom Sand verschluckt – die heutigen Ausgrabungen belegen es.

Sand ist nicht nur ein Allesfresser, Sand ist auch ein Konservator. Herodots Labyrinth mit den prunkvoll reliefierten Wänden, mit tausendfünfhundert unterirdischen Räumen und vielleicht gar mit den kostbaren Gruften von zwölf sagenhaften Pharaonen wartet auf den Heinrich Schliemann unserer Tage. Die Chancen für die Lokalisierung sind gar nicht so übel, denn

Ich hatte den Eindruck, daß dieser Totenschädel mitlachen wollte.

die alten Historiker legten Spuren zur fröhlichen Schnitzeljagd. Fasse ich die Gemeinsamkeiten von Herodot & Co zusammen, so müßte das Labyrinth »sieben Tagereisen den Nil hinauf« auf der »libyschen Seite« zu finden sein, etwas »oberhalb der Stadt Memphis« an der »Kanalmündung zum Moeris-See«. Die Längsachse dieses Sees ist Nord/Süd ausgerichtet, und der See lag im »Arsinoe-Gau«. Schließlich war der Kanal, der diesen See speiste, mit dem Nil verbunden und »wurde durch Schleusen« reguliert.

Ganz einfach – nicht wahr?

Die letzte Chance

Man nehme... steht im Kochbuch... ein kleines Flugzeug, es darf auch ein Helikopter sein, und fliege das eingekreiste Gebiet in den frühen Morgenstunden und am Abend ab.

Vielleicht muß man länger rühren, bis der Teig knetbar ist, vielleicht auch einen Monat lang tagtäglich den Nil hinauf und hinunter pendeln, bis die Konturen sichtbar werden. Welche Konturen? Die des Kanals, mein Sohn! Welches Kanals? Der, an dem das Labyrinth lag, mein Sohn! Aber der Kanal existiert doch gar nicht mehr... Eben, mein Sohn!

Die Luftbildarchäologie macht's möglich. Zumindest streckenweise sind ausgetrocknete Kanäle auch nach Jahrtausenden noch aus der Luft sichtbar. Irgendwo oberhalb Memphis muß ja vom Nil weg ein Kanal in westlicher Richtung abgezweigt sein. Seinen Spurenverlauf kann man erkunden. Gibt es keinen derartigen Kanal, dann bleibt nur noch die alte Bahr-Jusuf Wasserstraße, an deren Ufern es heute noch grünt und blüht. Entweder – oder. Dem aus der Luft entdeckten Kanal wird man im Gelände folgen bis zu der Stelle, wo er aufhört. Dort begann der Moeris-See, und dort wird auch das Labyrinth auf seinen Entdecker harren. Bleibt aber nur der Bahr-Jusuf Kanal, müßten in seinem ursprünglichen Verlauf die Reste von uralten Schleusenmauern feststellbar sein. Sie führen direkt zum Labyrinth, denn, so die alten Historiker unisono, »es lag an den Mündungen des Kanals«.

Diese Gedankenverbindung ist leicht nachvollziehbar, auch wenn Verbindungen verwirrend sein können. »Vermutlich besteht eine Verbindung zwischen einer Rose und einem Nilpferd, und doch würde nie ein junger Mann auf die Idee kommen, seiner Geliebten einen Strauß Nilpferde zu überreichen« (Mark Twain, 1835–1910).

3. KAPITEL

DAS NAMENLOSE WELTWUNDER

»Der Mensch fürchtet sich vor der Zeit – die Zeit fürchtet sich vor den Pyramiden.«
Ägyptisches Sprichwort.

»Saure Gurken verursachen Flugzeugabstürze, Autounfälle, Krieg und Krebs.« Diese verblüffende Mitteilung verkündete das »Journal for Irreproducible Results« (Zeitschrift für nichtwiederholbare Resultate) im Sommer 1982 einer irritierten akademischen Welt. Der statistische Nachweis war bestechend. 99,9 Prozent aller Krebsopfer hatten irgendwann in ihrem Leben saure Gurken gekaut, alle Soldaten sind Saure-Gurken-Vertilger, und auch 99,7 Prozent der Piloten und Autofahrer essen von Zeit zu Zeit saure Gurken. Natürlich war die Meldung ein Gag, denn das »Journal for Irreproducible Results«, das in Park Forest im US-Bundesstaat Illinois erscheint, bringt vierteljährlich Parodien auf wissenschaftliche Arbeiten. Mit Statistiken, einer falschen Fragestellung und der verkehrten Auslegung läßt sich eben alles untermauern.

Versuchen wir es selbst einmal mit einer komischen Fragestellung und setzen den Zwiebelverzehr der Ägypter mit dem Pyramiden-Bau in ein Verhältnis: Als die große Pyramide von Gizeh entstand, verspeisten die Ägypter leidenschaftlich gerne Zwiebeln und Rettiche. Wie Herodot vermeldete, sollen 100000 Arbeiter während 20 Jahren am mächtigen Bauwerk mitgewirkt haben. Gesetzt den Fall, ein Arbeiter habe pro Tag nur eine Zwiebel zu 100 Gramm verdrückt, so hätten 100000 Arbeiter täglich 10000 Kilo Zwiebeln weggeputzt. In 10 Tagen wären es 100000 Kilo (100 Tonnen) und im Monat 300 Tonnen. Wäre auf der Baustelle nur 6 Monate im Jahr gewerkelt worden, so hätten alleine in dieser Zeit 1800 Tonnen Zwiebeln herangeschafft werden müssen. Da es damals weder Lastwagen noch Containerzüge gab, hätte man die Zwiebeln in Säcken und Booten und von diesen wieder auf Ochsen und Esel verladen müssen, wären täglich 200 Arbeiter nur damit beschäftigt, 50 Kilo schwere Säcke zu entladen und zu verteilen. Nun lebten die Pyramidenbauer nicht von Zwiebeln alleine, mindestens ein Kilo Rohgewicht an Früchten, Reis, Eiern und Gemüsen werden wir ihnen wohl als Tagesration zugestehen müssen. Bei 100000 Arbeitern entspricht dies 100000 Kilo pro Tag oder drei Millionen Kilo (3000 Tonnen) im Monat. Spaßeshalber kann man diesen 3000 Tonnen die Nahrungsmengen dazurechnen, die im übrigen Ägypten (außerhalb der Baustelle) verspeist wurden. Die Summe läßt sich durch die Anbaufläche im damaligen Ägypten dividieren und mit den Festtagen für die Götter Osiris und Horus multiplizieren, an denen das Doppelte gemampft wurde. Nach diesem Berechnungsschema erhält man dann irgendwann den Erdumfang in Pyramiden-Zoll, die Distanz von der Sonne zu Alpha Centauri in Kubikmetern und den Durchmesser des Ozonlochs, das sich durch die Gase der zwiebelverdauenden Nation unaufhaltsam vergrößerte.

Über die Pyramiden sind noch absurdere Rechnungen mit noch haarsträubenderen Querverbindungen aufgestellt worden. Ein Beispiel [1]: Mißt man die in der geheimen Offenbarung des Apostels Johannes erwähnte Zahl 666 in Zentimetern von der Sarkophag-Mitte in der Cheops-Pyramide und justiert die Zahl mit der Achse der beiden Luftkanäle in der Königskammer, so kommt als Resultat der Monat Juli im Jahre 1987 heraus. An diesem Tag hätte eigentlich der Dritte Weltkrieg beginnen sollen. Aus unerfindlichen Gründen scherte sich die Menschheit nicht um das Datum.

Wer in Pyramiden (und anderen antiken Bauwerken) mathematische Übereinstimmungen sucht, wird eine endlose Anzahl

Die verschiedenen Ansichten der Pyramiden von Gizeh auf den folgenden Seiten belegen, daß sie aus jedem Blickwinkel betrachtet faszinierend sind.

finden. Auch die Länge meines Schreibtisches, an dem ich gerade arbeite, steht in irgendeinem Verhältnis zu kosmischen Maßstäben. Sind deshalb alle emsigen Zahlenkünstler und Mathematiker, die kuriose Daten aus der Cheops-Pyramide ableiten, nicht ernst zu nehmen?

In der großen Pyramide sind jedoch Maße verankert, die man nicht erst »auf Teufel komm raus« suchen muß. Sie sind einfach da, dem monumentalen Bauwerk als feste Bestandteile integriert. Während die Sprache Krücken braucht, um nach Jahrtausenden wenigstens von den Fachgelehrten noch einigermaßen verstanden zu werden, sind Zahlenwerte zeitlos. 1 + 1 ergibt immer 2, egal in welcher Ecke des Universums.

Wie entstand der Meter?

Jeder Architekt braucht eine Maßeinheit, auf die er seine Pläne ausrichten kann. Unser heutiges Grundmaß, der Meter, entspricht dem vierzigmillionsten Teil eines Erdmeridians, darauf einigte sich 1875 eine internationale Konferenz, die Meterkonvention. Seither wird im Büro für internationale Maße und Gewichte von Paris ein Urmeter aus einer Platin-Iridium-Legierung aufbewahrt.

Durch präzise Messungen ergaben sich später winzige Abweichungen zum Erdumfang, der Urmeter entsprach plötzlich nicht mehr exakt dem vierzigmillionsten Teil eines Erdmeridians. So einigte man sich im Jahre 1927 auf einer neuen Meterkonvention auf einen neuen Urmeter, welcher der überall produzierbaren Wellenlänge des Lichts der roten Kadmium-Linie in trockener Luft bei fünfzehn Grad Celsius entsprach. Doch auch dieser Urmeter hielt in unserer von Satelliten umschwirrten Welt nicht mehr stand. Der neueste Urmeter entspricht der Wellenlänge einer bestimmten Spektrallinie des Edelgases Krypton. (Ordnungszahl 36, Atomgewicht 83,7, Schmelzpunkt −157,2 Grad.) Ob Krypton, Kadmium oder ein Urmeter aus einer Platin-Iridium-Legierung, gemeint ist immer der vierzigmillionste Teil eines Erdmeridians. Unabdingbare Voraussetzung für einen derartigen Urmeter ist die exakte Kenntnis des Erdumfangs. Wenn in dreitausend Jahren zukünftige Archäologen die Ruinen des Schweizer Bundeshauses, des Regierungssitzes, in Bern ausbuddeln und nach einem einheitlichen Grundmaß suchen, werden sie unweigerlich auf den Meter stoßen. Sie werden diese Maßeinheit auch aus anderen Bauwerken derselben Epoche ablesen können. Vielleicht macht dann ein heller Kopf eine sensationelle Entdeckung. Dieses Einheitsmaß entspricht dem vierzigmillionsten Teil eines Erdmeridians! Purer Zufall, werden die wissenschaftlichen Kollegen einwenden, denn dies würde ja bedeuten, daß diese seltsamen Vorfahren, die noch Gebäude aus schwerem Stein errichteten, schon vor Jahrtausenden den exakten Erdumfang gekannt hätten!

Nicht anders verhält es sich mit der sakralen Elle im alten Ägypten. Sie mißt 63,5 Zentimeter und entspricht einem Tausendstel der Strecke, die sich die Erde bei ihrer Umdrehung innerhalb einer Sekunde am Äquator weiterdreht. (Daneben gab es noch eine Ägyptische Elle von 52,36 Zentimetern.)

Doktor Zufall ist immer dabei

Zufall? Wahrscheinlich, denn dies würde voraussetzen, daß die frühen Ägypter die Rotationsgeschwindigkeit am Äquator kannten und auch noch in unserem Sekundentakt rechneten. Verblüffend wird es erst, wenn die Zufälle nicht wie einzelne Monolithen zum Himmel ragen, sondern sich zu monumentalen Komplexen zusammenfinden. Ein mathematisch sehr begabter Bekannter von mir veröffentlichte die umstrittenen Daten um die große Pyramide in einer hervorragenden Broschüre. Hier ein Auszug [2]:

- Die Pyramide ist genau nach den vier Himmelsrichtungen ausgerichtet.
- Die Pyramide liegt im Zentrum der Festlandmasse der Erde.

- Der Meridian, der durch Gizeh läuft, teilt die Meere und die Kontinente der Erde in zwei gleich große Teile. Dieser Meridian ist außerdem der am längsten über Land führende Nord-Süd-Meridian und bildet den natürlichen Nullpunkt für die Längenmessung des ganzen Erdballs.
- Die Pyramiden-Winkel teilen die Deltaregion am Nil in zwei gleiche Hälften.
- Die Pyramide ist ein vollkommener geodätischer Fest- und Richtpunkt. Mit Hilfe der Triangulation kann alles Land in Sichtweite vermessen werden, wie Napoleons Wissenschaftler staunend feststellten.
- Die drei Pyramiden von Gizeh sind untereinander im Pythagoreischen Dreieck ausgerichtet, deren Seiten stehen im Verhältnis 3:4:5.
- Das Verhältnis zwischen Höhe und Umfang der Pyramide entspricht dem Verhältnis zwischen einem Kreisradius und dem Umfang des Kreises. Die vier Seiten sind die größten und auffälligsten Dreiecke der Welt.
- Mit der Pyramide läßt sich sowohl der Kugelinhalt als auch die Kreisfläche berechnen. Sie ist ein Denkmal der Quadratur des Kreises.

- Die Pyramide ist eine riesige Sonnenuhr. Die von ihr von Mitte Oktober bis Anfang März geworfenen Schatten zeigen die Jahreszeiten und die Länge des Jahres an. Die Länge der Steinplatten, welche die Pyramide umgeben, entspricht der Schattenlänge von einem Tag. Durch Beobachtung dieses Schattens auf den Steinplatten konnte die Länge des Jahres auf den 0,2419. Teil eines Tages genau angegeben werden.
- Die normale Seitenlänge der viereckigen Basis ergibt 365,342 Ägyptische Ellen. Die Zahl ist identisch mit der Anzahl der Tage des tropischen Sonnenjahres.
- Der Abstand der großen Pyramide vom Mittelpunkt der Erde ist genauso groß wie der Abstand zum Nordpol und entspricht somit dem Abstand vom Nordpol zum Erdmittelpunkt.
- Wird die Grundfläche der Pyramide durch die doppelte Hälfte des Monumentes dividiert, erhält man die Zahl Pi = 3,1416.
- Der gesamte Flächeninhalt der vier Pyramiden-Seiten entspricht dem Quadrat der Pyramiden-Höhe.
- Die Spitze der großen Pyramide steht für den Nordpol, ihr Umfang entspricht der Länge des Äquators, und beide liegen maßstabgerecht voneinander entfernt. Jede Seite der Pyramide wurde so gemessen, daß sie jeweils einem Viertelsektor der nördlichen Halbkugel oder einem sphärischen Quadrat von 90 Grad entsprach. (Der Äquatorumfang beträgt 40076,592 km, der Erdumfang über die Pole gerechnet 40009,153 km.)«

Diese Aufzählung mathematischer und geometrischer Zufälle könnte mühelos weitergeführt werden, denn scharfsinnige Denker verfaßten dicke Wälzer darüber, die stets von ebenso geistreichen Männern widerlegt wurden [3]. Noch eine Kostprobe?

Der Neigungswinkel der großen Pyramide ist so angelegt, daß die Mittagssonne von Ende Februar bis Mitte Oktober keinerlei Schatten wirft. Dies hatte seinen Grund, der Sonnengott Re setzte den Menschen ein Zeichen. Da darf es nicht mehr verwundern, wenn auch die durchschnittliche Entfernung

Erde–Sonne in der Pyramide festgehalten ist. Sie beträgt exakt 10^9 Pyramiden-Höhen. Zufall? Kaum, denn »die Höhe der Pyramide verhält sich zur halben Diagonale der Grundfläche wie 9:10« [4].

Einer wie ich, der von der höheren Mathematik nie geküßt wurde, steht dem Zahlenberg etwas verwirrt und ratlos gegenüber. Da lese ich, der Abstand der Pyramide zum Mittelpunkt der Erde sei genauso groß wie der Abstand zum Nordpol. Daraus muß ich ableiten, die Pyramiden-Planer hätten die Kugelgestalt und den Umfang der Erde gekannt. Stünde die Pyramide nämlich auf dem Kölner Domplatz, wäre der Abstand zum Nordpol nicht der gleiche wie zum Erdmittelpunkt. War der Standort des Bauwerkes keine Laune des Pharao?

Lese ich, der Meridian, der durch die Pyramide laufe, teile Meere und Kontinente in zwei gleich große Teile, dann bin ich zuerst einmal perplex, denn jede Hälfte einer Kugel hat schließlich gleich große Teile. Trotzdem liege ich falsch, denn auf einer Kugelhälfte gibt es mehr Land und auf der anderen mehr Wasser. Der Nord-Süd-Meridian soll am längsten über Land führen? Ich legte eine große Weltkarte auf den Boden, nahm einen Meterstab und kniete hin. Bekümmert fragte meine Frau, ob ich die nächste Reise plane. Von Gizeh aus gemessen, streifte mein Meterstab in Nord-Süd-Richtung tatsächlich am meisten Land auf der Karte. Wahlweise verschob ich den Stab nach New York, Hongkong oder ins ferne Lima. In jedem anderen Falle bedeckte der Stab weniger Land als von Gizeh aus. Noch absonderlichere Resultate erbrachte mein groteskes Spiel auf dem Wohnzimmerboden, wenn ich eine Diagonale zog. Die Linie quer durch die Pyramide von Südwest nach Nordost ist die längste überhaupt mögliche Luftlinie über Landmassen rund um den Globus. Erneut verschob ich den Pyramiden-Standort in alle Weltgegenden, mal nach Jemen und nach Mexico-City, nach Zentralafrika und Honolulu. Nur vom Standpunkt Gizeh aus funktionierte mein Spielchen.

Mit dem Bau der großen Pyramide soll bereits um 2551 v. Chr. begonnen worden sein, das sind gute viertausendfünfhundert Jahre ab heute. Erst vor dreihundertfünfzig Jährchen

entdeckten die weißen Eroberer Südamerika, so richtig kartographiert wurden die Landmassen in den letzten Jahrzehnten. Jetzt führt die Südwest-Nordost-Linie in ihrer Verlängerung aus der Pyramide unweigerlich auch durch Südamerika, von Recife (Brasilien) quer durch den Kontinent bis an die chilenische Küste nördlich von Santiago. Wußten das die unbekannten Planer der Pyramide? Waren Standort und Maße vorgegeben? Hatte irgendwer, und wenn es nur eine priesterliche Überlieferung aus viel älterer Zeit war, dem Pharao Cheops diktiert, er habe seine Pyramide gefälligst in Gizeh und sonst nirgendwo hinzustellen? Stammten die Maße aus dem göttlichen Geheimkeller?

Es reicht ja nicht, daß ein geometrisches Genie sich zu Cheops Zeiten tolle Winkelmaße und Dreiecksflächen einfallen ließ, aus denen sich prächtige Papyrus-Berechnungen ergaben. Es reichte auch nicht, wenn dieser mathematische Superstar die Abmessungen jedes Quaders bestimmte und millimetergenau vorschrieb, die Decke der Königskammer müsse aus poliertem Granit, und zwar aus genau hundert Blöcken, bestehen. Über das mathematische Wissen hinaus mußte das Team der Pyramiden-Designer fundierte Daten über Maße, Umfang und Achsenneigung unserer Erde haben. Aus welcher Geisterschule stammten diese Kenntnisse? Pythagoras, Archimedes und Euklid, die großen mathematischen Denker, erschienen erst zweitausend Jahre später auf der Weltbühne.

Das große Schweigen

Den Facharchäologen ist die Rätselraterei um die Pyramiden ein Dorn im Auge. Begreiflich, daß man sich über die Außenseiter und Pyramidioten ärgert, denn ihre Fragen sind entweder läppisch oder nicht beantwortbar. Doch Fragen haben nun mal die unangenehme Art, im Raume zu schweben, bis sie beantwortet sind. Wenn heute ein bauliches Großprojekt durchgezogen wird, sind ganze Ingenieurs- und Architekturbüros damit beschäftigt. Uns aber will man einreden, irgendein ägyptisches Genie habe die große Pyramide quasi im Alleingang erfunden, und die mathematischen Merkwürdigkeiten seien entweder vom Himmel gefallen oder existierten gar nicht. Der Einwand, schon vor der großen Pyramide sei an Vorläufern des Bauwerks »geübt« worden, kann nicht allzu schwer wiegen, denn diese »Übungs-Pyramiden« liegen zeitlich nur wenige Jahrzehnte vor Cheops. Zudem erreichen die »Übungs-Pyramiden« bei weitem nicht die Gigantomanie und die mathematischen Raffinessen der Cheops-Pyramide.

In einem hervorragenden Text- und Bildband über »Das alte Ägypten« [5] vermerkt die Ägyptologin Dr. Eva Eggebrecht, erst kürzlich sei errechnet worden, daß alleine in den ersten achtzig Jahren der 4. Dynastie insgesamt 8974000 Kubikmeter Bauvolumen verarbeitet worden sind. Dies für die Pyramiden von Snofru (2575–2551 v. Chr.), Cheops (2551–2528 v. Chr.), Djedefre (2528–2520 v. Chr.) und Chefren (2520–2494 v. Chr.). In diesen achtzig Jahren sind 12066000 Steinblöcke aus dem Fels gehauen, geschliffen, gemessen, poliert, transportiert und an der richtigen Stelle ins jeweilige Bauwerk eingefügt worden. Tagesleistung: 413 Blöcke! Nicht berücksichtigt sind hier die Aushub- und Planierarbeiten, die Herstellung und Reparatur von Werkzeugen, die Aufrichtung von Rampen und Gerüsten, der allgemeine Materialaufwand sowie die Verpflegung der Menschenmassen. Ganz Unterägypten eine einzige Baustelle!

Weder das Team der Designer und Architekten noch ein Bauführer, Priester oder Pharao verlor auch nur ein Sterbenswörtchen über die Bauarbeiten. Nicht eine einzige Inschrift verkündet, wie's gemacht wurde. Dazu Frau Dr. Eva Eggebrecht [5]:

»Das zeitgenössische Schweigen um den Pyramiden-Bau wird geradezu unverständlich, wenn man sich vergegenwärtigt, daß die Nekropolen ja keine totenstillen Städte der Heimlichkeit waren. In den Totentempeln der Könige... wurden Opfer dargebracht, Priester gingen ein und aus... Keiner von ihnen hat eine Notiz hinterlassen, mit der auch nur eine der Fragen des Pyramiden-Baus beantwortet werden könnte.«

Dem Schweigen kann ich ein Bündel möglicher Antworten entgegenhalten:

- Die betreffenden Inschriften sind noch nicht aufgetaucht – oder sie wurden bereits zerstört.
- Pyramiden-Bauen war die banalste Sache der Welt. Darüber verlor man kein Wort.
- Aufzeichnungen waren verboten. Den Nachfolgern sollten gewisse Informationen verschlossen bleiben.
- Unsere Annahmen sind falsch. Die große Pyramide stand bereits als leuchtendes Vorbild, als die Nachfahren ihre Imitationen hochzogen.

»Was ich nicht weiß, macht mich nicht heiß«, sagt das Sprichwort. Auf die Cheops-Pyramide bezogen, verhält es sich umgekehrt: Was man nicht weiß, macht alle so heiß. Eine Schar von selbsternannten Pyramidologen, doch auch veritable Ingenieure, Baumeister, Architekten und Archäologen versuchten, die Pyramiden-Nuß zu knacken. Gescheite, gut durchdachte und errechnete Problemlösungen zum Pyramiden-Bau wurden vorgelegt und widerlegt. Prof. Dr. Georges Goyon, Archäologe und »seit Jahrzehnten ausgewiesener Fachmann für die Techniken der alten Ägypter« [6] zerpflückte meisterhaft alle bekannten Rekonstruktionstheorien – und präsentierte einen eigenen Vorschlag. Der wiederum wurde von Prof. Oskar Riedl abgelehnt, damit er seinerseits »die Lösung des Jahrtausendrätsels ohne Wunder und Zauberei« [7] anbieten durfte. Dies wird so weitergehen, bis in der endlosen Stafette von Lösungen und Widerlegungen endlich ein Pyramiden-Text aus der Versenkung auftaucht, auf dem geschrieben steht, wie's gemacht wurde. Bis heute haben es die Baumeister der großen Pyramide fertiggebracht, uns an der Nase herumzuführen.

Der Laie mag einwenden, was am Bau einer Pyramide denn so kompliziert und unlösbar sei. Man schichtet Steinklötze aufeinander – fertig. Der Fachmann weiß es besser, die Schwierigkeiten sind geradezu pyramidal. Um ein großes Bauwerk hochzuziehen, benötigte man damals wie heute banale Dinge wie Seile, Rollen, Eisenmeißel, Holzgerüste, Flaschenzüge, Zugtiere und Schlitten. Damit ist der Salat schon angerichtet. Der Archäologe und Spezialist für die Techniken im Alten Ägypten, Prof. Dr. Georges Goyon [6]:

Pyramiden bauen ohne Holz?

»Als erstes müssen wir jede Hypothese rigoros aus unseren Überlegungen ausscheiden, die auf die Verwendung von Holz als Gerüstbaustoff gegründet ist. Der Stand unserer Kenntnisse über das Alte Ägypten erlaubt uns, in diesem Punkt kategorisch zu sein: Holz war im Nil-Tal immer knapp. Die Entdekkungen haben hinreichend bewiesen, mit welcher Sparsamkeit Schreiner und Kunsttischler selbst das geringste Holzstück nutzbar machten.«

In Ägypten gab es damals Tamariske und Weidenhölzer, dazu etwas Akazien, Palmen, Sykomoren- und Buschhölzer. Widerstandsfähige Holzarten wie Zedern- oder Ebenholz, die die schweren Lasten tragen oder als Rollen für Vierzig-Tonnen-Monolithen dienen konnte, mußten importiert werden. Derartige Holzimporte aus dem Libanon, Syrien und Zentralafrika fanden in sehr bescheidenem Umfange statt. Zum Holztransport den Nil hinauf waren Schiffe nötig: aus Holz! Zerrten Kamele und Pferde Holzstämme durch die Wüste? Nein, beide Tierarten existierten zu Cheops Zeiten nicht in Ägypten, als Last- und Zugtiere kannte man nur Ochsen und Esel.

Sind die tonnenschweren Blöcke mittels Seilen die Gerüstrampen hochgezerrt worden? Ohne Seile, da sind sich die Fachleute einig, ging gar nichts. Es muß sie wohl gegeben haben, obschon niemand einen Eid darauf schwören kann. Auf einem Relief an der Grabwand des Gaufürsten Djehutihotep (um 1870 v. Chr.) ist dargestellt, wie hundertsiebzig Mann mittels Seilen eine Kolossalstatue durch die Wüste schleifen, und auf einem Dokument aus der Zeit Amenemhets I. (1991–1962 v. Chr.) werden gar Seile erwähnt. Auch fand man an Grabwänden aus der 18. Dynastie bildliche Darstellungen von einfachen Flaschenzügen, mit denen Steine aufeinandergeschichtet wurden. Als Beweis taugt all dies wenig, denn zwischen dem Bau der großen Pyramide und Amenemhet I. liegen gute fünfhundertfünfzig Jahre. Wenn zukünftige Archäologen vergilbte Fotos von einer heutigen Großbaustelle mit Kranen, Baggern und Rollbändern begutachten, können sie daraus auch nicht ableiten, damit sei bereits ein halbes Jahrtausend früher umgegangen worden. Zudem steckt in der Überlegung, die Bilddokumente aus der 18. Dynastie – tausend Jahre nach Cheops! – auf die Zeit der 3. und 4. Dynastie zu übertragen, ein gefährlicher Widerspruch. *Mit* Seilzügen müßte die Bauqualität erheblich besser sein als ohne. Das Gegenteil ist der Fall. Die bei der Cheops-Pyramide angewandte Technik übertrifft alle späteren Kopien. So oder so: Ohne Seile bewegte sich auf dem Bauplatz »Cheops« nichts, man muß ihr Vorhandensein stillschweigend voraussetzen.

Diffiziler wird es mit den Rampen und Gerüsten. Eine weitverbreitete Ansicht, die auf Anhieb auch ganz vernünftig klingt, ist diese: Nach den Aushubarbeiten und dem Glätten des Felsplateaus von Gizeh verlegten die Arbeiter die unterste Gesteinsschicht Klotz für Klotz zu einer Terrasse aneinander. Ausgespart blieben nur die Öffnungen zu den tiefer liegenden Räumen. Dann wurde rings um die erste Terrasse Sand herangekarrt. Bautrupps stießen und zerrten Schlitten mit den Quadern für die zweite Schicht den Sand hinauf. War diese verlegt, wurde erneut Sand herangeschafft bis zur Höhe der zweiten Schicht. Terrasse um Terrasse wuchs die Pyramide, umwickelt von einem Berg von Sand. Prof. Goyon errechnete, bei einer Steigung von nur 10 Zentimetern pro Meter und einer Pyramidenhöhe von 146,549 Metern wäre im Umkreis von anderthalb Kilometern »das gesamte Plateau von Gizeh unter einer gewaltigen Sandschicht versunken«.

Auch aus praktischen Erwägungen funktioniert die Sandaufschüttung nie. Huftiere mit ihren Lasten wären genauso im Sand versunken wie Holzrollen und Schlitten. Zudem wurde auch am Fuße der Pyramide an Tempeln gearbeitet. Steinmetzen behauten Quader, glätteten mit Holzhämmern lange Monolithen für die Galerien im Innern der Pyramide. All diese Arbeiten wären in einem Sandberg nicht möglich.

Es muß ja kein Sandhaufen rings um das Bauwerk sein, eine riesige schräge Rampe tut's auch. Auf diese naheliegende Idee kam schon der Brite Sir Flinders Petrie, derselbe, der versuchte, das Labyrinth zu rekonstruieren, sowie in den zwanziger Jahren der deutsche Archäologe Ludwig Borchardt [8, 9]. Aus welchem Material soll diese Rampe bestanden haben? Holz fällt weg. Nicht nur, weil es in den benötigten Mengen nicht zur Verfügung stand, sondern auch, weil es das Gewicht der Steinkolosse, Schlitten und Männer nicht ausgehalten hätte. Man muß sich nur einmal ein kilometerlanges, schräg nach oben verlaufendes Holzgerippe vorstellen, das am obersten Punkt 146 Meter hoch liegt! Auf der wackeligen Holzrampe mußten *gleichzeitig* mehrere Schlitten mit steinernen Ungetü-

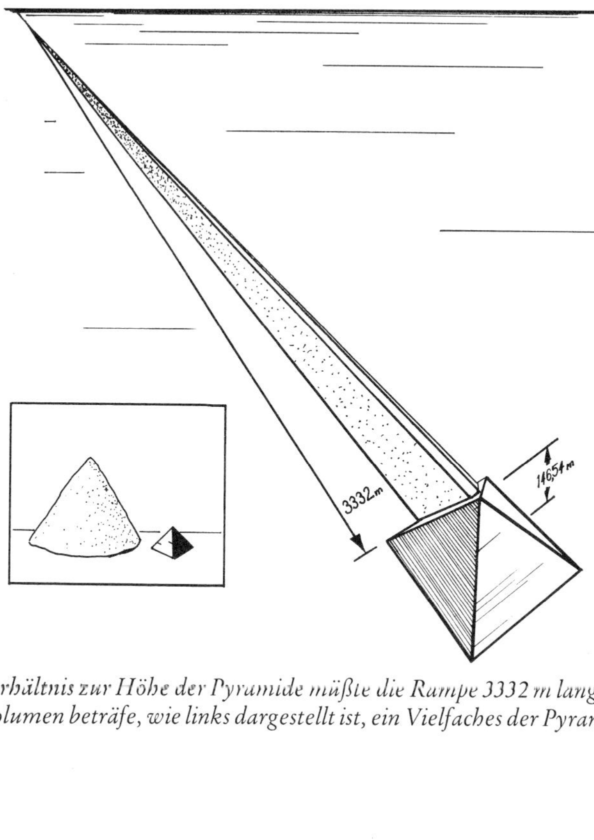

Im Verhältnis zur Höhe der Pyramide müßte die Rampe 3332 m lang sein. Ihr Volumen beträfe, wie links dargestellt ist, ein Vielfaches der Pyramide.

men hochgezerrt werden, während auf der »zweiten Fahrspur« die Mannschaften mit ihren leeren Rappelkisten herunterholperten. Im Holdrio-Takt.

Also kein Holz, sondern eine Rampe aus Steinen und getrockneten Schlammziegeln. Der Spezialist für knifflige Fragen, Prof. Goyon, meint, der Neigungswinkel einer derartigen Rampe dürfte »3 Finger (0,056 m) pro Meter« kaum überschritten haben. Eine derartige Rampe ergibt nur in östlicher Richtung, dem Nil entgegen, wo die Boote entladen wurden, einen Sinn. Ärgerlicherweise liegt der Pyramiden-Bauplatz vierzig Meter über dem Nil, entsprechend höher und länger müßte die Rampe sein: knapp dreieinhalb Kilometer lang! »Die hypothetische Aufschüttung hätte in diesem Fall ein solches Volumen erreicht, daß im Vergleich dazu das der Pyramide wenig ins Gewicht gefallen wäre [6].«

Egal, aus welchem Material die Rampe zusammengesetzt war, egal auch, ob die oberste Schicht mit Öl eingeschmiert wurde oder aus feuchter Tonerde bestand, um ein reibungsloseres Gleiten der Schlitten zu erreichen, jedesmal, wenn die Pyramide um eine Terrasse wuchs, mußte die Rampe *auf der ganzen Länge* angepaßt werden. Sie konnte nur stetig und gleichmäßig ansteigen, ein plötzlicher Knick in einen steileren Winkel war nicht möglich. Dementsprechend mußte der Neigungswinkel auf der gesamten Rampenlänge ununterbrochen erneuert werden, dasselbe gilt für den Gleitbelag, aus was immer er bestand. Da auf der Rampe Tag für Tag ein geschäftiger Ameisenverkehr herrschte, blieb für Niveauveränderungen nur noch die Nacht. Im Scheinwerferlicht des Gottes Horus!

Tempo, Tempo!

Weshalb die Hast? Die Pyramiden-Bauer hatten doch unendlich viel Zeit, man konnte periodisch einige Ruhetage einlegen, um die Rampe der neuen Höhe anzugleichen.

Pharao Cheops, der Bauherr des nach ihm benannten Weltwunders, regierte ganze dreiundzwanzig Jahre. Vor seinem Regierungsantritt konnte er den Bau der Pyramide schwerlich befehlen, sein Vorgänger Snofru war bereits mit »Pyramiden-Übungen« ausgelastet. Wie jeder Mensch konnte auch Cheops nicht vorher wissen, welche Lebensspanne ihm Gott Osiris gönnen würde. Immerhin kannte er die Lebenszeit seiner Vorgänger und Verwandten. Die Zeit zur Vollendung des großen Wunderwerkes war knapp, schließlich war es ein verständlicher Wunsch des Pharao, das Bauwerk vor seinem Ableben zu inspizieren. Im Lichte der dreiundzwanzig Regierungsjahre von Cheops klingt Herodots Aussage ganz plausibel, die große Pyramide sei innerhalb von zwanzig Jahren erstellt worden. In der Praxis steht jedoch die zwanzigjährige Bauzeit auf sehr wackeligen Füßen.

Nach allgemeiner Ansicht der Fachgelehrten besteht die Große Pyramide aus etwa 2,5 Millionen Steinblöcken. Darunter gibt es solche, die bis zu 40 Tonnen und mehr wiegen, andere, die nur eine Tonne auf die Waage bringen. Der Großteil hat rund 3 Tonnen Gewicht. Wenn an der Pyramide 20 Jahre gearbeitet wurde, sind jährlich 125000 Steine verarbeitet worden. Sicher gehe ich nicht fehl in der Annahme, daß auch die damaligen Ägypter nicht Tag für Tag schufteten. Auch ohne Gewerkschaften gab es Festlichkeiten und Feiertage. Ich setze 300 Arbeitstage pro Jahr in Rechnung. 125000 Monolithen durch 300 Arbeitstage ergibt eine Tagesleistung von 416,6 verarbeiteter Steinquader. Bei solchen Ziffern wird man großzügig. Ich unterstelle deshalb in meiner Rechnung, die Pyramiden-Arbeiter hätten täglich 12 von 24 Stunden geschuftet – ein fürchterlicher Arbeitstag!

416 Steine je Tag, geteilt durch 12 Stunden macht rund 34 Blöcke je Stunde oder – nochmals geteilt durch 60 Minuten... und wir stehen bei einem Akkord von einem Steinmonster alle zwei Minuten! In dieser simplen Rechnung ist von fertigen, griffbereiten Steinen die Rede – das gibt ein falsches Bild. Die Klötze mußten aus dem Fels gebrochen und auf festgelegte Maße zurechtgemeißelt, poliert, und schließlich auch noch zum Baugrund transportiert werden.

Bei aller Technik, die uns zur Verfügung steht – dieses Pensum wäre heute nicht zu schaffen! Gegen die Rechnung, die nur einen durchschnittlichen Wert angibt, ist mit schiefen Argumenten angefahren worden. Bei den unteren Terrassen, so hieß es, sei die Arbeit viel leichter gewesen als bei den oberen. Zudem habe man immer weniger Monolithen verarbeitet, je höher das Bauwerk zum Himmel ragte. Was ändert das am *Durchschnittswert?* Und: je höher die Pyramide, um so höher auch die hypothetische Rampe. Der Arbeitsaufwand, um die Gesteinsblöcke hinaufzuhieven, wuchs mit der Höhe. Vielleicht dämmert es in den Gehirnwindungen. Welche Organisation! Welche Planung! Alle zwei Minuten ein fix und fertiger Block an seiner richtigen Stelle!

Diese Zahlen sind nun wahrhaftig nicht in der Küche der Pyramidioten gegart worden. Wer will es ernsthaft verübeln, wenn Fragen laut werden?

Was melden die Augenzeugen?

Wie zum Labyrinth, haben die alten Historiker ihre Meinung auch zu den Pyramiden kundgetan. Herodot schreibt, König Cheops habe alle Ägypter zur Arbeit gezwungen. Allein zehn Jahre seien benötigt worden, um die Straße zu erstellen, auf der das Baumaterial für die Pyramide herangeschafft wurde. Inbegriffen in diesen zehn Jahren war auch die Zeit »für die unterirdischen Kammern an dem Hügel, auf dem die Pyramiden stehen« [10]. Laut Herodot sollten diese Kammern »als Grabkammern dienen, und er (Cheops) baute sie auf einer Insel, indem er einen Nil-Kanal hineinleitete. An der Pyramide selbst arbeitete man zwanzig Jahre.«

Dieser lakonischen Feststellung, die Herodot von seinen Gesprächspartnern übernahm, folgt eine Beschreibung über das *Wie* des Pyramiden-Baues (2. Buch der Historien, Kap. 125):

»Man baute sie wie eine Treppe, die manche Absätze, andere

Stufen nennen. War zunächst eine solche Stufe gebaut, wand man die übrigen Steine mit Hilfe eines Gerüstes aus kurzen Holzstangen hinauf. So hob man die Steine von der Erde auf den ersten Treppenabsatz. Jedesmal, wenn der Stein auf ihn gebracht war, legte man ihn auf ein anderes Gerüst, das auf der ersten Stufe stand; von dort wurde er auf den zweiten Absatz gewunden, auf ein anderes Gerüst. Denn es gab so viele Maschinen wie Treppenstufen, falls man nicht die gleiche Hebevorrichtung, die ja leicht zu tragen war, mit auf jede neue Stufe versetzte, nachdem man den Stein heruntergenommen hatte. Mir ist nämlich beides erzählt worden, weshalb auch beides wiedergegeben sein mag.«

Die »Maschinen« des Herodot lieferten in Fachkreisen viel Gesprächsstoff. Herodot spricht von »Gerüsten«, auf denen die Steine Etage um Etage weitergereicht wurden, vermutlich dachte er an eine Art Hebevorrichtung oder Flaschenzug. Damit ließe sich ganz gut leben, würden die Fachgelehrten, die's ja eigentlich wissen müßten, nicht widersprechen. Der Architekturprofessor John Fitchen von der Colgate University, USA, der sich intensiv mit der Bautechnik unserer Vorfahren befaßte, schreibt zum Bau der Cheops-Pyramide [11]:

»Wir können mit Bestimmtheit behaupten, daß mit Ausnahme einiger weniger, relativ kleiner Steine (und auch dann nur unter ganz besonderen Umständen) die alten Ägypter ihre Steinblöcke grundsätzlich weder mit Flaschenzügen noch mit einfachen Seilen in die Höhe gezogen haben. Ihre massiven, gelegentlich monumentalen Monolithen schlossen die Möglichkeit aus, von Seilen hochgezogen zu werden. Die Steinquader der Pyramiden wurden vielmehr durch Behelfsmittel – Keile, Hebel oder Wippen – in die Höhe befördert.«

Diese Ansicht bestätigt der alte Historiker Diodor von Sizilien, der in seinen Beschreibungen oft penibler war als sein Vorgänger Herodot. Diodor will wissen, daß »in jenen Zeiten Maschinen noch nicht erfunden waren«. Ein Textvergleich zwischen den beiden Historikern ist reizvoll, wobei man sich stets bewußt sein muß, daß sowohl Herodot wie Diodor nur wiedergeben können, was ihnen vor Ort berichtet wurde.

Schließlich stand die Pyramide in ihrer ganzen Größe bereits über zweitausend Jahre, als die Historiker darüber schrieben. [12]

»Der achte König war Chemmis aus Memphis. Dieser regierte fünfzig Jahre und erbaute die größte der drei Pyramiden, welche zu den sieben Weltwundern der Welt gerechnet werden ... Sie besteht ganz und gar aus hartem Stein, welcher zwar sehr schwer zu bearbeiten, aber auch von ewiger Dauer ist. Denn nicht weniger als tausend Jahre, wie man sagt, sind bis auf unsere Tage seitdem verflossen, wie aber einige schreiben, sogar mehr als dreitausend und viertausend, und doch verharren die Steine noch jetzt in ihrer anfänglichen Zusammenfügung und haben den ganzen Bau unversehrt erhalten. Es wird erzählt, der Stein sei aus Arabien aus weiter Entfernung herbeigeführt worden und der Bau vermittelst Dämmen geschehen, weil um jene Zeiten Maschinen noch nicht erfunden waren. Und was das Wunderbarste ist: Obgleich hier Werke von solcher Größe erbaut wurden und die umliegende Gegend nur aus Sand besteht, ist doch weder eine Spur von einem Damme, noch vom Behauen der Steine übrig geblieben, so daß es den Eindruck macht, als sei das Werk nicht allmählich durch Menschenhände entstanden, sondern auf einmal wie von einem Gotte fertig in die Sandwüste hineingestellt worden. Zwar versuchen es einige Ägypter, hiervon wunderbare Erklärungen zu geben, als hätten nämlich die Dämme aus Salz und Salpeter bestanden, und der hierher geleitete Fluß hätte sie dann aufgelöst und gänzlich zerführt ohne weitere Menschenarbeit; aber die Sache verhält sich in Wahrheit nicht so, sondern durch die zahllose Menge Hände, welche die Dämme aufgeschüttet, ist dann alles auch wieder in den früheren Stand zurückversetzt worden. Es haben nämlich, wie erzählt wird, 36000 Mann im Frondienst an den Werken mitgearbeitet, und der ganze Bau ist kaum in zwanzig Jahren zu Ende gebracht worden.«

Herodot und Diodor geben dem Pharao Cheops eine Regierungszeit von fünfzig Jahren – die moderne Archäologie sagt dreiundzwanzig Jahre. Eine längere Regierungszeit täte der Pyramide gut!

Auch der größte Spötter unter den antiken Historikern, Cajus Plinius Secundus, der zudem den Vorteil besaß, alle Werke seiner Vorläufer zu kennen, beschrieb – wie es so schön heißt – »im Vorbeigehen die ägyptischen Pyramiden«. Sie seien »die Beweise eines müßigen und törichten Gelddünkels der damaligen Könige«, wetterte Plinius, und »nur gebaut worden, um ihren Nachfolgern kein Geld zu hinterlassen oder um den Pöbel zu beschäftigen«.

Endlich ein origineller Grund für den Pyramiden-Bau! Erbarmungsloser Spott hin oder her, auch das Quellenstudium eines Plinius brachte – schon vor zweitausend Jahren! – keinen Beweis für den Erbauer der Großen Pyramide (Naturgeschichte, 36. Buch, Kap. 17) [13]:

»Das Material zu der größten Pyramide haben die Steinbrüche Arabiens geliefert und 360000 Menschen 20 Jahre lang daran gearbeitet; alle drei (Pyramiden) aber sind in 78 Jahren und 4 Monaten fertig geworden. Folgende Autoren haben die Pyramiden beschrieben: Herodotus, Euhemerus, Duris von Samos, Aristagoras, Dionysius, Artemidorus, Alexander Polyhistor, Butoridas, Antisthenes, Demetrius, Demoteles, Apion. Keiner von ihnen weiß aber die eigentlichen Erbauer derselben anzugeben, und so sind denn die Schöpfer dieser Eitelkeit mit Fug und Recht der Vergessenheit anheim gefallen… Eine höchst wichtige Frage ist, durch welche Mittel die Mauersteine zu einer solchen Höhe hinaufgeschafft worden sind. Einige meinen, man habe in dem Maße, als das Werk gestiegen sei, rundum Natron und Salz aufgehäuft und dieses nach Vollendung des Ganzen durch Übertreten des Flusses wieder entfernt. Andere sagen, man habe aus Lehmsteinen Brücken gebaut und, nachdem der Bau fertig gewesen, die Lehmsteine zum Bau von Privathäusern verwendet, denn der Nil liege zu tief, als daß er die Gegend habe überschwemmen können. Im Innern der größten Pyramide befindet sich ein 86 Ellen tiefer Brunnen, durch welchen der Fluß hinzugeleitet worden sein soll…«

Die widersprüchlichen Angaben der frühen Historiker lassen eigentlich nur zwei kategorische Feststellungen zu:

a) Der Erbauer der Großen Pyramide war den Ägyptern schon vor zweitausend Jahren nicht mehr geläufig,
b) keiner wußte, wie's gemacht wurde.

Tausendundeine Nacht?

Um 1360 n. Chr. sammelte der arabische Historiker Ahmed-Al-Makrizis alle verfügbaren Dokumente über die Pyramiden. Das zusammengestellte Material veröffentlichte er im »Pyramiden-Kapitel« seines Werkes »Hitat«. Im »Hitat« geht's gespenstisch zu [14]:

»Es wurden an den Pyramiden und an ihren Decken, Wänden und Säulen alle Geheimwissenschaften, die die Ägypter für sich in Anspruch nehmen, aufgezeichnet und die Bilder aller Gestirne daran gemalt, auch wurden die Namen der Heilmittel verzeichnet sowie deren Nutzen und Schaden, dazu die Wissenschaft der Talismane, die der Arithmetik und der Geometrie und überhaupt ihre sämtlichen Wissenschaften, deutbar für den, der ihre Schrift und ihre Sprache kennt. Als er die Erbauung der Pyramiden begann, ließ er mächtige Säulen aushauen, gewaltige Steinplatten hinbreiten, Blei aus dem Westlande holen und Felsblöcke aus der Gegend von Assuan herbeischaffen. Damit erbaute er das Fundament der drei Pyramiden: der östlichen, der westlichen und der farbigen. Sie hatten beschriebene Blätter, und wenn der Stein herausgehauen und seine sachgemäße Bearbeitung erledigt war, so legten sie jene Blätter darauf, gaben ihm einen Stoß, und bewegten ihn durch diesen Stoß um hundert Sahm [1 Sahm = 6 Ellen, EvD] fort; dann wiederholten sie dies, bis der Stein zu den Pyramiden gelangte...«

Ich wußte es doch! Pyramiden-Bauen war die banalste Sache der Welt. Leider vergaß der Autor des »Hitat«, die Formel mitzuliefern, welche das Wunder des Steinschwebens vollbrachte.

Der Praktiker glaubt nicht an Wunder – er grübelt nach Lösungen. Eine dieser Lösungen sah Prof. Goyon [6] in einer siebzehn Meter breiten Gerüstrampe aus luftgetrockneten Zie-

Spiralartig windet sich die Rampe aus luftgetrockneten Ziegeln um die Pyramide.

Monolithen auf der Wippe.

So stellen sich Ingenieure den Steintransport auf Holzschlitten vor.

geln, die sich spiralartig um die stets wachsende Pyramide wand. Derartige Ziegel bestehen aus Nil-Schlamm, Lehm und zerkleinertem Stroh. Diese Ziegel, in Massen aufeinander geschichtet, ergeben tatsächlich ein recht stabiles Mauerwerk, wie diverse Pyramiden beweisen, die aus demselben Baumaterial errichtet wurden. Dennoch ist die Luftziegel-Theorie angreifbar, doch was ist bei Pyramiden-Theorien schon nicht angreifbar? Mit Recht moniert Prof. Riedl [7], die Oberfläche der Spiralrampe hätte dauernd benetzt werden müssen, um die Gleitfähigkeit der Schlitten zu erhalten. Riedl:

»Wenn wir für die beiden breiten Kufen jedes Schlittens pro Zugmeter nur einen Achtelliter Wasser zur Benetzung annehmen, wahrlich geringfügig, von dem noch die Hälfte verdunstet, so versickern immerhin in die 34 Meter lange Rampe, die bei ca. 6 Prozent Steigung nötig ist, um die zweite Seitenlage von etwa 52000 Steinen aufzubauen, ca. 220000 Liter Wasser. Das heißt: in 250 Kubikmeter luftgetrockneten Nil-Schlamm sickern fortlaufend täglich ca. 1380 Liter Wasser ein. Wie lange soll es bis zur Auflösung der Ziegelmasse dauern?«

Niemand weiß es, doch scheint mir, die Arbeiter und Aufseher am mächtigen Bauwerk von Gizeh müssen schier hypnotisch auf die Sanduhr gestarrt haben. Welch ein Streß! Welche Hetze! Mindestens alle zwei Minuten hatte schließlich ein Steinungetüm an der richtigen Stelle zu liegen. Blieb eine Zugkolonne auf der Rampe stecken, stauten sich alle nachfolgenden Schlitten. Dadurch vermehrte sich das Gesamtgewicht auf der Rampe bedrohlich. Also weiter im Akkord, ohne Verschnaufpause in ununterbrochenem Takt der Sonne entgegen.

Die Schaukel von Wien

Alles halb so schlimm, dozierte der Wiener Ägyptologe Prof. Dr. Dieter Arnold und präsentierte die Wippe, ein simples Gerät, mit dem sich Steinquader mühelos ein Stockwerk hochschaukeln lassen. Die Wippe funktioniert ganz einfach – wenn sie funktioniert. Als Kind beobachtete ich einmal einen Zirkusclown, der spielerisch auf seinem Schaukelstuhl hin und her wankte. Da schlichen seine neckischen Kollegen heran und begannen, abwechselnd von vorn und von hinten Bretter unter den Stuhl zu schieben. In *der* Zehntelsekunde, in welcher der Schaukelstuhl am Ende des Schaukelvorganges kurz balancierte, bevor er zurückkippte, wurde blitzschnell ein Brett hingelegt. Der zeitungslesende Clown auf dem Stuhl merkte nicht, daß sein Sitz durch die ständig neuen Bretterlagen höher und höher stieg. Bis er die Zeitung weglegte und mit einem Hilfeschrei vom wackeligen Holzturm stürzte.

Genauso ist das mit der Wippe von Prof. Arnold. Da wird mit Stemmhebeln ein Steinquader auf die Wippe gewuchtet und mit Seilen festgezurrt. Zwei Arbeiter springen auf der einen Seite auf die Wippe, die durch die Gewichtszunahme in eine Schräglage gerät. Blitzartig schieben zwei andere Arbeiter ein Brett unter die Wippe, die ersten beiden springen herunter, zwei andere hüpfen auf der Gegenseite darauf. Husch-husch wieder ein Brett unter die gegenüberliegende Seite, und die Wippe mitsamt ihrem Ladegewicht liegt um einige Zentimeter höher.

Muß das ein drolliger Anblick gewesen sein! Auf- und abspringende, hüpfende Arbeiter, als ob auf der Rampe ein ununterbrochenes Seilspringen im Gange wäre! Weshalb keine olympische Disziplin im Wippenspringen? Möglich auch, daß zwei Arbeiter auf der Nutzlast standen und durch Gewichtsverlagerung ihres Körpers die Schaukelbewegung in Gang hielten.

Diese Schaukelei wirkt aber nur bei kleinen Gewichten, bei größeren hat es sich rasch ausgeschaukelt. Je schwerer der Steinblock auf der Wippe, um so dünner müssen nämlich die Bretter sein. Bei einem Gewicht von drei Tonnen läßt sich kein Balken mehr unter die halbrunde Kufe schieben, er würde wie eine Arretierung wirken und den Schaukelvorgang abrupt abstoppen. Das Gewicht, das auf die Brettkante schlägt, zerstört auch die weiche Kufe, die schließlich nicht aus Stahl bestand. Machbar ist nur eine minimale Erhöhung durch ein dünnes

Brett. Das wiederum zersplittert, zerfetzt, sowie das Gesamtgewicht von Wippe, Nutzlast und hüpfenden Arbeitern einige Tonnen erreicht. Völlig indiskutabel ist die fröhliche Wipperei mit monolithischen Längsbalken. Die können ja nicht in der Richtung der Schaukelbewegung auf der Wippe montiert sein, weil das Balkenende schon bei der ersten Bewegung am Boden aufschlägt. Und in der Querrichtung funktioniert die heitere Schaukelei wegen der Balance und des fehlenden Platzes nicht. Längsbalken sind aber in der großen Pyramide zuhauf verbaut worden. Alleine die Decke der Königskammer und der darüberliegenden Entlastungskammern besteht aus über neunzig Granitbalken, von denen jeder mehr als vierzig Tonnen Gewicht auf die Waage bringt. Wipp-wipp-hurra!

Tauchen und Heben

Prof. Oskar Riedl aus Wien löste das Pyramiden-Rätsel ohne Wippen und Rampen, ohne hunderttausend Arbeiter und ohne Hokuspokus. Wie sind die vierzig und fünfzig Tonnen schweren Granitbalken von Assuan nach Gizeh geschafft worden? Auf Lastkähnen? Denkste! *Unter* Lastkähnen! Riedl erinnerte sich an den alten Mathematiker Archimedes (geb. 278 v. Chr.), der neben der nach ihm benannten Schraube, die sich endlos dreht, eine Reihe von geistreichen Kriegsmaschinen erfand. Dieser mathematische und praktische Tüftler soll einst beim Baden bemerkt haben, daß sein eigener Körper im Wasser leichter war als auf dem Land. Auftrieb, nennt man diese Eigenschaft von Körpern in Flüssigkeiten. Irgendwann, als wiedermal ein Granitbalken von einem Lastkahn ins Wasser plumpste, müssen auch die ägyptischen Transportmeister diesen Effekt registriert haben: Steinklötze wiegen im Wasser weniger. Prof. Riedl meint, die Ägypter hätten ihre schweren Lasten unter der Wasseroberfläche zwischen zwei Boote gebunden. Die Schiffe habe man vorher verankert und mit Wasser vollaufen lassen, bis die Nutzlast unter Wasser sicher vertäut war. Dann schöpften emsige Hände die Boote leer, die sich mitsamt den darunter hängenden Granitbalken hoben.

Von der theoretischen Seite her ist Riedls Vorschlag sehr vernünftig – ob er bei einer tausend Kilometer langen Nil-Fahrt mit Untiefen und Stromschnellen praktisch durchführbar ist, müßte ein Experiment mit altägyptischen Barken zeigen. Dabei dürfte das Transportgewicht nicht weniger als fünfundvierzig Tonnen pro Balken betragen, denn das ursprüngliche Gewicht des Monolithen war größer als der vollendete Balken nach dem Feinschliff. Auf der Höhe von Gizeh angekommen, schwenkte die Barke in eine vorbereitete Mole, die Boote wurden geflutet, die Lasten senkten sich auf Grund, und da sie immer noch mit den Seilen verbunden waren, schleppte sie eine Mannschaft auf die vorbereiteten Schlitten. Möglich gar, daß diese Schlitten bereits unter Wasser in die richtige Position manövriert wurden, so daß sich die Lasten direkt auf die Schlitten senkten.

Nach Prof. Riedl wurden diese Schlitten nicht durch Hundertschaften fluchender und schwitzender Arbeiter eine endlose Rampe hochgezerrt, sondern mittels fest verankerter Seilwinden bewegt. Ganze Batterien von Seilwinden standen auf dem Plateau von Gizeh, an den Drehkreuzen schoben Männer und Ochsen, abwechselnd wurden die Lastschlitten von der einen Winde an die nächste weitergereicht. Endlich am Fuße der Pyramide, übernahmen hölzerne Hebebühnen die Monolithen. Prof. Riedl schlug an jeder Pyramiden-Seite zwanzig derartige, fünf Meter lange Hebebühnen vor.

Das Prinzip ist einfach und funktioniert genauso ohne Rampen, Gerüste und Aufschüttungen wie die praktischen Vorrichtungen zum Fensterputzen an der Außenhaut von Hochhäusern. Auf jeder fertiggestellten Terrasse der Pyramide werden mehrere Seilwinden festgemacht. Die nach unten hängenden Seile werden mit einem länglichen Holzgerüst verbunden, an dem seinerseits vorne und hinten zwei Winden mit Drehkreuzen sitzen. Wird nur eine Winde gedreht, so senkt sich das Holzgerüst in eine Schräglage, und der Steinklotz kann mit Hilfe von Stemmbalken vom Schlitten auf das Podest bugsiert werden. Nun wird die Nutzlast mit einem Pfosten blockiert, einige Männer schieben am Drehkreuz, und knarrend und ächzend hebt sich die schiefe Ebene des Gerüstes in die Waagrechte. Jetzt einige Umdrehungen an beiden Seilwinden, und sowohl die Hebebühne wie auch die Arbeiter plus Nutzlast grüßen von der nächst höheren Pyramiden-Etage. Genauso wie die Komiker Laurel und Hardy (Dick und Doof), die sich an einer Hauswand als Maler betätigten und auf der schiefen Ebene prompt den Farbkübel in die Tiefe sausen ließen.

Prof. Riedls Vorschlag ist ausgezeichnet, er macht den Pyramiden-Bau »ohne Wunder und Zauberei« [7] möglich, sofern nicht einige Voraussetzungen zu hoch angesetzt sind. Für die vielen Barken mit ihrem Unterwassertransport ist Holz nötig, dasselbe gilt für unzählige Schlitten, Winden, Rollen und Hebebühnen. Scheitern könnte die Theorie schließlich an den Unmengen von Seilen allererster Qualität, ohne die sich keine müde Winde drehte, keine Hebebühne die Pyramiden-Wand hochächzte. Über Hanfseile sollen die Pyramiden-Bauer verfügt haben. Hanfseile? Das Material taugt bestenfalls für eine Zuglast von zwei bis drei Tonnen. Wie viele Seile sind nötig für einen Fünfzig-Tonnen-Monolithen? Wann schnellt das Zugseil von der runden Holzachse? Wann zerfetzen die dünnen Holme an den Drehkreuzen? Wann kracht die Hebebühne von der 96. Gesteinsschicht und zersplittert die darunter liegenden und bereits sauber eingefügten Kanten anderer Monolithen? Ohne Unfälle wird der Pyramiden-Bau kaum abgelaufen sein, doch von Schäden, die herunterstürzende Steinkolosse am wachsenden Bauwerk anrichteten, ist heute nichts festzustellen. War das Know-how von Seilwinden und recht ausgeklügelten Hebebühnen zu Cheops' Zeiten (2551 v. Chr.) gegeben? Wenn ja, müßten doch die darauffolgenden Pharaonen-Generationen mindestens auch über dieselbe Technik verfügt haben. Weshalb errichteten denn Cheops' Nachfolger so mickrige Pyramidchen, wenn die gesamte Technologie längst vorhanden und die Bauerei dank Hebebühnen und Seilwinden ein Kinderspiel war? Pharao Niuserre (2420–2396 v. Chr.) beispielsweise lebte nur hundertdreißig Jahre nach dem Bau der Großen Pyra-

Die Felszeichnungen mit Götterszenen auf der Nil-Insel Sehel zeigen Götterdarstellungen aus verschiedenen Dynastien.

mide und regierte etwas länger als sein Vorgänger Cheops. Zum Bau seiner Pyramide stand ihm gleich viel Zeit zur Verfügung, und die Bautechnik müßte seit Cheops eigentlich Fortschritte gemacht haben. In hundertdreißig Jahren lernen Baumeister und Architekten eine Menge dazu. Niuserres Pyramide in Abusir ist gerade 51,5 Meter hoch, die seines Vorgängers Sahure (2458–2446 v. Chr.) reckt sich gar nur 47 Meter der Sonne entgegen, und Pharao Unas (2355–2325 v. Chr.), der immer noch derselben, der 5. Dynastie, angehörte, schaffte in Sakkara gerade noch ein Pyramidchen von 43 Meterchen. Es gibt in Ägypten Knickpyramiden, Stufenpyramiden, unfertige und eingestürzte Pyramiden. Bei keiner wurde auch nur ein einziger Spund einer verrotteten Hebebühne oder die Verankerung irgendeiner Seilwinde gefunden.

Der Beton, der Jahrtausende hält

Macht nichts, sagt Professor Davidovits, Direktor des Institutes für angewandte archäologische Wissenschaft an der Barry Universität von Miami, USA. Die Ägypter haben ihre Steine für die großen Pyramiden weder in Assuan oder einem anderen Steinbruch geholt noch mit Seilwinden herumgezerrt. Sie haben sie an Ort und Stelle wie Beton gegossen. Gong!

Die Beweiskette des Gelehrten, der von Haus aus Chemiker ist, liest sich wie ein Krimi. Hier die Geschichte:

Im Jahre 1889 fand der Ägyptologe C. E. Wilbour auf der kleinen Nil-Insel Sehel nördlich von Assuan eine mit Hieroglyphen übersäte Stele. Sehel ist heute noch einer der wenigen Orte Ägyptens, an denen die alten Götter auf herrlichen Felszeichnungen verewigt sind. Die Schriftzeichen wurden im letzten Jahrhundert von den Archäologen Brugsch, Pleyte und Morgan übersetzt und 1953 erneut vom französischen Ägyptologen Barquet entziffert. Einig ist man sich, daß die Hieroglyphen auf der sogenannten »Famine-Stele« erst in ptolemäischer Zeit (um 300 v. Chr.) in den harten Stein gegriffelt wurden, obschon der Text über eine Jahrtausende zurückliegende Epoche berichtet. Von insgesamt zweitausendsechshundert Hieroglyphen auf der Stele beschreiben sechshundertfünfzig Zeichen die Herstellung von künstlichen Steinen [15]! Das Wissen löffelte der altägyptische Schöpfergott Chnum dem Erbauer der ersten Pyramide, dem Pharao Djoser (2609–2590 v. Chr.), im Traum ein.

Es muß ein seltsamer Traum gewesen sein, denn Gott Chnum diktierte dem Pharao gleich eine Liste von 29 Mineralien und diversen natürlichen Chemikalien und zeigte ihm auch noch die in der Natur vorkommenden Bindemittel, mit denen die synthetischen Steine zusammengepappt werden mußten. Nicht nur Pharao Djoser, der Erbauer der Stufen-Pyramide von Sakkara, erhielt himmlische Nachrichten, sondern auch sein Chefarchitekt Imhotep, der später von den Ägyptern wie ein Gott verehrt wurde und dessen Grab Archäologen bis heute vergeblich suchten.

Auf den Kolonnen 6 bis 18 der »Famine-Stele« werden die zum »Beton« benötigten Ingredienzen aufgelistet und auch gleich noch die Stellen im Gelände angegeben, an denen man sie findet. Nach diesen göttlichen Anweisungen mischte Imhotep aus Natron (Natriumkarbonat) und Ton (Aluminiumsilikat) einen Brei, der mit zusätzlichen Silikaten und aluminiumhaltigem Nil-Schlamm versetzt wurde. Durch Zusätze von arsenhaltigen Mineralien und Sand entstand ein schnell trocknender Zement, der dieselben molekularen Verbindungen aufweist wie Naturstein.

Am 2. internationalen Ägyptologen-Kongreß, der 1979 in Grenoble, Frankreich, abgehalten wurde, berichtete der Gesteinschemiker Dr. D. Klemm den verdutzten Archäologen über seine Untersuchungen an Pyramiden-Gestein [16]. Dr. Klemm und seine wissenschaftlichen Mitarbeiter hatten insgesamt zwanzig verschiedene Gesteinsproben der Cheops-Pyramide analysiert und dabei festgestellt, daß jeder Stein aus einer anderen Gegend Ägyptens stammen muß. Wer nun denkt, vielleicht habe jedes ägyptische Dorf »seinen« Stein zum großen Werk beigetragen, ist auf dem Holzweg, denn die untersuchten Steine selbst enthielten Bestandteile aus allen Landesgegenden! Ein natürlicher Granitblock ist im allgemeinen in seiner Dichte homogen, die von Dr. Klemm untersuchten Steine waren hingegen unten dichter gepackt als oben und enthielten zudem zu viele Luftbläschen.

Prof. Joseph Davidovits vermeldet zwei zusätzliche Beweise, die seine Theorie buchstäblich betonieren könnten [17].

Im Jahre 1974 führte das berühmte Stanford Research Institute, Kalifornien, gemeinsam mit Wissenschaftlern der Ain-Shams-Universität von Kairo elektromagnetische Messungen an den großen Pyramiden durch. Man jagte hochfrequente Wellen durch das Gestein, die von trockenen Monolithen nicht vollständig reflektiert werden. Eigentlich war man sicher, durch derartige Messungen geheime Gänge und Kammern zu entdecken, denn die Pyramiden mitsamt dem Plateau von Gizeh galten als völlig trocken.

Entgegen jeder Prognose waren die Meßresultate chaotisch, die Hochfrequenzwellen wurden vom Gestein vollständig absorbiert. Was war geschehen? Die Pyramiden-Blöcke enthielten viel mehr Feuchtigkeit als natürliches Gestein. Computer-Berechnungen ergaben alleine in der Chefren-Pyramide einen Gehalt von einigen Millionen Litern Wasser! Dazu Prof. Davidovits [17]: »Die Blöcke sind künstlich.«

Der zweite Beweis könnte aus einem Roman von Agatha Christie stammen. Als Prof. Davidovits Gesteinsproben der Cheops-Pyramide unter dem Mikroskop untersuchte, entdeckte er Spuren eines menschlichen Haares und später gar ein ganzes, 21 Zentimeter langes Haar [18]. Wie kam das Haar in den Stein? Es wird wohl einem ägyptischen Betonmischer ausgefallen sein.

Inzwischen reproduzierte Prof. Davidovits verschiedene ägyptische Zement- und Betonsorten nach altägyptischen Mixturen. Der neue – uralte! – Beton ist viel härter und gegen Umwelteinflüsse weit resistenter als unser Beton, denn aufgrund der chemischen Reaktionen trocknet er schneller und vollständiger. Wen wundert's, wenn in Frankreich bereits die »Géopolymère France« nach dem uralten Rezept Beton herstellt? Auch

Pyramiden im Nebel – selbst die hochstehende Sonne dringt nicht durch.

Dynamit Nobel will die neue Zementmischung produzieren, und in den USA hat der Betonriese »Lone Star« die härtere und schneller trocknende Zementmischung in sein Programm aufgenommen. Betoniert für Jahrtausende!

Vernebelte Pyramiden

Wieder einmal stand ich mit meinem Mitarbeiter Willi Dünnenberger auf der kleinen Anhöhe südlich der großen Pyramiden. Es war frühmorgens gegen 6 Uhr am 12. Mai 1988, wir hatten uns von Camal, unserem ständig lachenden Taxifahrer, im Dunkel der Nacht hinausfahren lassen, weil wir das Weltwunder beim Sonnenaufgang fotographieren wollten. Daraus wurde nichts. Obschon die Pyramiden kaum dreihundert Meter vor uns aus dem Boden ragten, konnten wir sie auch eine Stunde nach Sonnenaufgang nicht erkennen. Schwere Nebelschwaden umwallten die imperialen Bauwerke wie feuchtgraue Vorhänge, die sich partout nicht heben wollten. Schon in der morgendlichen Dunkelheit wurden wir von geschwätzigen Führern mit: »Welcome to Egypt!« begrüßt. Nur Horus, der alles sieht, mag wissen, in welchen Ruinen diese aufdringlichen Pseudo-Bewacher nächtigen. Sie sind allgegenwärtig und lästig – rund um die Uhr.

Wir fröstelten. Willi inspizierte die Kameras, ich trottete fünfzig Meter in die Richtung, in welcher die Pyramiden lagen. Irgendwann mußten doch die Konturen der symmetrischen Dreiecksflächen auszumachen sein. Inzwischen war es acht Uhr geworden, der Nebel glitzerte wie weiße Zuckerwatte, ein fahles Licht, als ob der Vollmond grüße, tröpfelte zaghaft durch den dampfenden Filter, der die Sicht auf die Pyramiden hartnäckig verteidigte.

»Ob es zu Cheops Zeiten hier auch Nebel gab?« fragte Willi, und wir dachten dasselbe. Die Arbeitskolonnen hätten dann keine zwölf Stunden pro Tag Licht gehabt. Endlich, gegen halb neun, löste sich der Spuk. Sechs majestätische Dreiecke, zwei von jeder Pyramide, lüfteten ihre schillernden Kapuzen, starrten kühl und grandios zu uns herüber. Der Mensch fürchtet sich vor der Zeit – die Zeit fürchtet sich vor den Pyramiden, sagen die Ägypter.

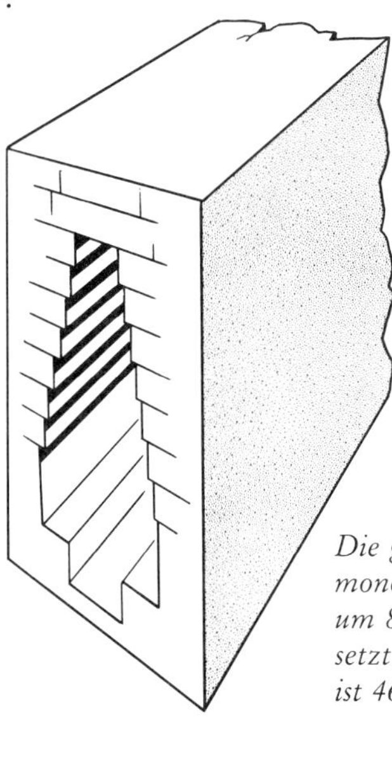

Die große Galerie. Jeder monolithische Balken ist um 8 cm nach Innen versetzt. Der gewaltige Gang ist 46,61 m lang.

Achmed verhandelte mit dem bärtigen Aufseher am Pyramiden-Eingang. Wir wollten hinein, bevor der Touristentroß mit Bussen herangekarrt wurde. In der großen Galerie, die zur Königskammer hinaufführt, blieben wir lange stehen, kein Geräusch war zu hören, die elektrischen Birnen lullten die senkrechten Seitenwände in gelbliches Licht. Man kommt sich winzig vor in dieser Galerie. Der gewaltige Gang, der schräg nach oben zur Königskammer führt, ist 46,61 Meter lang, 2,09 Meter breit und 8,53 Meter hoch. Man sollte die Maße auf der Zunge zergehen lassen! Der untere Teil der Seitenwände besteht aus polierten Kalksteinmonolithen, die bis zu einer Höhe von 2,29 Metern reichen, dann folgen sieben Reihen von enormen Balken, von denen jeder acht Zentimeter nach innen versetzt ist. Dadurch wird der anfänglich breite Gang zur Decke hin immer schmäler, beide Gangwände neigen sich aufeinander zu, die Decke aus waagrechten Platten mißt daher nur noch 1,04 Meter. Die Bauweise erinnert an die Inka in Peru, die ihre Türen, Fenster und Gänge stets trapezförmig ausrichteten.

Diese große Galerie ist das unfaßbarste Bauwunder der menschlichen Geschichte. Die Erkenntnis, daß sämtliche Pyramiden-Theorien nur Bruchwerk sein können, durchglüht jeden hier wie klatschende Peitschenhiebe. Die sich gegenüberliegenden Granitbalken des achteinhalb Meter hohen Gewölbes liegen nicht in der Horizontalen, nein, wie um uns Klugdeutern noch eine zusätzliche Ohrfeige zu verpassen, ziehen sich die Monolithen mit dem Neigungswinkel der großen Galerie schräg nach oben. Die Bearbeitung von Balken und Platten ist von derartiger Perfektion, daß wir Mühe hatten, mit unseren Stablampen eine Fuge auszumachen. Wenn sich irgendwo Zweifel in den Kopf schleichen, ob die Baumeister der großen Pyramide nicht doch vielleicht Entwicklungshilfe von außerirdischen Göttern erhielten, dann hier, in der großen Galerie!

Wir haben es verlernt, demütig zu sein. Immerzu will man uns einreden, wir Menschen seien das Größte, die Krone der Schöpfung, der vorläufige Kulminationspunkt der Evolution. Papperlapapp! Wer nicht mehr staunen kann, ist kein Realist.

Die große Galerie in der Cheops-Pyramide gehört zu den unfaßbaren Wundern der Weltarchitektur.

Die Wirklichkeit ist übermenschlich, ist verwoben mit spirituellen Schwingungen, verzahnt mit den nächsten Dimensionen des Weltalls.

Ich schätze, in den vergangenen drei Jahren etwa sechzig Bücher mit Pyramiden-Theorien konsumiert zu haben. Über das *Wie* des Baues der großen Galerie existiert nur Tratsch und Besserwisserei. Keiner weiß etwas Genaues, aber jeder argumentiert mit Jongleurhanteln. »Gesegnet seien jene, die nichts zu sagen haben und den Mund halten« (Oscar Wilde, 1856–1900).

Ein Sarkophag am falschen Ort

Am Südende der großen Galerie liegt der 8,40 Meter lange Durchgang zur Königskammer. Anfänglich gingen wir gebückt, der Stollen war gerade 1,12 Meter hoch, doch schon nach einem guten Meter öffnete sich der niedrige Korridor zu

Der massive Durchgang zur Königskammer.

einem Vorraum von über dreieinhalb Metern Höhe. Drei tonnenschwere Fallgatter aus Granit hatten diesen Zugang einst versperrt. Nach drei Metern erneutes Bücken, Achmed, der schon lange nicht mehr gelacht hatte, buckelte voraus, Willi und ich hinterher. Vielleicht bin ich besonders andächtig erzogen worden, vielleicht liegt es nur daran, daß ich mir einen gesunden Rest Ehrfurcht bewahrte, vielleicht auch, weil ich zum ersten Male ohne fremde Touristen in dieser sogenannten Königskammer stand: Ich kam mir vor wie in einer Kathedrale. Der rechteckige Raum mißt in Nord-Süd-Richtung 5,22 Meter, von Osten nach Westen 10,47 Meter. Die Höhe beträgt 5,82 Meter. Unverständlich, wie man bei diesen Ausmaßen immer von einer »Kammer« reden kann! Die Wände dieser kleinen Halle bestehen aus fünf übereinandergelegten – nicht aufgestellten! – enormen Granitbalken, auch der Boden ist mit Granitplatten ausgelegt. Die Wände fühlten sich an wie glatter Marmor. Die aus rosa Assuan-Granit bestehende Decke aus neun riesigen Balken ist derart präzise zusammengesetzt, daß die Fugen bestenfalls als dünner, schwarzer Faden sichtbar sind. Über der Decke, dem Betrachter nicht zugänglich, liegen noch fünf »Entlastungskammern« aus aufeinandergetürmten Monster-Monolithen von jeweils über vierzig Tonnen.

Achmed hüstelte, zeigte zur nahtlos polierten Decke: »Das hat seit Cheops niemand mehr fertiggebracht!«

Willi leuchtete nach oben, der Strahl seiner Lampe tastete Zentimeter um Zentimeter der phänomenalen Decke ab. »Wie kam man nur auf die Idee, die Hohlräume darüber ›Entlastungskammern‹ zu nennen?«

Jetzt lächelte Achmed wieder: »Was soll man sonst sagen?«

Zögernd mischte ich mich ins Gespräch: »Mich erinnert der Aufbau über der Königskammer spontan an einen Shinto-Tempel, an ein Tor in eine andere Welt. Mir scheint auch, die Archäologen sollten schleunigst aufhören, von Entlastungskammern zu reden. Erstens liegen die Zwischenräume hier oben gar nicht in der Pyramiden-Achse, also nicht unter der Spitze der Pyramide, und zweitens, und dies scheint mir viel gravierender, unterschieben sie damit den Konstrukteuren des Bauwerkes die exakte Kenntnis um das gewaltige Pyramiden-Gewicht. Wie paßt das in Cheops Zeiten? Könnt ihr ermessen, was das an mathematischem Wissen voraussetzt? Wir Heutigen würden derartige Berechnungen nur mit dem Computer in den Griff bekommen. Wäre denn die Königskammer ohne die ›Entlastungskammern‹ eingestürzt, zusammengebrochen? Mitnichten. Man hätte den Raum über der Decke einfach mit Granitbalken abdecken können, deren Gewicht sich nicht auf die Decke der Königskammer stützten. Zudem: Wo sind denn die anderen ›Entlastungskammern‹ in der Pyramide?«

Lautlos schritt Achmed die wenigen Meter zum schwarzen Granit-Sarkophag, der heute an der Westwand der kleinen Halle steht. Vermutlich war er ursprünglich in der Mitte des Raumes postiert gewesen. Der Sarkophag mißt (laut Prof. Goyon) 2,28 × 0,98 × 1,04 Meter.

»Vieles ist hier umstritten«, dozierte Achmed. »Der Sarkophag soll leer und ohne Deckel aufgefunden worden sein – wozu dient ein leerer Sarkophag? Zudem sind seine Maße größer als jene des aufsteigenden Ganges, der zur großen Galerie

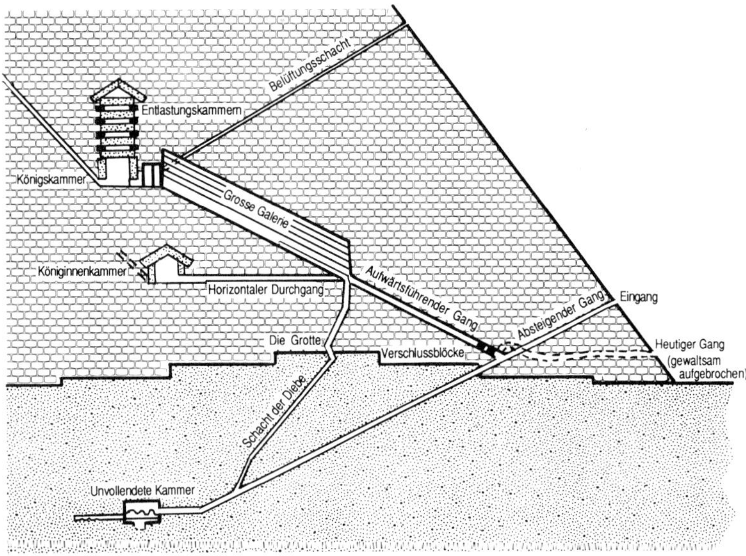

führt. Wie kam der aus einem einzigen Klotz geschlagene Sarkophag in diesen Raum?«

Willi wußte Rat. »Man wird die Pyramide darum herum gebaut haben, die Gänge in der Chephren- oder Mykerios-Pyramide sind ebenfalls enger als ihre Sarkophage.«

Achmed sinnierte ein bißchen: »Muß wohl so sein, unverständlich bleibt nur, weshalb die große Galerie um ein Vielfaches höher ist als der aufsteigende Gang. In der großen Galerie hätte man den Sarkophag bequem senkrecht transportieren können, während er nirgendwo in den aufsteigenden Gang paßte. Ich meine, die verschwenderische Höhe von achteinhalb Metern der großen Galerie war überflüssig. Für den Transport des Sarkophages hätte die Hälfte genügt. Und wenn die Pyramide um den Sarkophag herum gebaut wurde, wie Sie annehmen, wozu dann die große Galerie?«

Die Logik schlägt hier Purzelbäume. Fachleute äußerten, die große Galerie sei als langgezogene, aufsteigende Halle gedacht

Der Sarkophag in der Königskammer (oben und Mitte) *war leer. Wozu mag er gedient haben?*
Unten: *Ein Luftschacht in der Königskammer.*

Der »aufsteigende Gang« ist heute wegen der Sicherheit mit Tritten und Geländern versehen

gewesen, in der einst eine würdevolle Priesterprozession einherschritt, um dem verstorbenen Pharao die letzte Ehre zu erweisen. Würde und Tod, das paßt zusammen. Dieselbe Priesterprozession mußte aber erst einmal pietätlos durch den aufsteigenden Gang buckeln und kriechen, um die große Galerie überhaupt zu erreichen. Das paßt nicht zusammen.

»Wer mit dem mathematischen Scharfsinn der Priesterarchitekten baut, macht nichts Unnötiges«, erwiderte Willi. »Wozu Pseudogänge und leere Kammern? Dieser Firlefanz hätte Jahre von Arbeit gekostet, Jahre, die bei dem vorgelegten Arbeitstempo schwer unterzubringen waren.«

Endlich lachte Achmed wieder: »Sie vergessen die Grabräuber! Die mußten in die Irre geführt werden.«

Abwechselnd blickte Willi zu Achmed und zu mir. »Grabräuber?« rief er Achmed über den Sarkophag zu, der wie eine steinerne Badewanne zwischen ihnen stand. »Heiliger Horus, wir reden von Cheops' Zeiten, zweieinhalb Jahrtausende v. Chr.! Die ganze Pyramiden-Bauerei begann doch erst mit der Stufen-Pyramide von Sakkara. Das sind läppische achtzig

Jahre vor Cheops! Wo sollen da Grabräuber herkommen? Die Pyramiden waren dicht wie Stahltresore.«

Eigentlich hatte er recht, dachte ich, und Achmed muß wohl ähnlich empfunden haben, denn zum erstenmal sah ich ihn verlegen mit den Fingern ums Kinn streichen. Andererseits blieben die Fallgatter eine unumstößliche Tatsache. Der aufsteigende Gang und die Königskammer sind durch massive Granitblöcke versiegelt gewesen. Es ist zum Haare-Ausraufen! Wozu das enorme Sicherungssystem, wozu das verschlossene Bauwerk, wenn doch in der Cheops-Pyramide nie ein Pharao zu Grabe getragen wurde? Wozu Fallen und blinde Gänge zu einer Zeit, in der kein Grabräuber je eine Pyramide angetastet hat?

Zwei Gegensätze: Eitelkeit und Anonymität

Die Pyramiden-Bauer müssen die menschliche Natur sehr genau gekannt haben, sie müssen gewußt haben, daß die wissenschaftliche Neugierde den zukünftigen Generationen keine Ruhe lassen würde. Wissensdurst ist Bestandteil der menschlichen Intelligenz. Irgendwann in einer fernen Zukunft würden die Menschen die Pyramiden knacken. Dann erst sollten sie unversehrt vorfinden, was die Alten hinterließen. Woraus besteht diese Erbschaft? Aus einem leeren Sarkophag?

Stimmengewirr, erstaunte Ausrufe, Gekicher und laut gerufene Vornamen drangen in unsere erhabene Halle. Die erste Touristenwelle des Tages rollte die große Galerie herauf. Wir verkrochen uns, vorbei an verschwitzten, erwartungsvollen Gesichtern, wir stolperten hinaus ins grelle Morgenlicht, die Sonne glühte, der schwere Nebel war bis zum letzten Molekül aufgezehrt. Mit »Welcome to Egypt« steuerte ein Papyrus-Händler auf uns zu. Während wir das farbenprächtige Angebot an klassisch-ägyptischen Motiven durchblätterten und meine Augen eher geistesabwesend auf den Kartuschen mit den goldfarbig gepinselten Zeichen ruhten, huschte ein Gedanke durch

Die Jungen und Mädchen weben die Teppiche in eigener Regie.

meinen Kopf. Hieroglyphen! In keiner Halle, keiner Kammer, weder in der großen Galerie noch in irgendeinem Korridor gab es Inschriften. Wie kann ein Pharao das gewaltigste Bauwerk der Erde errichten lassen, ohne sich seiner Taten zu rühmen? Ohne seinen eigenen Namen auch nur mit einer winzigen Glyphe zu verewigen? Die totale Schriftlosigkeit ist geradezu pervers, die Anonymität des Bauwerkes paßt nicht zum Charakter des Bauherrn.

Plinius hatte geschrieben: »... so sind denn die Schöpfer dieser Eitelkeit mit Fug und Recht der Vergangenheit anheim gefallen.« Eitelkeit und Namenlosigkeit sind unvereinbar. Wenn Pharao Cheops eitel war, gar ein Tyrann und Unterdrücker, der – gemäß Herodot – hunderttausend Sklaven an der Großen Pyramide schuften ließ, dann müßten seine Heldentaten von allen Wänden künden. Es ist eingewendet worden, gerade die Unterdrückten hätten die Hieroglyphen mit den Lobpreisungen ihres Diktators weggeschlagen. Wie denn? Wann denn? Die Pyramide ist vollkommen versiegelt worden. Kein Berserker konnte dort hinein, um seine Wut an den Inschriften des Pharao auszutoben. Zudem geht die moderne Lehrmeinung davon aus, es seien keinerlei Sklaven beschäftigt worden. Dazu der Ägyptologe Karlheinz Schüssler [19]:

»Eines läßt sich heute mit Sicherheit sagen: Sklaverei hat es damals im alten Reich nicht gegeben.«

Ohne Sklaven, in freiwilliger, aufopferungsbereiter Teilnahme am großen Werk gibt es noch weniger Grund für das Fehlen jeder schriftlichen Mitteilung. Ein freies Handwerkertum hätte die Größe des Bauherrn erst recht hochleben lassen.

»Wißt ihr eigentlich, wie man Papyrus macht?« durchbrach Achmed meine Grübelei. Wir hatten uns durch Händler und Trauben von Touristen zum Taxi gezwängt.

»Papyrus macht man nicht, der wächst an den Ufern des Nils«, spöttelte Wille vom Rücksitz und blickte teilnahmsvoll über Achmeds Schultern.

»Und wie wird aus der Pflanze ein biegsames, pergamentähnliches Zeichenblatt?«

Papyrus, seit der Nil fließt

Willi zuckte die Schultern, Achmed gab Gas, kurvte gekonnt zwischen dem Gewimmel von Menschen, Kamelen und Autos hindurch, hinaus auf die Straße nach Sakkara. Vor einer Teppichweberei machten wir einen kurzen Halt. Buben und Mädchen, letztere in knallrote Röcke gepackt, standen vor einer Wand und führten mit zarten Kinderhänden Weberschiffchen durch das Fadengewirr. Knaben mit pechschwarzen Haaren, grauweißen Hemden und nackten Füßen bedienten die hölzernen und knarrenden Webstühle mit sicheren Bewegungen. Die Kinder waren zufrieden, sie lachten und sangen und bedankten sich ohne Aufdringlichkeit für das Bakschisch. Achmed erklärte, die Kinder würden die Motive auf den Teppichen selbst entwerfen, und auch die Farbkompositionen stammten von ihnen. Zwei Kilometer weiter eine der vielen »Papyrus Factories« im Nil-Tal. Die Verarbeitung der bis zu vier Meter hohen, wasserreichen Pflanze hat sich seit Jahrtausenden nicht verändert.

Der Stengel wird in etwa zwanzig Zentimeter lange Stücke zerschnitten, die grüne Rinde mit einem Messer weggezogen. Früher fertigte man aus dieser elastischen Rinde Gürtel und Sandalen, heute dient sie als Brennmaterial. Mit einem Messer wird das weiße Mark im Innern der Stengel in dünne Streifen geschnitten und für sechs Tage in ein Wasserbad gelegt. Dies bewirkt eine Sättigung mit Wasser und zudem eine Bräunung der Streifen. Dann werden die Lamellen mit einer Presse oder einem Walkholz breitgequetscht und kreuzweise, immer ein Streifen waagrecht und einer senkrecht, auf ein Baumwolltuch gelegt. Ein zweiter Lappen kommt darauf und eine zweite Pressung zwischen den Tüchern. Diese Tücher werden oft gewechselt, bis das Schachbrettmuster aus Papyrus-Streifen trokken ist. Weil das Papyrus-Mark Gelatine enthält, kleben die eingetrockneten Streifen aneinander. Nach zirka sechs Tagen ist ein elastisches und recht widerstandsfähiges Papyrus-Blatt fertig. Mühelos läßt es sich mit allen Farben bemalen.

Seit Jahrtausenden vertrauen die Ägypter dem Papyrus Botschaften an. Weshalb nur ist kein Wort über den Pyramiden-Bau überliefert? Warum ist der Schöpfer des phänomenalsten aller Bauwerke nirgendwo genannt? Wir können es drehen und wenden, wie wir wollen, die Logik unserer grauen Zellen spielt nicht mit. Da wird eingewendet, Cheops habe sich woanders begraben lassen, nicht in seiner eigenen Pyramide. Weshalb sollte er ausgewichen sein? »Sein« Grabbau war doch der sicherste der Welt. Zu welchem Zeitpunkt soll der Entschluß, sich nicht in der eigenen Pyramide bestatten zu lassen, gefallen sein? Es ist schlichtweg nicht auszudenken, daß eine derartige Entscheidung schon im frühen Baustadium der Pyramide festlag. Die Architekten und Priester hätten sich bedankt! Der unermeßliche Arbeitsaufwand Makulatur? Niemals! Cheops setzte mit seinem Bauwerk einen unauslöschlichen Markstein in die ägyptische Landschaft. Undenkbar, daß er die einzigartige Gelegenheit, seinen eigenen Heiligenschein für ewige Zeiten erstrahlen zu lassen, verpaßte.

Dieser Papyrus im Ägyptischen Museum in Kairo ist Jahrtausende alt.

Diese Tatsachen lassen eigentlich nur drei Varianten offen:
a) Cheops' Grabkammer wurde längst geplündert.
b) Die Grabkammer ist bis heute nicht entdeckt worden.
c) Die Entscheidung, nicht in der Pyramide bestattet zu werden, stammte nicht von Cheops.

Auf die Punkte a und b werde ich zurückkommen, der dritte Einwand widerspricht den steinernen Realitäten. Schließlich wurde die Cheops-Pyramide in fix und fertigem Zustand mit mächtigen Monolithen und Fallgattern verschlossen. Nahtlos ist das Bauwerk seiner Bestimmung übergeben worden. Gesetzt den Fall, die Pyramide sei bei Cheops' Ableben nicht fertiggestellt gewesen und die Nachwelt hätte den tyrannischen Pharao derart verflucht, daß sie seine Mumie nicht in der Pyramide sehen wollte, weshalb wurde dann das Bauwerk vollendet? Kein müder Finger hätte sich mehr für den verhaßten Pharao gerührt. Cheops' Nachfolger hatten eigene Baupläne.

Entweder liegt Cheops in seiner Pyramide – oder die Pyramide gehört nicht Cheops.

Pyramiden-Wände voller Texte

Nur zweihundert Jahre nach Cheops regierte in Ägypten der letzte Herrscher der 5. Dynastie, Pharao Unas (2356–2323 v. Chr.). Seine Pyramide in Sakkara ist mit siebenundvierzig Metern Seitenlänge und ursprünglich dreiundvierzig Metern Höhe eher mickrig geraten, dennoch bescherte sie den Ausgräbern eine Sensation.

Die Wände in der Grabkammer, dem Vorraum und die Eingangswände zur mittleren Kammer sind übersät mit Hieroglyphen-Texten. In dicht nebeneinander gereihten Kolonnen verlaufen die Schriftbänder von rechts nach links und von oben nach unten. Es sind die ältesten Inschriften und Pyramiden – aber nicht die einzigen.

Auch Unas' Nachfolger Teti, Pepi I., Menrenê und Pepi II., alle der 6. Dynastie (2323–2150 v. Chr.) angehörend, ließen die Innenwände ihrer Pyramiden mit Texten tapezieren. Schon 1965 wurden in der Teti-Pyramide siebenhundert Inschriftenfragmente gesichtet, zwei Jahre darauf stießen französische Archäologen in die Pepi-Pyramide vor, auch hier waren Gänge und Wände mit Hieroglyphen bedeckt.

Im Februar 1971 legte der Ägyptologe Jean-Philippe Lauer mit seinem Team die Pyramide von Pepis Sohn Menrenê frei. Die Lampen glitten über wuchtige Kalksteinblöcke, huschten über die reliefierten Gesichter einer Prozession, die von einem geflügelten Genius angeführt wurde. Das stolze, göttliche Wesen trägt in der einen Hand ein Zepter mit dem Tiergott Seth, in der anderen die Anck-Hieroglyphe, allgemein bekannt als das »Lebenszeichen« oder der »Lebensschlüssel«.

In einem tiefer gelegenen Stollen überkletterten die Ausgräber ein von Grabräubern heruntergelassenes Fallgatter und gelangten schließlich in zwei Räume, die durch mächtige, mindestens je dreißig Tonnen schwere Monolithen unterteilt waren. Diese Monolithen sind in Form eines riesigen V angeordnet, verlaufen also unten aufeinander zu und spreizen sich wie das Victory-Zeichen zur Decke. Die Monolithen sind mit leuch-

tend weißen Sternen verziert, die durch die V-Form regelrecht im Raum hängen. Vereinzelte Wände waren mit Pyramiden-Texten bepflastert, andere zeigten bildliche Darstellungen mit rätselhaften Ritualen. Da gibt es Tiere, die durch einen aufge-

Durch diesen unterirdischen Eingang betritt man die Pyramide des Pharao Unas.

malten Strich in zwei Hälften geteilt werden. Archäologen glauben, man habe die wilde Kreatur dadurch symbolisch »entschärft, um sie harmlos zu machen« [20]. Der verstorbene Herrscher sollte auf seinen Reisen durch die Götterwelt nicht von Tieren belästigt oder gar angefallen werden. Die Begründung ist mager. Wenn schon Angst vor der Magie des Tieres, weshalb dann überhaupt Tierdarstellungen?

Wir sind in einem Denken verhaftet, das aus der alten Schule der Ägyptologie gewachsen ist. Die Vordenkerei mag in vielen Bereichen einleuchtend und richtig sein, zeitgemäß ist sie nicht. Die Deutung von bildlichen Darstellungen wie auch von Hieroglyphen ist nach wie vor Interpretationssache. Vielleicht war mit dem Band, das die Tiere in zwei Hälften trennt, keinerlei »magische Entschärfung« gemeint, vielleicht sollte ausgedrückt werden, das Tier sei ein Mischwesen. Halb irdisch, halb göttlich.

Wer hoffte, in diesen Pyramiden-Texten Bauanweisungen zu finden, Überlieferungen gar auf den großen Vorfahren Cheops, wurde enttäuscht. Es sind poetische Schriftzeugnisse aus der Mythologie, der Religion und der Magie, wobei der Kosmos stets eine große Rolle spielt. Unbestritten ist inzwischen, daß die Pyramiden-Texte, obschon erst am Ende der 5. und während der 6. Dynastie entstanden, Glaubensvorstellungen enthalten, die viel tiefer in die Vergangenheit zurückreichen. Schwer zu verkraften, daß der Sinn der Pyramiden-Texte nur aus gedachten, erfundenen Anweisungen für das Weiterleben in der jenseitigen Welt bestehen soll. Wir bezeichnen den Inhalt mit seinen Lobpreisungen und Schmeicheleinheiten als »magisch« und »rituell«, als religiöses Traum- und Wunschdenken des Pharaos. Da wird auf den ältesten Pyramiden-Texten der Wunsch des Pharao festgehalten, auf seinen zukünftigen Reisen dem Sonnengott Re-Atun am Firmament zu begegnen. Man müsse dies spirituell verstehen, sagen die Gelehrten. Muß man? Der Pharao und seine Priester hatten doch eindeutige Vorstellungen über ihre Himmelsreisen, auch wenn sie uns kindisch vorkommen mögen. Man reiste nicht »per Geist«, man reiste per Schiff.

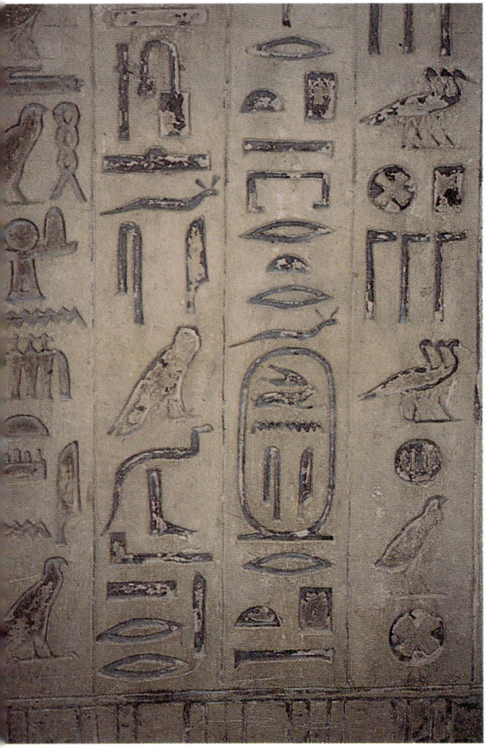

Die Innenwände der Unas-Pyramide sind mit Inschriften verziert.

Weltraumtechnologien und Kinderspielzeug

Weshalb spielen unsere Kleinen mit Modelleisenbahnen? Weil die Großen mit echten Eisenbahnen fahren. Weshalb trampelt ein Dreikäsehoch mit seinem grell bemalten Kinderauto durch die Gassen, imitiert mit den Lippen Motorengeräusche und das

Tüt-Tüt? Weil seine Vorbilder schicke Wagen besitzen, die Tüt-Tüt machen. Weshalb stürmen Knirpse mit Sturzhelmen und eingebauten Kopfhörern durch die Wohnstuben, verschießen Laser-Blitze und spielen »Eroberer vom Planeten XY«? Weil sie Erwachsene am Bildschirm sehen, die genau das gleiche tun. In meinem Buch *Habe ich mich geirrt?* [21] ließ ich eine Reihe von Cargo-Kulten auftanzen, um exemplarisch zu belegen, daß nicht nur Menschen der Vorzeit, sondern auch Eingeborenenstämme der Gegenwart Technologien imitieren, die ihren geistigen Horizont übersteigen.

– Da ließen etwa die Insulaner der Insel Wewak einen Geisterflughafen mit Flugzeugmodellen aus Holz und Stroh entstehen, weil sie hofften, auf diese Weise echte Flugzeuge anzulocken.
– Als die Hochlandbewohner von Neuguinea in den dreißiger Jahren erstmals Weiße sahen, dachten sie, das müßten Götter sein. Grund für den Irrglauben waren in erster Linie die Hosen und Rucksäcke, welche die Weißen trugen. »Wir glaubten, in den Rucksäcken müßten sie ihre Frauen haben«, sagte zwanzig Jahre später ein ehemaliger Augenzeuge, und: »Wir fragten uns, wo die fremden Wesen ihre Exkremente ließen. Es konnte doch nichts durch die Hosen.«
– Im Markham-Tal (östliches Hochland von Neuguinea) entstanden aus Bambus angefertigte »Radiostationen« und aus Blättern zusammengerollte »Isolatoren«. Haushohe Holzstämme sollten »Antennen« darstellen, die Buschhütten waren durch »Leitungen« aus gedrehten Pflanzenfasern verbunden. Weshalb die Attrappen? Späher der Eingeborenen hatten das Treiben der Weißen an der Küste beobachtet.
– Als im September 1871 der Russe Maclay mit seinem Schiff Vitiaz in Bongu an der Küste Neuguineas landete, wurde er von der einheimischen Bevölkerung skeptisch beobachtet. Einmal sahen die Eingeborenen Kapitän Maclay in der Nacht mit einer Windlaterne herumgehen, und von Stund an waren sie überzeugt, er wäre ein Mann vom Mond. Maclay erklärte ihnen mühevoll, daß er aus Rußland und nicht vom Mond käme. Darunter konnten sie sich nichts vorstellen.

Die Sterne auf der V-förmigen Decke glänzten einst golden.

Der Russe war für sie ein besonderes Wesen, nicht nur, weil er weißer Haut war, sondern vor allem, weil er mit einem so großen Schiff und so plötzlich erschienen war. Die Eingeborenen machten ihn kurzentschlossen zum Gott Tamo Anut, sein Schiff wurde zum göttlichen Fahrzeug erklärt. Als eines Tages von einem Schiffswrack her eine Holzstatue ans Ufer geschwemmt wurde, erhoben sie das Schnitzwerk zum verehrungswürdigen Symbol ihres neuen Gottes Tamo Anut. Über ähnliche Exempel sind ethnologische Werke verfaßt worden [22, 23]. Sie belegen allesamt das Verhalten von Menschen einer unverständlichen Technik gegenüber. Dabei spielt es keine Rolle, ob die Imitatoren Jugendliche oder Erwachsene sind, denn auch die Großen handeln wie Kinder, sie verstehen die fremde Technologie genausowenig wie die Kleinen.

Was ist schon neu?

Der Mensch war seit Urbeginn ein Nachäffer und ist es tapfer geblieben. Wir alle haben unsere Vorbilder, denen wir heimlich nacheifern, wir alle möchten oft in andere Berufsrollen steigen, einmal nur dieser oder jener sein. Wir sitzen am Steuer und empfinden uns als kleine Piloten, obschon wir wissen, daß das

Die Himmelsbarke des Pharao Cheops wird heute neben dessen Pyramide in einem scheußlichen Gebäude ausgestellt. Ursprünglich lag sie im Felsen neben der Pyramide und wurde durch diese schweren Monolithen abgedeckt (links).

Auto nie abhebt. Wir rutschen mit gespreizten Beinen die Skipiste hinunter und träumen davon, wie die Meister fahren zu können. Selbst die Vorlagen für religiöse und kulturelle Gegenstände und Gewänder bezogen wir aus dem Altertum. Unsere Vorfahren hatten noch älteren Anschauungsunterricht. Welchem Urmodell wurde die Krone nachgebildet, welchem das Zepter, der Bischofsstab? Wem wurde abgeschaut, daß bestimmte Handlungen nur in protokollarisch festgelegten Gewändern vollzogen werden dürfen? Was ahmen wir nach, wenn in der Fronleichnamsprozession der »Himmel« durch die Straßen getragen wird? Weshalb wird am Altar das »Allerheiligste« verschlossen? Woher stammen die Vorbilder für Engel mit Flügeln und strahlenden Heiligenscheinen? Wo gab es das reale Modell für die Bundeslade, für den Hochaltar und für den himmlischen Thron? Woher bezogen wir Erdenbewohner so abstruse Vorstellungen wie die von einer »Himmelfahrt«, von einer »Erbsünde«, einer »Erlösung«?

Die Gegenwart und das geschichtliche Wissen verschafft uns die Chance, einen Blick in die Psyche eines Pharao zu werfen. Er – oder seine Vorfahren – hatten reale Götter, Außerirdische, beobachtet, die mit Schiffen das Firmament befuhren. Das er-

Die Königsbarke ist ebenfalls auf einer Tempelwand von Philae abgebildet.

gab News! Derartige Ereignisse mußten sozusagen wie Schlagzeilen in die Überlieferungen wandern. Ursprünglich hatten auserwählte Menschen den Göttern sogar dienen dürfen. Gründlich gewaschen... versteht sich, in spezielle Kleidung gehüllt... versteht sich, von den »Himmlischen« durch Vorhöfe und Barrieren getrennt... versteht sich. Die Außerirdischen vermieden jede Ansteckungsgefahr. Aus Beobachtungen, Handreichungen, Reinigungen, doch auch aus Unverstand, Imitationsgehabe und den nie verstandenen Gegenständen der Götter wuchs der Kult. Wenn die Überlieferung festhielt, Götter hätten in Barken das Firmament befahren, mußte auch der Pharao eine spezielle Barke besitzen. Ob ihm bewußt war, daß er damit nicht fliegen konnte, oder ob er nur glaubte, nach dem Tode abheben zu können, ist unerheblich. Es zählt nur das ursprüngliche Motiv.

Die Sonnenbarken der Pharaonen entsprangen nicht einer philosophischen Idee, nicht der Beobachtung des auf- und niedergehenden Zentralgestirns, der Imitationsgedanke stammte aus der Überlieferung, die einstige Realitäten weitergab. Mit Schiffen befuhren die Menschen den Nil – die Götter den Himmel. Die Menschen sollten glauben, ihr Pharao sei mit seinem prächtigen Boot zu den Göttern unterwegs, er sei quasi ein alter Kollege und gleichberechtigter Partner der Himmlischen. Ein Gott-Pharao und seine Priester hätten, selbst wenn sie es wußten, nie zugeben können, daß die Herrschaft mit dem Tode endet. Götter sterben nie.

So verwundert es nicht, wenn neben und unter den Pyramiden kunstvoll gefertigte und reich geschmückte Sonnenbarken auftauchen. Eine dieser Barken steht seit Jahren in einem scheußlichen Gebäude neben der Cheops-Pyramide, kürzlich wurde mit elektromagnetischen Wellen eine weitere Königsbarke im felsigen Grund geortet. Es gibt diese Schiffe auf Tempelreliefs von Assuan bis zum Nil-Delta, sie tauchen als Modelle in Museen auf, auch Pharao Unas – der mit den ältesten Pyramiden-Texten – hatte seine Sonnenbarke.

Die Fachleute wissen auch nichts Bestimmtes über den Zweck dieser Boote, selbst wenn in der Populärliteratur so getan wird. Allgemein nimmt man an, der Pharao habe ein Tages- und ein Nachtschiff besessen, weil die Ägypter vermuteten, die Sonne bewege sich nachts in der Unterwelt. So war denn ein Schiff für den Tag und ein anderes für die Nacht vonnöten. Die Sonnenbarke wird aber auch als »Boot mit Opfergaben« gesehen, als »Pilgerschiff«, als »Seelenkahn«, »Bestattungsvehikel« oder schlicht als »königliche Inspektionsfähre«. Zumindest die Pyramiden-Texte, aus denen das »Ägyptische Totenbuch« gestrickt wurde, lassen mehrfache Deutungen zu. Da gibt es als Beispiel unter vielen das »Lied an den Allherrn« [24], in dem der Poet (oder Priester?) eine Göttin namens »Auge des Horus« anruft. Die Göttin wird gebeten, Wasser, Pflanzen und Speisen für den Pharao bereitzuhalten und die Tore des Himmels zu öffnen, damit sich der Pharao ungehindert bewegen könne. Materielle Nahrungsmittel für das entfleuchende Ka und Ba?

Auf Sprüchen des Pyramiden-Textes Nr. 273 und 274 in der

Unas-Pyramide von Sakkara werden die Taten besungen, die der Verstorbene im Weltall ausführen wird:

»Er ist der Herr der Kräfte,
seine Mutter nicht kennt seinen Namen.
Die Herrlichkeit des Unas ist im Himmel
seine Macht ist am Horizont...
Unas ist der Himmelsstier...
es dienen dem Unas die Himmelsbewohner...«

Noch zweideutiger werden die Texte in der eigentlichen Grabkammer der Unas-Pyramide. Dort wird ausgesprochen, der Pharao sei »gleich einer Wolke« auf dem Wege zum Himmel, er lasse sich nieder auf einem vorbereiteten Sitz im Schiff des Sonnengottes. Unas wird als »Führer des Sonnenschiffes« bezeichnet, der in der Schwärze des Weltalls um Hilfe bittet, denn »die Einsamkeit auf dem endlosen Weg zu den Sternenbildern ist groß«. Wie wahr.

Ein Schiff assoziiert »Reisen«. Zumindest die Pharaonen der ersten Dynastien sahen sich als »Söhne der Götter«. (Genauso wie die japanischen, persischen und äthiopischen Kaiser bis in die jüngste Geschichte.) Als »Sohn eines Gottes« war es selbstverständlich, nach dem Tode den »Vater« aufzusuchen, der während der irdischen Regentschaft des Sprößlings die himmlischen Geschäfte besorgte. Und wie auf Erden der erste Prinz die Erbschaft des königlichen Vaters antritt, sollte es auch in den jenseitigen Gefilden geschehen. So wird denn der verstorbene Pharao auf den Pyramiden-Texten als neuer Herrscher zwischen den Sternen hochgelobt, als mächtiger Vollstrecker und Richter, vor dem sich Geister und alte Götter in acht nehmen müssen.

Dies alles ist richtig und wird auch von der Fachwelt kaum bestritten, nur vermögen die Ägyptologen in der Himmelsbarke nichts Reales, nichts Praktisches zu erkennen. Man erinnere sich an die Cargo-Kulte. Symbolische Objekte stehen für nachgeäffte Technik. Nur mit Ka und Ba allein wagte sich kein Pharao vor den Thron des himmlischen Vaters. Er mußte

Reichtümer als Opfergaben und Bestechungsgelder für schwierige Fälle mitbringen. Reale Werte in einem realen Transportmittel. Das Kind des heutigen Öl-Scheichs saust mit einer batteriegetriebenen Rolls-Royce-Attrappe durch den Palast – der Sohn der himmlischen Götter mit einer goldgeschmückten Sonnenbarke.

Astronauten im alten Ägypten?

In dieselbe Richtung weist auch eine Dekoration besonderer Art, die an sämtlichen altägyptischen Tempeln und Monumenten auftaucht: Die geflügelte Sonnenscheibe. Eine goldene Scheibe oder angedeutete Kugel mit farbigen, weit ausholenden Schwingen symbolisiert ab der 5. Dynastie den himmelsbeherrschenden Falken und die Sonne. Jedoch die Vorlage zu dem Motiv, mit dem ganze Tempeldecken und unzählige Tempeleingänge dekoriert sind, stammt aus vorgeschichtlicher Zeit, denn bereits in der 1. Dynastie zeigt eine Darstellung *der Sonnenbarke auf einem Flügelpaar.* Erst als die ursprüngliche

Die geflügelte Sonnenscheibe im Grab des Pharao Sethos.

Vorstellung von der Sonnenbarke, die auf Flügeln gleitet, nicht mehr verstanden wurde, versah man das Flügelpaar mit einer goldenen Scheibe. Das Bild, das mit geometrischer Genauigkeit über den Eingängen von Hallen und Gemächern auftaucht, ist oft von Inschriften begleitet, die es mit dem Namen »hut« oder »api« belegen. Vom Wortstamm her bedeutet »hut« sinngemäß »ausspannen«, »ausstrecken«, während die Wurzel von »api« schlichtweg »fliegen« ausdrückt.

Die geflügelte Sonnenscheibe wird mit dem Gott Horus in Verbindung gebracht, der in der riesigen Tempelanlage von Edfu, auf der westlichen Seite des Nils zwischen Assuan und Luxor, seinen Stammsitz hatte. Der heutige, immer noch sehr umfangreiche Tempelbezirk hat allerdings mit dem alten Horus-Tempel wenig gemeinsam. Wie Inschriften und archäologische Grabungen belegen, entstand er auf den Ruinen eines Horus-Heiligtums aus dem alten Reich. Aus alten Quellen stammt auch die Sage von der geflügelten Sonnenscheibe, die in eine Tempelwand von Edfu geschlagen war. Da wird geschildert, wie Gott Ra mit seinem Gefolge »westlich an diesem Gebiet, östlich von dem Kanal Pechennu« landete. Sein irdischer Vertreter, der Pharao, war offenbar in Bedrängnis, denn er bat den himmlischen Flieger um Hilfe gegen seine Feinde [25].

> »Es sprach die Heilige Majestät des Ra-Harmachis zu deiner heiligen Person Hor-Hut: O du Sonnenkind, du Erhabener, der erzeugt ist durch mich, schlage nieder den Feind, welcher vor dir ist, in kürzester Zeit. Darauf flog Hor-Hut zur Sonne empor in Gestalt einer großen Sonnenscheibe mit Flügeln daran… Als er in der Himmelshöhe die Feinde erblickte… stürmte er von vorn so gewaltig auf sie ein, daß sie weder sahen mit ihren Augen noch hörten mit ihren Ohren. In dem kurzen Zeitraum war kein lebendes Haupt mehr vorhanden. Hor-Hut, buntfarbig glänzend, kehrte in seiner Gestalt als eine große, geflügelte Sonnenscheibe in das Schiff des Ra-Harmachis zurück.«

Man muß dies alles symbolisch sehen, heißt es. Ich bin stets wieder erneut verblüfft, was man alles müssen »muß«. Dabei lassen Hieroglyphen eine breite Deutung in der Auslegung offen. Schon lange vor Jean-François Champollion, dem Übersetzer der Hieroglyphen, erkannte William Warburton (1698–1779), seines Zeichens Bischof von Gloucester in England, der sich intensiv mit den ägyptischen Schriftzeichen und den antiken Überlieferungen auseinandersetzte, daß die alten Ägypter zwei Schriftarten verwendeten [26]: »...eine, um dadurch das, was man sagen will, zu entdecken und anderen zu offenbaren, die andere aber, um die Sache verborgen zu halten.«

So ist es. Heute werden Hieroglyphen-Texte in einem Einheitsmüsli verabreicht, obgleich die Bandbreite der Interpretation in allen Regenbogenfarben möglich wäre. Neuerdings sind sogar alte Hieroglyphen aufgetaucht, die sich trotz Champollions Entzifferungswerk nicht übersetzen lassen. Ich habe Mühe, mir die »Sage von der geflügelten Sonnenscheibe« nur abstrakt, im Nebel des religiösen Blindfluges, vorzustellen. Nachdem der fliegende Gott Ra dem Pharao gegen seine Feinde geholfen hatte, stellte er lapidar fest: *»Hier ist es angenehm zu leben.«* Anschließend werden die umliegenden Landschaften mit einem Namen bedacht und »die Götter des Himmels« sowie »die Götter der Erde« gepriesen. Man sollte uns weniger erklären, wie's gemeint ist, und uns mehr Originaltexte lesen lassen:

> »Hor-Hut er flog empor gegen die Sonne als große, geflügelte Scheibe. Deshalb wird er seit diesen Tagen als Herr des Himmels genannt...«

Wie die Inschrift von Edfu belegt, war die göttliche Hilfestellung der eigentliche Grund für die Verehrung und Verbreitung der geflügelten Sonnenscheibe, und nicht, wie man uns

einreden will, die Sonne in einer imaginären Unter- und Oberwelt. Der Edfu-Text ist klar:

> »Es fuhr Harmachis in seinem Schiffe, und er landete bei der Stadt Horus-Thron. Es sprach Thoth: ›Der Strahlensender, der erzeugt ist von Ra, er hat die Feinde geschlagen in seiner Gestalt. Er sei von diesem Tage an genannt der Strahlensender, der erzeugt ist vom Lichtberge.‹ Es sprach Harmachis zu Thoth: ›Bringe an diese Sonnenscheibe an allen Stätten der Götter in Unterägypten, an allen Stätten der Götter in Oberägypten und an allen Stätten der Götter.‹«

Nur am Rande, das Wort »Strahlensender«, das hier verwendet wurde, stammt nicht etwa von mir, sondern von Prof. Dr. Heinrich Brugsch, der den Edfu-Text anno 1870 (!) übersetzte. Was ist in der modernen Ägyptologie aus der »geflügelten Sonnenscheibe« geworden? Zeremonialklimbim. Vergessen ist der ursprüngliche Sinn, der keine geflügelte Sonnenscheibe, sondern eine Sonnenbarke mit Flügeln darstellte. Unfähig, die einstige Wirklichkeit zu erkennen, verwandelt die akademische Einbildungskraft Realitäten in Mythen. Die Welt ist wieder in Ordnung. Welche?

Geometrisch exakt ausgeführt steht die Sonnenscheibe über den Tempeleingängen. Daß die Ägypter die Sonne mit Strahlen darstellten, beweist diese Deckenmalerei im Tempel von Dendera.

Ein liebenswerter Ägyptologe meinte, der Gedanke, irgendein Gott habe real in die Kämpfe der Menschen eingegriffen, sei unerträglich. Genauso unerträglich wie meine Vorstellung, Außerirdische hätten sich in irdische Belange eingemischt. Die menschliche Logik macht seltsame Sprünge. Im Alten Testament, beispielsweise, greift der Gott, der mit Rauch, Feuer, Beben und Lärm herniederfährt, oft zu Gunsten des auserwählten Volkes in die Schlachten ein. Real, versteht sich. Dort stimmt die Logik. Welche?

Fiat lux!

Wenn auch die Pyramiden-Texte etwas Licht in die simple Vorstellungslinie der alten Ägypter zu werfen vermögen, gelingt es ihnen doch nicht, ein Licht aufgehen zu lassen. Wie haben die Ägypter eigentlich die Innenräume ihrer Pyramiden beleuchtet? Die Wände voller Hieroglyphen und künstlerischer Darstellungen können ja nicht im Dunkeln geschaffen worden sein. Sind die geschmückten Monolithen bereits im Freien bearbeitet worden, bevor sie ihren endgültigen Standort in der finsteren Gruft erreichten? Möglich. Die Bauleute müßten die verzierten Wände und Platten zum Transport in Watte verpackt haben, anrempeln durften sie nirgends. Möglich auch, daß an der offenen, abgedeckten Pyramide gewerkelt wurde, daß die Räume erst dicht gemacht wurden, nachdem die schriftkundigen Steinmetzen ihre zarten Ziselierungen vollendet hatten. Bei oberirdischen Pyramiden ist die Beleuchtungsfrage lösbar – bei unterirdischen Stollen nicht. Viele Pyramiden stehen auf ausgebuddelten Kavernen, und auch die Gräber im Tal der Könige bei Luxor sind verwinkelte Schächte, in die kein Sonnenlicht fiel. Wie also wurden die Wände und Decken in den farbenprächtig ausstaffierten Grabstollen erleuchtet? Stand neben jedem Kunsthandwerker ein Fackelträger? Loderten Ölfunzeln und Wachskessel? Ist Sonnenlicht mit Spiegeln ins dunkle Verlies gezaubert worden?

Dieselben Fragen stellten sich Peter Krassa und Reinhard Habeck in ihrem hervorragend recherchierten Buch »Licht für den Pharao« [27, 28]. Ein geistreiches, unbekümmertes, sprühendes Werk, das eigentlich in die Bibliothek jedes an Ägypten Interessierten gehört. Krassa und Habeck erinnerten daran, daß Fackeln, Öllichter oder Wachs blaken, daß Rußpartikel an Wänden und Decken feststellbar sein müßten. Dies ist nicht der Fall. Also Spiegel? Die damaligen Eisenspiegel taugten nicht viel, bei jeder Verwinkelung verloren sie durch Streuung und Absorption gut ein Drittel ihres Lichtes. Nach drei Spiegeln siegte die Finsternis.

»Es ist besser, ein kleines Licht anzuzünden, als über die große Dunkelheit zu fluchen.« (Konfuzius 551–479 v. Chr.)

Man stelle sich vor, Kleopatra habe ihren römischen Freund Julius Cäsar durch die dunklen Gänge der Pyramide geführt. Plötzlich leuchtet in ihrer Hand ein geheimnisvolles Licht auf, strahlt die Wände an, blendet die Augen des verblüfften römischen Imperators. »Welchen Lichtzauber beherrschest du, Geliebte?« erkundigt sich Cäsar erschrocken.

»Wir nennen das Ding Taschenlampe«, erwidert sie geschmeichelt. »Schon unsere Vorfahren vor Jahrtausenden benutzten sie. Kennt ihr fortschrittlichen Römer diese Lichtquelle nicht?«

Für *Ancient Skies*, das Mitteilungsblatt der *Ancient Astronaut Society**, resümierten Krassa und Habeck ihre prickelnden Ideen [29]. Die alten Ägypter beherrschten elektrisches Licht!

Verrückt? Die Behauptung läßt sich recht gut untermauern. Die Geschichte lehrt uns, die Wirkung des elektrischen Stromes sei erst im Jahre 1820 durch den Dänen H. C. Oersted bekannt geworden. Michael Faraday setzte die Untersuchungen fort, und seit 1871 kennen wir die Glühlampe von Thomas Edison.

* Kostenlose Auskunft über diese Gesellschaft erteilt: *Ancient Astronaut Society*, CH-4532 Feldbrunnen

Die Wandreliefs in der geheimen Krypta unter dem Tempel von Dendera belegen ein technisches Knowhow, das verloren ging.

Diese geschichtliche Darstellung ist falsch. Im Nationalmuseum von Bagdad, Irak, steht ein Apparat, bestehend aus einer achtzehn Zentimeter hohen Terrakotta-Vase, einem etwas kürzeren Kupferzylinder und einem oxydierten Eisenstab, an dem Reste von Bitumen und Blei kleben. Diese seltsame Vase war 1936 vom deutschen Archäologen Wilhelm König bei Ausgrabungen einer parthischen Siedlung bei Bagdad gefunden worden.

Schon König hatte den Verdacht, es könnte sich bei dem kuriosen Fund um eine Art stromerzeugende Batterie handeln. Die Untersuchungen bestätigten seine Vermutung. Innerhalb der Vase war dünnes Kupferblech zu einem Zylinder von etwa zwölf Zentimetern Länge und zweieinhalb Zentimetern Durchmesser geformt und mit einer Zinn-Blei-Legierung verlötet worden. Den Boden des Zylinders bildete eine dicht schließende Kupferkappe, die innen mit Bitumen isoliert war. Am oberen Vasenende war der Zylinder ebenfalls durch einen Bitumen-Pfropfen verschlossen. Durch diesen Pfropfen ragte, gegen das Kupfer isoliert, ein elf Zentimeter langer Eisenstab tief in den Zylinder hinein. Aufgefüllt mit einer sauren oder laugenartigen Flüssigkeit, hatte man ein galvanisches Element, übrigens in genau derselben Kombination, die Galvani für die nach ihm benannte Batterie benutzte.

Daß Strom floß und auch abgezapft wurde, bewies 1957 schon der Amerikaner F. M. Gray, Mitarbeiter im Hochspannungslaboratorium der General Electric in Pittsfield (USA). Mit einer genauen Nachbildung des Apparats und unter Verwendung von Kupfersulfat-Lösung gelang ihm die Erzeugung von elektrischem Strom. Damit war bewiesen, daß es sich bei dem Fund aus dem Ruinenhügel von Chujut Rabuah sowie bei weiteren ähnlichen Funden, die in Seleukia am Tigris und im benachbarten Ctesiphon entdeckt wurden, tatsächlich um elektrische Batterien handelte. Wurden sie auch von den Ägyptern verwendet?

Alte Wandreliefs in einer unterirdischen Krypta von Dendera, siebzig Kilometer nördlich von Luxor, bestätigen die Vermutungen von Krassa und Habeck. Die Tempelanlage von Dendera ist vorwiegend der Göttin Hathor gewidmet. In ältester Zeit galt sie als Himmelsgöttin und Mutter des Sonnengottes Horus. Da die Ägypter im Sternenhimmel eine riesige Kuh sahen, erhielt auch die Göttin Hathor, zusätzlich zu ihrer menschlichen Figur, eine Kuhgestalt. Als Mensch wird sie stets mit einem Rindergehörn und einer Sonnenscheibe dargestellt. Sie ist die Göttin des Tanzes, der Musik, der Liebe und auch der Wissenschaft und Astronomie.

Licht für den Pharao

Wie Mastabas belegen, war Dendera, der Tempel der Göttin Hathor, schon im alten Reich bekannt. Die Tempelstadt verlor im Laufe der ägyptischen Geschichte an Bedeutung, bis sie zur Ptolemäer-Zeit wieder restauriert und neu aufgebaut wurde. Heute sind die Tempelanlagen für jeden Besucher eine Reise wert. Säulengalerien, Wände und Decken vermitteln einen tie-

Die elektrische Batterie ist im Museum von Bagdad zu sehen.

fen Einblick in die jüngere, ägyptische Göttervorstellung, die selbstverständlich nicht ohne die alten Vorbilder auskam. Dendera ist auch der einzige Ort in Ägypten, in dem ein vollkommener Tierkreis mit den sechsunddreißig Dekaden des ägyptischen Jahres gefunden wurde. Das herrliche Relief mit seinen zwölf Hauptfiguren, mit mathematischen und astronomischen Zeichen, das heute im Louvre in Paris zu bestaunen ist, wurde im letzten Jahrhundert aus einer Tempeldecke von Dendera herausgesprengt und für hundertfünfzigtausend Francs an König Ludwig XVIII. verscherbelt. Astronomen, welche die Tierkreisdarstellung von Dendera untersuchten, geben ihr ein Alter von 700 v. Chr., andere gar ein solches von 3733 v. Chr.

Einzigartig in Dendera sind auch die unterirdischen Kammern mit ihren geheimnisvollen Wandreliefs aus längst vergessenen Zeiten. Eine dieser Kammern mißt 4,60 auf 1,12 Meter und ist nur durch eine enge Öffnung, ähnlich einem Hundeloch, erreichbar. Die Kammer ist niedrig, stickig und vom Geruch vertrockneten Urins durchsetzt, den die Wärter in ruhigen Stunden unbekümmert ablassen.

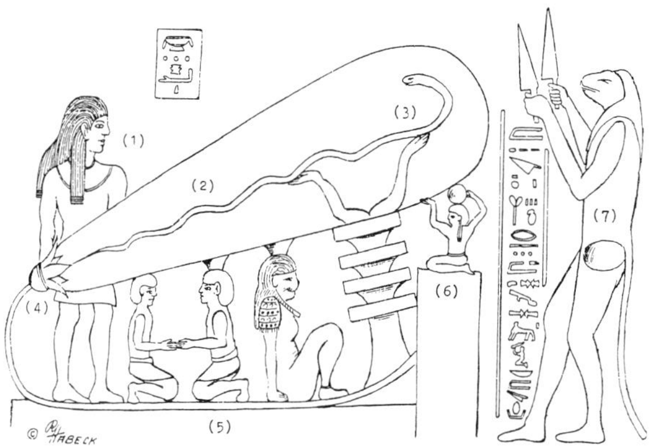

(1) Ein Mensch hält einen (2) blasenförmigen Gegenstand, in dem sich eine (3) Schlange windet. Das Ende des blasenförmigen Gegenstandes und der Schlange verläuft in einer (4) Fassung, von der ein (5) Kabel zu einem (6) Kästchen führt, auf dem der Luftgott kauert. Der Affe mit den gewetzten Messern (7) symbolisiert die Gefahr, der ein Unwissender ausgesetzt ist.

»An den Wänden erkennt man menschliche Gestalten neben blasenförmigen Gegenständen, die an überdimensionale Glühbirnen erinnern. Innerhalb dieser ›Birnen‹ befinden sich Schlangen in Wellenlinien. Die spitz zulaufenden Enden der Schlangen führen zu einer Lotos-Blume, die ohne viel Phantasie als Fassung der Birne interpretiert werden kann. Etwas wie ein Kabel führt zu einem Kästchen, auf dem der Luftgott kniet. Unmittelbar daneben steht als Zeichen der Kraft ein zweiarmig dargestellter Djed-Pfeiler, der seinerseits Verbindung mit der Schlange aufnimmt. Bemerkenswert ist auch der pavianähnliche Dämon mit zwei Messern in den Händen, die als schützende und abwehrende Macht gedeutet werden.« [27]

Die Fachgelehrten, die's eigentlich wissen müßten, stehen ziemlich ratlos vor diesen Reliefs im engen, lichtlosen Raum. Man spricht von einem »Kultraum«, einer »Bibliothek«, von »Archiven« und von »Abstellräumen für die Aufbewahrung von Kultgegenständen«. Ein »Abstellraum« oder eine »Bibliothek«, die nur durch ein Hundeloch zugänglich ist? Einfach lä-

»Djed-Pfeiler« gibt es in vielen Variationen. Eine uralte Isolationstechnik wurde zum religiösen Symbol für Beständigkeit.

Weitere Variationen des »Djed Pfeilers«.

cherlich! Auch mit der Darstellung an den Wänden kann die Fachwelt wenig anfangen. Was ist das, ein »Djed-Pfeiler«?

- Ein Symbol für Beständigkeit
- Ein Symbol für Ewigkeit
- Ein prähistorischer Fetisch
- Ein entlaubter Baum
- Ein mit Kerben versehener Pfahl
- Ein Fruchtbarkeitszeichen
- Eine Ährenform

Krassa und Habeck, eher der Vernunft verpflichtet, sehen darin einen Isolator. Warum eigentlich nicht? Schon im alten Reich gab es eigene Priester des »ehrwürdigen Djed«, selbst der Hauptgott Ptah wurde »ehrwürdiger Djed« genannt [30]. In Memphis gab es gar ein eigenes Ritual für die »Aufrichtung des Djed-Pfeilers«, das der König persönlich mit Hilfe von Priestern vornahm.

Ein Djed-Pfeiler war nichts Alltägliches. Nur Wissende durften damit umgehen. Gefunden wurden derartige Pfeiler schon unter der ältesten Pyramide, jener des Djoser in Sakkara. Bei der Betrachtung der rührseligen Deutungen für diesen kuriosen Gegenstand wird einer wie ich geradezu fröhlich. Was muß uns eigentlich noch einfallen, bis wir die Augen öffnen und die Dinge sehen, wie sie sind? Hinten, im Gehirnstübchen von ehrenwerten Gelehrten, wird das Denken der alten Ägypter gesponnen, vorne, in der Realität unseres Jahrhunderts, entstehen die Cargo-Kulte. Der Djed-Pfeiler veranschaulicht derart offenkundig mißverstandene Technik, daß selbst Taube es sehen und Blinde es erfühlen können. Wie sagte der Prophet Jesaja im Alten Testament? »...und ihre Augen halten sie geschlossen, damit sie mit ihren Augen nicht sehen...«

An den Wänden der Krypta unter Dendera wird eine Geheimwissenschaft zelebriert: jene der Elektrizität. Ich erwarte nicht, daß sich die Fachgelehrten der Meinung anschließen, die alten Ägypter hätten mit elektrischem Strom hantiert. Eigentlich schade, denn »der Scharfsinn verläßt geistreiche Männer am wenigsten, wenn sie Unrecht haben« (Johann Wolfgang von Goethe, 1749–1832).

Ich stehe in einer exakt nach den Himmelsrichtungen ausgerichteten, acht Meter hohen Pyramide. Rings um mich neigen sich vier hellgraue Dreiecksflächen aufeinander zu, vereinen sich direkt über meinem Kopf zur Pyramiden-Spitze. Ein beiger Spannteppich überzieht den Boden, wie Blumen verstreut liegen violette Kissen herum, auf einigen der Kissen sitzen Männer und Frauen, schweigend in sich selbst vertieft. Meine Augen tasten die Pyramiden-Flächen ab, unten, in die breiteste Stelle der Dreiecke, sind acht kleine Fenster eingelassen, insgesamt zweiunddreißig Fenster. Meine Füße ruhen auf einem sechseckigen, goldenen Stern, der in den Boden eingelassen wurde.

In jedem Pyramiden-Winkel leuchtet zusätzlich eine kleine Glas-Pyramide. Mattes, abgedämpftes Licht taucht den Innenraum in sanfte Gelbtöne, die breiten, mit Schaumstoff beschlagenen Türflügel werden geschlossen – dann beginnt die Musik. Anfänglich ist es nur ein zartes Rauschen, eine ferne Klangfolge, die mich plätschernd und verspielt einlullt, dann ein Tosen und Beben, die Vibration fließt von jeder Pyramiden-Fläche, umspült meine Sinne, reißt mich fort in ein überschäumendes Universum von Schwingungen. Verzaubert, unfähig, mich zu rühren, stehe ich auf meinem Stern, lasse die »Symphonie aus einer neuen Welt« von Antonin Dvořak, gespielt von den Wiener Philharmonikern, in mich eindringen. Wie hypnotisiert bleibe ich auch noch geistesabwesend stehen, als die Melodienfolge mit einem fulminanten Crescendo abbricht. Die plötzliche Stille wirkt wie ein Schock. Mir ist, als würde mein Gehirn durch eine Waschanlage gezogen, tausend Gedanken, Inspirationen, jagen durch die grauen Zellen, wühlen mich auf, zerren mich weg aus dieser Welt, hinaus in den sternenübersäten Nachthimmel.

Nie zuvor war mir derart bewußt, daß das Schlagwort vom toten Gott nur egozentrischen Gehirnen entspringen konnte. Der totgesagte Gott ist überall, rings um mich, in jedem Mole-

Die ETORA-Pyramide auf Lanzarote.

kül, jedem Atom meiner Existenz. Obschon der Körper immer noch dort unten im Zentrum der Pyramide steht, explodiert mein Bewußtsein über der Pyramiden-Spitze. Ich empfinde mich als Bestandteil des Universums, als Blitz, der sich mit Lichtgeschwindigkeit in alle Richtungen ausbreitet. Ich habe keine Augen, und dennoch erkenne ich die milchige Beleuchtung, mit der die Pyramide unter mir angestrahlt ist, habe keine Ohren und höre mit jeder Faser meiner Sinne die ineinander fließenden Melodien des Stückes »Glass Works« von Philipp Glass, das jetzt die Pyramide umspült. Verblüfft wird mir in derselben Zehntelsekunde klar, daß ich den Titel des Musikstückes gar nicht kennen kann, daß ich im Leben nie etwas von einem Komponisten namens Philipp Glass hörte. Was geht hier vor? Wieso diese Klarsichtigkeit, die alles durchdringt und überall gleichzeitig lauert? Hat mir jemand eine Droge ins Getränk geschüttet? Bin ich das Opfer einer spirituellen Kraft, die nach mir langt?

Ich tauche hinab in meinen Körper, zittere wie ein begossener Pudel, verlasse mit leisen Schritten die Pyramide. Draußen begegne ich dem Tontechniker, einem jungen Mann, der die quadrophonische Anlage in der ETORA-Pyramide auf der Insel Lanzarote installierte. ETORA ist ein esoterisches Seminarzentrum, ich war zu einigen Vorträgen eingeladen worden. Ein Paradies ohne Mücken und andere Plagegeister.

»Wie heißt das Stück, das gerade in der Pyramide läuft?«

»Glass Works, von Philipp Glass.«

»Mein Kompliment für die Akustik! Sie haben wohl alles sehr genau ausgemessen.«

Der Tontechniker lachte. »Überhaupt nichts wurde ausgemessen! Ich verlasse mich auf mein Gehör – zudem wirkt hier der Pyramiden-Effekt.«

Der Pyramiden-Effekt

Die Entdeckung dieses Effektes klingt wie ein rührendes Märchen.

Es war einmal an der blumigen Côte d'Azur von Nizza. Dort betrieb Antoine Bovis eine Eisenwarenhandlung. Nun hatte Monsieur Bovis Höheres im Sinn als den Handel mit Schrauben und Nieten, Herr Bovis war ein verbissener Tüftler und Erfinder, und schon in den dreißiger Jahren, als noch niemand von einem »New Age« sprach, leitete Antoine Bovis einen esoterischen Zirkel.

Wen wundert's, daß Monsieur Bovis neben Eisenstangen und Werkzeugen aller Art in seinem Laden auch spezielle Magnetpendel, von ihm erfundene »Biometer« und diverse radiästhetische Entwicklungen verkaufte? Auf einer Ägypten-Reise, die ihn auch in die Große Pyramide von Gizeh führte, machte Bovis eine kuriose Entdeckung, an der andere Touristen achtlos vorübergeschlendert waren. Auf dem Boden der

Königskammer lag eine kleine, tote Wüstenmaus, der Himmel mag wissen, wie das Tierchen in das jahrtausendealte Bauwerk gelangt war.

Sachte stieß Antoine Bovis mit der Fußspitze das Mäuschen an, ihn interessierte, ob vielleicht gar Käfer oder Ameisen den verwirrenden Weg bis zum Tierkadaver gefunden hatten. Aufmerksam tastete Monsieur Bovis mit seinen Augen den Boden ab, drehte das Mäuschen wieder und wieder, bis er sich schließlich bückte und das Tierchen aufnahm. Da durchzuckte es ihn wie ein Blitz: die Wüstenmaus war federleicht, eingeschrumpft, mumifiziert.

Was für dubiose Kräfte waren hier im Spiel? Weshalb verweste das Mäuschens nicht?

Kaum daheim, bastelte der seltsame Monsieur Bovis eine kleine Pyramide aus Eisenstäben und Holz, die Entdeckung in der Cheops-Pyramide nagte an seinen Nerven. Gleich von Anfang an ließ ihn die Intuition das Richtige tun. Genau wie bei der Original-Pyramide in Gizeh richtete Antoine Bovis sein Modell in Nord-Süd-Richtung aus, dann stellte er einen kleinen Holzsockel in die Pyramide, der gerade ein Drittel so hoch war wie sein Modell. Der Sockel sollte die Position der Königskammer markieren, die bei der Großen Pyramide ja auch ein Drittel über dem Fundament liegt. Schließlich, einer spontanen Eingebung folgend, doch auch, weil zum Dinner ein Kalbsragout vorgesehen war, plazierte Antoine Bovis ein kleines Stückchen Kalbfleisch auf dem Sockel.

Eigentlich hätte das Fleisch in den darauffolgenden Tagen zu stinken beginnen müssen, aber das tat es nicht. Es wurde zusehends trockener, ausgedörrter, geradeso, als ob eine unsichtbare Kraft dem Ragoutwürfel die Flüssigkeit entziehe. Irritiert beobachtete Bovis den Mumifizierungsprozeß, dann legte er neue Versuchsreihen mit und ohne Pyramiden-Modell aus.

Alle organischen Materialien in der Pyramide dehydrierten, diejenigen außerhalb der Pyramide verfaulten.

Ist doch ganz logisch, sagte ich mir, als ich diese Geschichte zum ersten Male las. Das Fleisch in der Pyramide ist ja fast luftdicht von der Umwelt abgeschlossen, Bakterien können so wenig heran wie bei unseren Vakuumverpackungen. Weshalb aber verdorren die Fleischstücke? Was entzieht ihnen den Saft?

CSSR-Patent Nr. 93 304

Ähnliche Gedanken müssen auch den tschechoslowakischen Radio-Ingenieur Karl Drbal bewegt haben, der in einer obskuren Zeitschrift über Monsieur Bovis' Versuch las. Drbal wiederholte die Experimente von Antoine Bovis, fand sie bestätigt und sagte sich, Fleisch, Eier und Käse seien wohl die verkehrten Zutaten für Pyramiden-Experimente. Wie verhielt es sich mit anorganischen, also »nicht-lebenden« Versuchsobjekten? Läßt sich ein Stück Stein, ein Kaffeelöffel oder meinetwegen ein Fingerhut voller Wasser in einer Modell-Pyramide austrocknen?

Karl Drbal suchte nach einem kleinen Gegenstand, der in seiner winzigen, nur gerade acht Zentimeter hohen Kartonpyramide (Grundlinie: 12,5 Zentimeter) Platz fand. Sein Auge fiel auf eine gebrauchte Rasierklinge, mit der ohnehin nichts mehr anzufangen war. Der Radio-Ingenieur vermutete, die Klinge würde in der Pyramide auch noch den letzten Rest ihrer Schärfe verlieren. Vierundzwanzig Stunden später begutachtete er die Schnittfläche unter einer Lupe. Irrte er sich oder sah es nur so aus, als ob die Klinge einen frischen Schliff aufweise? Kurz entschlossen rasierte Karl Drbal seine Bartstoppeln mit der alten Klinge weg. Dann legte er die Klinge erneut in die Pyramide, das hauchdünne Metall mußte ja kaputt zu kriegen sein. Anderntags wieder eine tadellose Rasur mit derselben Klinge. Was ging hier vor? Bildete er sich vielleicht nur ein, die Klinge sei schärfer? Bedächtig glitten seine Finger über die blitzsauber rasierte Haut, auf der auch nicht der kleinste Schnitt festzustellen war. Kopfschüttelnd legte Karl Drbal das Versuchsobjekt erneut in die Pyramide – und rasierte sich während voller fünfzig Tage einwandfrei mit derselben Klinge.

Dies alles geschah im Februar und März 1949. Fünf Jahre und drei Monate, bis zum 6. Juli 1954, experimentierte der hartnäckige Radio-Ingenieur weiter. Die durchschnittliche Verwendungszeit lag bei 105 täglichen Rasuren für ein Blatt. Insgesamt verwendete Karl Drbal 18 Klingen verschiedenen Fabrikats, wobei »die endgültige Zahl der Rasuren mit ein und demselben Blatt zwischen 200, 170, 165, 111 und 100 Rasuren bei täglichem Gebrauch lag« [31]. Auch nach der Experimentierphase blieb Karl Drbal bei seinem kostenlosen Rasierklingenschärfer. In fünfundzwanzig Jahren verbrauchte er sage und schreibe nur achtundzwanzig Klingen! Verständlich, daß die Rasierklingenhersteller darüber wenig Begeisterung zeigten.

Es lag nahe, das Rasierklingenwunder patentieren zu lassen. Aber wie? Karl Drbal wußte ja selbst nicht, welcher Prozeß den Hokuspokus in der Modell-Pyramide bewirkte. Schließlich setzte er dennoch eine Patentschrift auf, und weil ihm klar war, daß die Patentkommission sich davon kaum überzeugen ließ, schenkte er dem Metallurgen unter den Kommissionsmitgliedern eine kleine Pyramide mit Rasierklinge. Ja, und weil in den fünfziger Jahren der CSSR täglich eine neue Klinge als Luxus galt, probierte es der skeptische Metallurge am eigenen Bart aus.

Im Sommer 1959 erhielt Karl Drbal das Patent über die »Vorrichtung zur Aufrechterhaltung der Schärfe von Rasierklingen und Rasiermessern«. CSSR-Patent Nr. 91304.

Seither ist das Rasierklingenexperiment tausende Male wiederholt worden, stets mit demselben Resultat, sofern die Versuchspyramide und die Schnittfläche der Rasierklinge exakt in nord-südlicher Richtung postiert wurden. Dr. Gottfried Kirchner berichtete in seiner Fernsehsendung TERRA X gar über einen streng wissenschaftlichen Versuch, der von Prof. Dr. J. Eichmeier an der Technischen Universität München durchgezogen wurde. Dort lag die Hälfte einer Klinge während acht Tagen in einer Plexiglas-Pyramide, die andere Hälfte in einer verschlossenen Schublade. Beide Klingenhälften wurden anschließend unter dem Elektronenrastermikroskop untersucht. »Die Unterschiede in der Breite der Schnittflächen, aber auch in der Oberflächenstruktur der beiden Klingenhälften« waren gravierend, schreibt Dr. Kirchner [32].

Erklärungen für das Unbegreifliche

Welche Kraft verändert die molekulare Struktur und damit die Anordnung von Atomen in einer Klinge aus Stahl? Weshalb funktioniert das Experiment nur in einer Pyramide und nicht genauso in einem Würfel oder Zylinder? Was hat die Pyramiden-Form Besonderes an sich, und warum wirkt die geheimnisvolle Energie nur, wenn eine Pyramiden-Seite kompaßgenau nach Norden zeigt? Daß die Veränderungen nicht nur bei Stahl, sondern auch bei anderen Werkstoffen stattfinden, kann inzwischen nicht mehr bestritten werden, nur über das Wie erfährt man nichts Genaues. Dr. Kirchner berichtet über amerikanische Wissenschaftler, die meinen, die Strahlungsenergie der Versuchsobjekte werde im Innern der Pyramide festgehalten. »Die Energie kann also über die Seitenflächen nicht austreten, sondern wird innerhalb des Raumes reflektiert.« Die ununterbrochenen Reflexionen würden die Struktur verändern.

Das mag auf Anhieb passabel klingen und wirft doch mehr Fragen auf als beantwortet werden. Alle molekularen Verbindungen und damit jede Materie strahlt. Nur auf Grund dieser Eigenstrahlung gelang es den Radioastronomen, im Weltall ganze Batterien von organischen und anorganischen Stoffen nachzuweisen. Strahlung bedeutet aber gleichzeitig Energieverlust. Würde sich eine Strahlungsquelle restlos »zerstrahlen«, so existierte sie nicht mehr. Im subatomaren Bereich wird die abgestrahlte Energie ständig wieder ergänzt, weil Elektronen, die Bausteine des Atoms, ihren Zustand ändern und sozusagen von einem Energieniveau ins andere springen. Nun ist eine Pyramiden-Seite aus Pappkarton für ein Elektron genauso durchlässig wie ein grobmaschiges Fischernetz für Luft. Was soll der Neigungswinkel einer Pyramide daran ändern?

Der Tscheche Karl Drbal, der die ausdauerndste Versuchsreihe mit Rasierklingen in Pyramiden durchführte, nennt eine Reihe anderer Gründe für den pyramidalen Effekt. In »den winzigen Zwischenräumen der kristallinen Struktur der Rasierblattschneide« lagern auch sogenannte Dipol-Wassermoleküle. Diese werden durch die Resonanz der Strahlungsenergie ausgetrieben. Symbolisch, so Karl Drbal, könnte man von »einer Entwässerung der Rasierklingenschneide« sprechen.

In welche Geisterwelt entschwinden denn diese Dipol-Wassermoleküle, da sie ja angeblich im Innenraum der Pyramide reflektieren? Sie vermischen sich mit der sie umgebenden Luft, sagt Karl Drbal, und gibt damit die wohl einzig plausible Lösung. Die Versuchs-Pyramiden sind ja luftdurchlässig. Was aber geschieht bei einem Pyramiden-Versuch im Vakuum, das keinerlei Luftaustausch ermöglicht? Welche meßbaren Kräfte sind notwendig, um die Dipol-Wassermoleküle aus dem Stahl zu pressen oder zu lösen?

Der sowjetische Physiker Malinow erklärte den seltsamen Pyramiden-Effekt mit »elektromagnetischen Wellen« im Zusammenhang mit den Magnetfeldern der Erde. Weshalb nur, bei allen pyramiden-bauenden Pharaonen, töten diese Wellen Schimmel und Fäulnis bildende Pilze und Bakterien in Lebensmitteln, konservieren aber ansonsten dieselben Lebensmittel oder verstärken gar das natürliche Aroma? Im Rahmen der *Ancient Astronaut Society*, einer gemeinnützigen Gesellschaft, die sich mit meinen Theorien beschäftigt, wollten wir es genauer wissen und forderten unsere Mitglieder auf, Pyramiden-Experimente mit allen nur denkbaren Materialien durchzuführen [33]. Nach Wochen und Monaten erreichten uns 118 Zuschriften von Männern und Frauen aus verschiedenen Berufsschichten, doch auch von Schülern. Sie alle hatten Pyramiden-Modelle diverser Größen aus unterschiedlichem Material gebastelt, hatten sie im Garten, im Keller, auf dem Dachboden, im Schlafzimmer, auf einer im Swimmingpool verankerten Luftmatratze und sogar im Eisschrank deponiert und mit den erstaunlichsten Dingen bestückt. Ein sechzehnjähriger Junge aus Holzkirchen in Oberbayern meldete, er habe Ameisen in ein

Kunststoffschächtelchen gepackt, sie seien schon nach vier Tagen eingegangen, und ein gleichaltriger Gymnasiast beschrieb sein Experiment mit Fliegen, die bereits nach vierundzwanzig Stunden alle Beine von sich streckten. Den armen Tierchen wird es an Sauerstoff, Flüssigkeit und Nahrung gefehlt haben. Telefonisch veranlaßte ich die jugendlichen Experimentatoren, ihre Horrorversuche augenblicklich abzubrechen. Menschen können grausam sein.

Eine Lehrerin, die gerade im südlichen Schweizer Kanton Tessin ihre Ferien verbrachte, deponierte ein Stück angeschimmeltes Brot in ihrer mit Pergamentpapier überzogenen Pyramide und stellte das zweiundzwanzig Zentimeter hohe Kunstwerk in den Keller, »weil es dort so schön feucht ist, und Schimmelpilze Feuchtigkeit und Dunkelheit mögen«. Nach achtzehn Tagen war der Schimmel weg, und das Brot zerfiel zu Paniermehl. Päng!

Verdutzt war der Rentner aus Arbon am Bodensee, der eine von diesen kleinen Kerzen, wie man sie für Plattenwärmer benötigt, in eine Glas-Pyramide stellte. Eigentlich wollte er nur wissen, ob die Flamme gleichmäßig brenne, schrieb er. Als das Flämmchen wegen Sauerstoffmangel ständig verlosch, verlor der achtundsechzigjährige Mann die Geduld am Spiel und vergaß die Pyramide im Büchergestell. Neun Tage später, als er im Vorbeigehen in die Pyramide schaute, war die Kerze zu einem verkrüppelten Finger aus Wachs geworden. An den herbstlichen Temperaturen kann die Deformierung der Kerze schwerlich gelegen haben, alle anderen Kerzen im Raum zeigten keinerlei Veränderung.

»Regelrecht erschrocken« ist auch die sechsundzwanzigjährige Hobbymalerin Elka aus Wuppertal, die aus purer Freude Miniaturbildchen in Öl bepinselt. Ihre farbenprächtigen Produkte sind winzig, sie haben Seitenlängen von gerade fünf Zentimetern. Frau Elka postierte ein frisch gemaltes Bildchen auf einem zierlichen Holzsockel in einer achtundzwanzig Zentimeter hohen Glas-Pyramide. Nicht etwa, weil sie auf ein Experiment aus war, sondern ganz einfach, weil das Bildchen, das ein kleines Häuschen, eine Katze und den Vollmond zeigte, hinter den gläsernen Dreiecksflächen der Pyramide gut zur Geltung kam. Nach einer Woche schien Frau Elka, als ob sich die Miniatur verändere. Drei Wochen später »war der Mond vom Himmel getropft, die Farbe des braunschwarzen Holzdaches völlig verkrustet, das Dunkelblaue des Himmels leuchtete intensiv, und das Hinterteil der Katze hatte sich in Luft aufgelöst«. Prima Effekt! Ich empfahl Frau Elka, ihre zukünftigen Kreationen unter dem Slogan »echt pyramiden-bemalt« zu versilbern.

In dieselbe Richtung zielt auch der Pyramiden-Versuch mit ganz banalem Bienenhonig, den das Ehepaar Burgmüller in Hamburg anstellte. Die Burgmüllers wohnen im 8. Stock eines Hochhauses, ihre kleine Plexiglas-Pyramide von 14,5 Zentimetern Höhe hatten sie gekauft. Nach dem Frühstück goß Herr Burgmüller zwei Eßlöffel Honig in ein kleines Schälchen und deponierte das Gefäß auf dem vorgesehenen Sockel im Pyramiden-Innern. Vierundzwanzig Tage später war der Honig zu einem Klumpen geworden, »der sich anfühlte wie steifes Wachs«. Unabsichtlich verschob die treue Gattin beim Reinigen des Wohnzimmers die Pyramide aus ihrer Nord-Süd-Position, und – Hokuspokus – nur sechs Tage später tropfte der Bienenhonig flüssiger als je zuvor vom Schälchen. Vielleicht werden auf diese Weise die Tränen des hl. Januarius in der Kathedrale von Neapel erklärbar, der alljährlich auf gespensterhafte Art zu weinen beginnt.

Diese eher zufällig zustande gekommenen Resultate wurden durch die »Buchhaltertypen« bestätigt. Damit meine ich jene freundlichen, stillen Mitmenschen, die auf Tag und Stunde penibel genau Register führen und ihre Versuchsobjekte sogar mit der Briefwaage ausbalancieren. Gerhard Leiner aus Graz, Österreich, baute sich ein Pyramiden-Modell aus 4,5 Millimeter dickem Laubsägeholz. Seine Versuchsreihe startete er am 19. März 1983 um 12.30 Uhr. In der Pyramide – nord-süd-ausgerichtet – lag ein sieben Tage altes Hühnerei mit einem Gewicht von 60,2 Gramm. Ein zweites Ei blieb außerhalb des Versuchsbereichs. Der Raum, in dem das Experiment ablief, hatte eine durchschnittliche Temperatur von 19 Grad Celsius.

Am 4. Oktober – nach zweihundert Tagen! – hatte das Pyramiden-Ei 58,8 Prozent Gewicht verloren, der Dotter war gelb, der Geruch völlig normal, das Ei genießbar. Das Kontrollei außerhalb der Pyramide stank zum Himmel, pardon, zur Zimmerdecke. Weitere Langzeitversuche von Gerhard Leiner bekräftigten die Resultate, nur ein Hühnchen ist noch nicht ausgeschlüpft.

Andere AAS-Mitglieder experimentierten mit Apfelstükken, Radieschen, Pflanzensamen, Tabak, Orangensaft, Gurken- und Tomatenpflanzen, ja selbst mit Erdbeeren. Unisono registrierten die Experimentatoren bei allen Früchten in der Pyramide einen intensiveren Geschmack. Die Gemüsepflanzen unter einer mit Folien bespannten Gewächshaus-Pyramide wuchsen schneller als Vergleichspflanzen, Gurken und Tomaten gerieten fester, kompakter, und ihr Duft war um ein Vielfaches konzentrierter als der Geschmack von jeder Art von Vergleichsgemüse.

Zauberei? Geisterspuk? Magie? Betrug oder Einbildung? Einbildungskraft ist zwar die einzige Waffe im Krieg gegen die Wirklichkeit – hier war sie nicht im Spiel. Die Versuchsobjekte veränderten sich meßbar und sichtbar, die Resultate sind, wie es die Wissenschaft verlangt, jederzeit wiederholbar. Nur weiß keiner eine Antwort darauf, was eigentlich passiert und weshalb es geschieht.

Mir selbst schenkten Freunde eine Glas-Pyramide, die einige Wochen unbeachtet in der Veranda, einer Art Wintergarten, herumstand. Eines Abends erwischte ich einen zu jungen roten Bordeaux-Wein. Zum Verständnis sei angemerkt: Ich greife ganz gern zur Bordeaux-Flasche. Mit den Jahren merkt der Gaumen, die Zunge und der Magen, was sanft fließt, kein Fusel ist, den Eingeweiden gut tut und sich im Körper wie göttlicher Nektar ausbreitet. Jener Bordeaux war aufgeregt, rauh, säuerlich, er besaß keinerlei Reife. Während ich den Inhalt in eine Essigflasche schüttete, langte der Pyramiden-Geist zu und ließ mich Absonderliches tun. Ich plazierte eine original verschlossene Flasche derselben Marke in meiner Glas-Pyramide – und vergaß sie. Herbst und Winter kamen ins Land, im Frühling half ich meiner Frau – moderner Ehemann, der ich bin – beim Aufräumen in der Veranda. Die Weinflasche!

Der Bordeaux hatte eine dunklere Farbe angenommen, er schmeckte vollmundig, samtig, säurefrei, wie ein siebenjähriger Grand Cru classé. Der Kenner weiß, was das bedeutet. Ich veranstaltete ein Probetrinken mit einer zweiten Flasche desselben Jahrganges, die im Keller gelegen hatte. Der Unterschied war frappant. Seither bezeugen Besucher, die bei mir ein- und ausgehen, daß stets eine Flasche Bordeaux unter meiner Pyramide lauert. Für besondere Anlässe.

Während meines Seminars bei ETORA auf der Insel Lanzarote traf ich auch Hans Cousto, ein Mathematikgenie, das sich mit irdischen und galaktischen Maßen und Wellenlängen herumschlägt. Er entwarf eine 9,84 Meter hohe Pyramide zum Selberbauen, die er »kosmische Gartenlaube« nennt. Irgendwann werde ich mir wohl einen kosmischen Weinkeller zulegen. So nebenbei fragte ich den lebenden Computer Cousto, was denn der Erddurchmesser mit der Großen Pyramide gemeinsam habe.

»Der Durchmesser unseres Planeten am Äquator beträgt 12 756 326 Meter. Ein Erdentag hat 86 400 Sekunden. Teile die Meter durch die Sekunden, und du hast die Pyramiden-Höhe von 147,64 Meter.«

Wumm! Aber weshalb Sekunden? Die alten Ägypter kannten doch unsere Sekunden nicht? Ich erfuhr, der Sekundentakt sei nicht unsere Erfindung: »Eine Minute hat bekanntlich 60 Sekunden und die Stunde 60 Minuten. Ergibt $60 \times 60 = 3600$. Das ist die Kreiseinteilung in Graden. 90 Grad, ein Viertel davon, ist der rechte Winkel. Du siehst, unsere Sekunden haben sehr viel mit Geometrie und Erdumfang zu tun, und dies bereits seit Olims Zeiten!«

Hans Cousto ist kompatibel geblieben. Man kann noch mit ihm reden.

Pyramiden-Zahlen – Pyramiden-Kräfte, sie existieren, und keine Universität bemüht sich, die seltsamen Zusammenhänge zu durchleuchten. Es müßte doch Immunologen und Hygieniker interessieren, weshalb bestimmte Bakterien, Viren und Pilze in einer Pyramide eingehen und andere nicht. Verändert die Pyramiden-Form schwer vernichtbare Gifte? Verhärtet sie Legierungen, Schweißnähte? Läßt sich mit Pyramiden die Wirkung von Rohöl und anderen der Natur entnommenen Chemikalien verbessern, der Geschmack von Gewürzen intensivieren oder meinetwegen das Wasser eines Hallenbades ohne Chlor reinigen? Eignen sich Pyramiden als Kläranlagen? Als Frischwasser-Reservoirs? Könnte man Wein unter Pyramiden gleich faßweise veredeln, Frischgemüse, Blumen und Früchte haltbarer machen? Als Globetrotter weiß ich, wie rasch in Entwicklungsländern empfindliche Medikamente verderben, weil keine Kühlschränke funktionierten oder zur Verfügung stehen. Weshalb wagt kein Chemie-Multi einen Versuch mit Pyramiden-Packungen?

Ich notiere hier ungesiebte Fragen, die mir spontan einfallen. Gedanken haben Wirkungen, vielleicht inspiriert der eine oder andere Geistesblitz ein waches Gehirn. Es wäre doch jammerschade, die Pyramiden-Kräfte nur deshalb ungenutzt zu lassen, weil sie den sachten Schleier des Obskuren tragen. Das Fatale an diesen Effekten bleibt schließlich ihre nachweisbare Existenz. Wie oft schon brachten hingeworfene Gedanken Großes hervor? So lasse ich den kleinen Gedanken freie Bahn, auf daß sie Größeres bewegen.

Fühlen Sie sich schlaff? Müde? Deprimiert? – Setzen Sie sich für zwei Stunden so in eine Pyramide, daß Ihr Kopf im unteren Pyramiden-Drittel liegt. Sie werden verblüfft feststellen, wie die Neuronen in Ihrer ausgebrannten Denkkammer wieder zu fließen beginnen. Allerdings sollte diese Übung nicht zu lange praktiziert werden – der Pyramiden-Effekt läßt Wasserköpfe schrumpfen.

Kommen Sie mit Ihrer Problemlösung nicht voran? Fehlt es an der zündenden Idee? Der entscheidenden Inspiration? Der Pyramiden-Zauber kann weiterhelfen. Ich hab's mit Verblüffung registriert.

Seit Jahrzehnten suchen Radio-Astronomen Kontakt zu außerirdischen Lebensformen im Universum. Bislang erfolglos, weil mit sehr bescheidenen Mitteln auf sehr beschränkten Wellenlängen gefahndet wurde. Die gesamte Radioastronomie beruht auf elektromagnetischen Wellen – auf was sonst? –, denn Radiowellen sind mit dreihunderttausend Kilometern pro Sekunde das schnellste Kommunikationsmittel. Schnell für die Erde – nicht schnell genug für das Universum. Ein Gespräch mit Außerirdischen, die auf einem zwanzig Lichtjahre entfernten Sonnensystem am Empfänger sitzen, dürfte eher langweilig werden. Die Antworten auf unsere brennenden Fragen trommeln frühestens nach vierzig Jahren in die Antennen. Gibt es denn wirklich nichts Schnelleres als Radio- oder Lichtwellen? Ist die Pyramiden-Form der Sender zum Universum, das Ohr zu den Außerirdischen? Verstärken die Magnetkräfte der Erde in einer korrekt ausgerichteten Pyramide unsere Gedanken? Wenn Menschen beten, schicken sie Gedankenmuster mit Lobpreisungen und Wünschen über den »Resonanzboden« einer Kirche oder eines Tempels hinaus zur urewigen Schöpfung? Vermag die Pyramiden-Kraft menschliche Gedanken in überlichtschnelle Impulse umzusetzen? Warten dort draußen außerirdische Telepathen in einer Pyramide auf unsere Botschaften?

Möchten Sie einmal Zeitreisender sein? Sich einmal von den Wogen des Chronos in die Vergangenheit oder Zukunft spülen lassen? Haben Sie Lust, nur einmal in Kontakt mit anderen Ebenen und fremden Wesen zu treten? Wie der Historiker Paul Brunton berichtete, der eine Nacht in der Großen Pyramide verbrachte, geschehen dort gar wundersame Dinge. [34]

»Endlich kam der Höhepunkt. Riesige Urgeschöpfe, scheußliche Schreckensbilder der Unterwelt, Formen von groteskem, wahnsinnigem, ungeheuerlichem, teuflischem Aussehen scharten sich um mich und erfüllten mich mit unvorstellbarem Abscheu. In wenigen Minuten durchlebte ich etwas, dessen Erinnerung für alle Zeiten unauslöschlich ist. Diese unglaubhafte Szene haftet lebendig wie eine Photographie in meinem Gedächtnis.«

Im Verlaufe der Nacht kam Paul Brunton mit »Hohepriestern eines alten ägyptischen Kultes« in Kontakt, er wurde in ein spirituelles Wesen verwandelt und in die »Lehrhalle« geführt. Er erfuhr, in der Pyramide würde die Erinnerung an verlorene Menschengeschlechter aufbewahrt wie auch der Bund, den der Schöpfer mit dem ersten großen Propheten geschlossen habe. Brunton berichtete gar, diese Geisteswesen hätten ihn in eine Halle geführt, die tief unter der Pyramide liege.

Werden oder wurden in der Großen Pyramide Dokumente von früheren Menschengeschlechtern aufbewahrt? Existieren noch unerforschte Kammern und Gänge? In welchem Zeitabschnitt der menschlichen Geschichte soll diese »Zeitkapsel« erdacht, errichtet worden sein? Gibt es die von Paul Brunton geschilderte Halle tief unter der Pyramide?

Es gibt sie – ich bin dort unten gewesen.

4. KAPITEL

DIE AUGEN DER SPHINX

»Ich habe nur einen Strauß
Blumen gepflückt
und nichts hinzugefügt
als den Faden, der sie verbindet.«

*Michel de Montaigne,
französischer Essayist
(1533–1592).*

Anfang Dezember 1988. Das Plateau von Gizeh ist wie leergefegt. Keine Touristenbusse, kein Gehupe und Gedränge, keine Kamele, Pferde, keine aufdringlichen Händler, keine Warteschlange vor dem Eingang zur Großen Pyramide. Straßen und Wege um die antiken Bauwerke sind blankgeputzt wie die Züricher Bahnhofstraße. Schulkinder hüpfen herum, respektlos schlagen Buben ihre Bälle gegen die Pyramiden-Quader. Vor dem Eingang zu Cheops' Weltwunder sitzen zwei ernst dreinblickende Wächter, die auch Einzeltouristen, sollten sie sich hierher verirren, nicht hineinlassen.

Es kommt auch keiner. Was ist los in Gizeh? Sind Ausländer plötzlich unerwünscht? Ein freundlicher Inspektor gibt Auskunft: »In der großen Galerie werden Restaurationsarbeiten durchgeführt«, sagte er. »Da alle Reiseveranstalter und Hotels informiert sind, werden die Touristen gar nicht erst nach Gizeh hinausgekarrt. Ägyptens Angebot an grandiosen Tempeln ist unerschöpflich, für den ausgefallenen Besuch von Gizeh werden die Gäste in Sakkara reichlich entschädigt.«

Wir, der hervorragende Hobbyfotograf Rudolf Eckhardt und ich, stellten uns dem jungen Inspektor vor, baten um eine Ausnahmebewilligung und sagten wahrheitsgemäß, wir wollten in der Großen Pyramide in aller Ruhe einige Fotos machen, was während des Touristenrummels nicht möglich sei. Der Mann bat uns in die Baracke der Ägyptologen. Auf einem alten Sofa und auf mehreren Stühlen saßen Studenten und Inspektoren. Geduldig hörten sie mir zu, meine Ausweise wanderten von Hand zu Hand, verstohlene Blicke ruhten auf unseren Kamera-Ausrüstungen.

»Video? Film?« fragte der Chef der Gruppe.

»Nein«, antwortete ich zuversichtlich lächelnd, »nur Fotos!« Man bot uns einen schwarzen, süßen Tee an, ich verteilte Schweizer Schokolade. Wir fachsimpelten ein bißchen, wie gut, daß ich in den vergangenen Jahren viel über Ägypten gelesen hatte. Dann eine freundschaftliche Bitte des Gruppenchefs an einen Studenten, er möge uns begleiten. Wir marschierten hinüber zur Großen Pyramide, hilfsbereit erkundigte sich der Student, ob wir Erläuterungen benötigten.

»No«, erwiderte ich, »uns ist die wesentliche Literatur über die Pyramide bekannt. Wir möchten nur unbelästigt fotografieren dürfen.«

Vor dem Aufstieg zum Pyramideneingang begegneten unserem Begleiter zwei Kollegen. Erinnerungen wurden ausgetauscht. Ich sagte »unserem« Studenten, er könne getrost hier warten, wir würden die Aufnahmen machen und dann hierher zurückkehren. Der Student nickte und rief einige Befehle zu den Wärtern am Eingang. Mit einer bescheidenen Verbeugung und dem arabischen »Salem« wurden wir hineingelassen.

Die Gruft im Felsen

Als erstes fiel uns auf, daß der Zutritt zum aufsteigenden Gang nicht derselbe war wie derjenige, durch den die Touristen hereingelassen werden. Ein leicht gekrümmter, aus Quadern her-

Bei meinem letzten Besuch in Gizeh waren in der Königinkammer Gerüste aufgeschlagen.

Ein leicht gekrümmter, aus Quadern herausgeschlagener Stollen führt ins Innere der Cheops-Pyramide. Auch in der großen Galerie waren Gerüste aufgestellt.

ausgeschlagener Stollen führte ins Innere. Gebückt wie bei jedem Besuch zog ich mich an den in die Wände eingelassenen Holzgriffen hinauf zur Großen Galerie. Welch ein Anblick! Das hat die Pyramide seit viertausendfünfhundert Jahren nicht mehr erlebt. Die ganze Galerie war mit Eisengerüsten und Brettern ausgestopft. Die von uns gewünschten Einzelheiten sind nicht auszumachen. Erfreut registrierten wir, daß wenigstens das ständig verschlossene Gitter zur Königinnenkammer offenstand. Doch dort derselbe Anblick: Gerüste, Bretter, Leitern. Wir kehrten um, gelangten zur sogenannten »Drei-Wege-Kreuzung«. Das ist der Punkt, an dem sich auf- und absteigender Gang mit dem Eingangsstollen kreuzen. Glühbirnen verteilten ein regelmäßiges, mattes Licht. Auch das Gitter zum Korridor, der tief unter die Pyramide führt, stand offen. Ich blickte hinunter in den endlosen Schacht, die Lichtpunkte an den Wänden verloren sich, lösten sich im Nitschewo des Schlundes auf. Aus der Literatur wußte ich, was dort unten liegt. Eine Grotte, »unterirdische Grabkammer« genannt. Selten gestatten die Inspektoren eine Visite dort unten, es sei zu anstrengend, sagen sie, und zu gefährlich. Jetzt standen wir vor dem Schachteingang, kein Wärter weit und breit, im Gegenteil, draußen sorgten zwei Aufseher dafür, daß niemand hineinkonnte. Wir riefen einige Male: »Hallo, is somebody there.« Die Stimmen echoten von den Wänden, wir waren alleine in der Pyramide.

Die Abmessungen des Stollens betrugen 1,20 × 1,06 Meter, zuwenig, um aufrecht zu gehen, zuviel, um auf dem Bauch zu kriechen. Ich hängte mir eine Kamerakiste vor die Brust, die andere um den Rücken, zog den Kopf und die Schultern ein, ging in die Hocke und watschelte im breitbeinigen Entengang in die Tiefe. Rudolf mit noch größerer Ausrüstung hinterher. Immer wieder beleuchtete ich mit meiner Taschenlampe die Wände aus glattpoliertem, weißem Tura-Kalkstein. Welch präzise Arbeitsausführung! Die kaum bemerkbaren Fugen zwischen den Steinblöcken verlaufen nicht in der Linie des Senkbleis, sondern schräg zur Neigung des Ganges. Der Neigungswinkel beträgt 26 Grad 31 Minuten 23 Sekunden. Still keuchten wir vor uns hin, legten nach etwa vierzig Metern eine Verschnaufpause ein. Haarsträhnen klebten an meiner Stirne. Dann weiter im Watschelgang, nach fünfundsechzig Metern ist rechts eine Nische eingelassen, Frischluft strömte aus einem Jahrtausende alten Rohr. Weiter... tiefer... hört denn dieser Gang niemals auf? Die Oberschenkel schmerzten, meine Sehnen sind nicht an derartige Turnübungen gewöhnt. Achtzig Meter... neunzig Meter... unter uns ist kein Licht mehr auszumachen. Beide wissen wir, daß der Gang in eine Grotte mündet, doch hätten wir nie gedacht, daß er sich derart endlos hinunterzieht. Nach 118 Metern spüre ich rauhen Boden unter den Schuhen, die Luft ist stickig, warm, wir können wieder aufrecht stehen. Am Boden liegt ein Scheinwerfer, wie Eingeweide hängen die Fransen eines herausgerissenen Stromkabels daran. Mit zittrigen Händen knüpft Rudolf im Scheine meiner Taschenlampe die Kabelenden zusammen, stets bemüht, weder einen Kurzschluß auszulösen noch einen Stromschlag zu erhalten. Licht leuchtete auf.

Die Höhle, in der wir uns befanden, lag etwa fünfunddreißig Meter unter dem Fundament der Pyramide. Nach arabischen Überlieferungen ist sie erstmals vom Kalifen Abdullah Al-Ma'mun, dem Sohn des berühmten Harun al Raschid, bekannt aus dem Märchen aus Tausendundeiner Nacht, betreten worden. Al-Ma'mun hatte im Jahre 813 den Thron von Bagdad bestiegen, und regierte von 820 bis zu seinem Tode im Jahre 827 auch über Ägypten. Der junge Al-Ma'mun galt als heller Kopf, der die Wissenschaften förderte und darauf bedacht war, die arabische Stellung in der Welt auszubauen. Alte Handschriften vermeldeten, unter der Großen Pyramide befänden sich dreißig geheime Schatzkammern mit exakten Land- und Himmelskarten der göttlichen Vorfahren. Verständlich, daß Al-Ma'mun an diese Schätze heranwollte, als Herrscher über Ägypten konnte ihm keiner deswegen Vorwürfe machen, und für die mohammedanische Priesterschaft galten die Pyramiden als heidnische Bauwerke. Sie hatten nichts gegen deren Entweihung.

Die Lichtpunkte verloren sich in der Endlosigkeit des Schachtes.

So stellte Al-Ma'mun einen Stoßtrupp aus Handwerkern, Arbeitern und Baumeistern zusammen, die einen Eingang in die Pyramide bohren sollten. Als alle Stemm- und Hebeeisen nicht ausreichten, um auch nur einen einzigen Klotz aus der Pyramiden-Wand zu lösen, entsann man sich einer alten Kriegstechnik zum Brechen von Mauern. Man entfachte direkt vor einem Pyramiden-Quader ein starkes Feuer, das angeblasen wurde, bis der Block sehr heiß strahlte. Auf den erhitzten Stein wurde Essig gegossen, der Klotz bekam Risse und konnte schließlich mit Rammböcken zerkleinert werden. Auf diese Weise schufen Al-Ma'muns Männer den Eingang, der heute noch von Touristen benutzt wird.

Mühsam drang der Stoßtrupp etwa dreißig Meter in die Pyramide vor, die Luft wurde sehr knapp, stickig und giftig, denn Feuer und Fackeln verbrauchten den wenigen Sauerstoff. Entnervt wollten die Männer aufgeben, ihrem Herrscher das

Eingänge: Der eigentliche Eingang in die Pyramide liegt zehn Steinschichten höher (links). Oben: *Der Eingang zur unvollendeten Grabkammer.* Folgende Doppelseite: *Dieses Loch schlugen die Männer von Al'Ma'mun in die Pyramide, heute dient es den Touristen als Eingang.*

NO SMOKING INSIDE
THE PYRAMID

Fiasko eingestehen, als plötzlich alle wie angewurzelt stehenblieben. In der Pyramide war ein dumpfes Rollen und dann ein harter Knall zu hören. Man mußte nahe an einem Gang sein, im Pyramiden-Innern war irgendein Stein heruntergepoltert.

Mit frischem Mut bohrten, hämmerten, wuchteten, meißelten die Männer weiter und stießen schließlich auf eben den absteigenden Gang, den Rudolf und ich im Entenschritt hinter uns gebracht hatten. Al-Ma'muns Stoßtrupp hatte vorerst kein Bedürfnis nach der Tiefe, sie krochen den Schlund hinauf und erreichten den eigentlichen, geheimen Eingang zur Großen Pyramide. Er liegt 16,5 Meter über dem Boden oder zehn Steinschichten höher als das von Al-Ma'mun herausgebrochene Loch. Nachdem man sich neuen Mut zugesprochen und in Gebeten Allah gepriesen hatte, krochen die Männer den dunklen Gang hinunter bis zur geräumigen Grotte, in der wir beide jetzt standen.

Der Scheinwerfer beleuchtete die Decke, sie ist aus dem gewachsenen Felsen herausgehauen, huschte an die Wände, über zwei monolithische Sockel von gewaltigen Ausmaßen. Zwei seltsame, rohe Buckel ragten aus den Felsungetümen. Im Boden hinter uns ein ca. vier Meter tiefer, grob herausgehauener Schacht, umrahmt von einem schützenden Eisengeländer. Links davon in der südöstlichen Wand wieder eine Öffnung, genauso groß wie der herabsteigende Gang, durch den wir gekommen waren. Inzwischen im Entenschritt geübt, krochen wir hinein, gespannt, in welche neuen Kammern der Schacht münde. Nach etwa fünfzehn Metern war Ende. Ein Blindgang in dieser Tiefe? Wozu?

Der aus dem Fels herausgemeißelte Raum unter der Pyramide mißt 14,02 Meter von Ost nach West und 8,25 Meter von Nord nach Süd. Ganz passable Ausmaße. Heutige Archäologen bezeichnen ihn als »unvollendete Grabkammer« [1], und damit sind wir mitten in der Waschküche von tollen Ungereimtheiten.

»Unvollendet« soll die Pseudo-Grabkammer sein? Das muß man sich mal ganz sachte und der Reihe nach durch den Kopf gehen lassen. Die Höhle kann schwerlich erst aus dem Fels herausgeschlagen worden sein, als die Pyramide darüber schon stand. Wohin mit dem Aushub? So ernte ich bestimmt keinen Widerspruch mit der Feststellung: Erst die unterirdischen Anlagen, dann der Überbau. Wie gelangten die Steinmetzen überhaupt fünfunddreißig Meter tief unter den Felsboden? Durch Buddeln, Aushämmern, versteht sich. Maulwurfsartig muß der vorderste Arbeiter der Kolonne die Gesteinsbrocken, die er mühsam mit weichen Kupfer- oder Eisenmeißeln herausbrach, nach hinten geschubst haben, damit die Kollegen den Bruch an die frische Luft beförderten. Je tiefer der schräge Stollen nach unten wuchs, um so dunkler wurde es. Logo? Also Fackeln, Wachs, Ölfunzeln her und weg mit dem letzten Rest von Sauerstoff.

Da diese Lösung nichts bringt, wird man wie bei späteren Bergwerksschächten Belüftungsstollen angelegt haben. Wo sind sie? Heute ist ein einziger Querschacht zum absteigenden Gang bekannt, und der soll von Grabräubern stammen. Wie immer das Problem gelöst wurde, irgendwann erreichten die menschlichen Wühlmäuse den Punkt, an dem die unterirdische Grabkammer entstehen sollte. Nun ging es weiter, siehe oben: Ran mit Meißeln und Hämmern, Freunde! Licht und Luft sind in der Tiefe überflüssig. Vielleicht arbeiteten die Mannschaften im Dunkeln mit Radar-, Röntgen- oder Albino-Augen und kümmerten sich nicht um die Gesteinsbrocken, die dem einen oder andern immer wieder auf den Schädel donnerten, Finger zerquetschten und Füße einklemmten. Der Aushub wurde mit Schlitten nach oben gezogen, Luft muß wohl über Schläuche aus Tiergedärmen in die vom Gesteinsstaub durchzogene Grotte gepumpt worden sein.

Meine spöttelnde Schilderung sollte darlegen, wie es sicher nicht war. Es *müssen* Luftschächte in diesen Raum unter der

35 Meter unter der Cheops-Pyramide: die Felsenhalle. Sie muß vor dem Bau der Pyramide errichtet worden sein.

Pyramide führen. Fachleute, zündet die Lichter an, klopft die Wände und Decken ab! Vielleicht stoßt ihr gleich noch auf eine der Schatzkammern, von denen in alten Überlieferungen die Rede ist.

Nachdem die Halle halbwegs ausgebuddelt war, müssen die fröhlichen Arbeiter spaßeshalber in der Südwestecke einen fünfzehn Meter langen, blinden Korridor angelegt haben, den sie auch noch mit polierten Blöcken ausstaffierten. Zum Abschied gruben sie ein Loch in den Boden, ließen den unvollendeten Raum als Felshöhle hinter sich und begannen – heiliger Osiris, hilf! – den vorher mühsam hinuntergekämpften Stollen mit feinpolierten, massiven Tura-Blöcken zu verkleiden. Über hundert Meter ohne die geringste Neigungsabweichung in schnurgerader Linie schräg nach oben! Und wozu die ganze Schufterei, die Mühsal, die blutspuckende Anstrengung im engen Kerker? Wegen eines unvollendeten Felsloches in fünfunddreißig Metern Tiefe, in dem ohnehin nie etwas deponiert wurde.

Es gibt Menschen, die leben so vorsichtig, daß sie wie neu

sterben, und andere, die ihr Gehirn nur zum Lesen und nie zum Denken benötigen. Da höre ich, im Laufe des Pyramiden-Baues habe der Architekt oder Bauführer gewechselt, die Pläne seien kurzfristig umgestellt worden. Bitte? Solange unten in der »unvollendeten Grabkammer« Steine aus dem Fels gebrochen und ans Tageslicht bugsiert werden mußten, so lange konnte der Hundert-Meter-Schacht, der in die Tiefe führte, nicht mit polierten Tura-Blöcken ausgekleidet werden. Schon die ersten zehn Meter dieser Auskleidung hätten den Abtransport des Aushubs aus der darunter liegenden Kaverne verhindert. Es blieb kein Raum mehr – ich bin schließlich hinuntergekrochen –, zudem hätten Gesteinsabfälle die blitzsauber polierten und verkleideten Wände zerkratzt. Davon ist nichts feststellbar, genausowenig wie etwa Rad- oder Schleifspuren. Sieht man, wie Archäologen dies tun, den Felsenraum als »unvollendete Grabkammer« an, die Höhle, die plötzlich nicht mehr gebraucht wurde, die nach den Vorstellungen eines neuen Bauführers überflüssig war, dann gibt es nicht den geringsten Grund, weshalb der 118 Meter lange Zugang zur nicht brauchbaren Grabkammer auch noch mit polierten Tura-Monolithen ausstaffiert wurde. Schließlich konnte die Politur des herniederführenden Ganges im ganzen Arbeitsablauf erst *nach* Abschluß der unterirdischen Aushubarbeiten begonnen werden. Ein königlicher Zugang für ein unfertiges Dreckloch unter der Pyramide? Ein blinder Gang aus derselben Kaverne? Was stimmt hier nicht?

Ich sehe drei Lösungsmöglichkeiten:

1. Dort unten geht es weiter. Irgendwohin hinter irgendwelchen Monolithen.
2. Die Kaverne ist bereits ausgeräumt worden.
3. In der Kaverne ruhte jemand, vielleicht in einem winterschlafähnlichen Zustand.

   Der Unbekannte legte weder Wert auf irdische Namen, Schriften oder Ehrungen noch auf eine mit Monolithen ausstaffierte Halle. Die einzige Sorge galt seinem Körper. Nur der Körper mußte eine gewisse Zeitspanne unversehrt überstehen.

Schnickschnack und Firlefanz in der Kammer waren überflüssig.

Möglich gar, daß alle drei Ideen miteinander verzahnt sind.

Was entdeckte eigentlich die mutige Einbrecherkolonne von Al-Ma'mun in der »unvollendeten Grabkammer«? Was fanden sie in der Großen Pyramide, sie, die »Erstbezwinger« seit Jahrtausenden?

Die aufregenden Entdeckungen der Araber

Niemand weiß Genaueres. Inventurlisten sind nicht aufgesetzt worden, oder sie existieren nicht mehr. Im 14. Jahrhundert lagen in Kairoer Bibliotheken noch altarabische und koptische Manuskripte und Fragmente herum, die der Geograph und Historiker Taki ad-Din Ahmad ben 'Ali ben 'Abd al-Kadir ben Muhammad al-Makrizi (1364–1442) in seinem Werk »Hitat« zusammenstellte. Es lohnt sich, die Zitate sozusagen genießerisch zu schlürfen. Mögen uns auch manche Passagen an die blumige, arabische Fabulierkunst von Tausendundeiner Nacht erinnern, so bleibt doch ein Substrat von Namen, Daten und Überlieferungen mit erstaunlichen Inhalten. Im »Hitat« ist nachzulesen, die drei großen Pyramiden seien »unter einem günstigen Gestirn, über das man sich geeinigt hatte«, erbaut worden [2].

»Darauf ließ er [der Erbauer, EvD] in der westlichen Pyramide dreißig Schatzkammern aus farbigem Granit anlegen; die wurden angefüllt mit reichen Schätzen, mit Geräten und Bildsäulen aus kostbaren Edelsteinen, mit Geräten aus vortrefflichem Eisen, wie Waffen, die nicht rosten, mit Glas, das sich zusammenfalten läßt, ohne zu zerbrechen, mit seltsamen Talismanen, mit den verschiedenen Arten der einfachen und der zusammengesetzten Heilmittel und mit tödlichen Giften.

In der östlichen Pyramide ließ er die verschiedenen Himmelsgewölbe und die Planeten darstellen sowie an Bildern

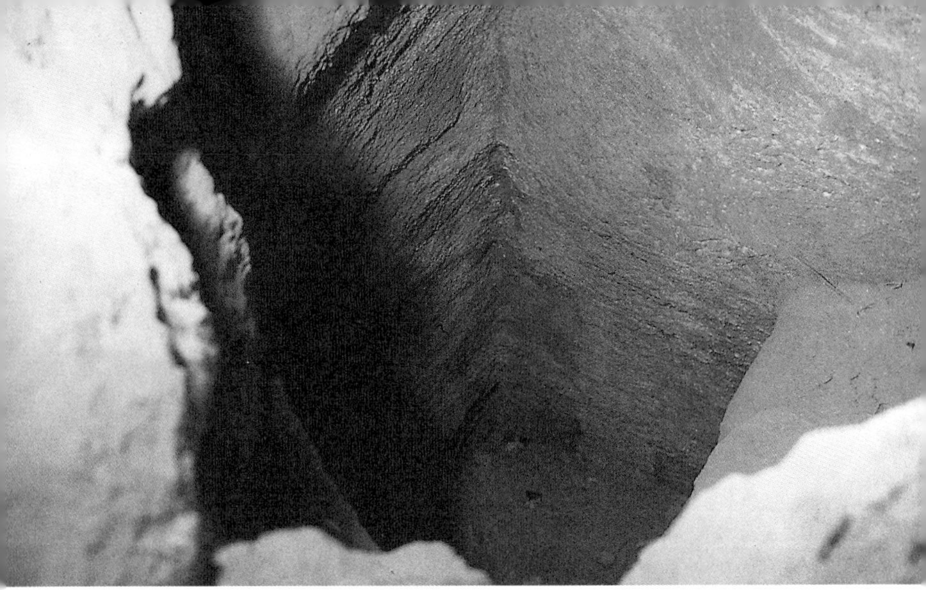

Welchem Zweck diente der blinde Schacht in der unterirdischen Felsen halle?

anfertigen, was seine Vorfahren hatten schaffen lassen; dazu kam Weihrauch, den man den Sternen opferte, und Bücher über diese. Auch findet man dort die Fixsterne und das, was sich in ihren Perioden von Zeit zu Zeit begibt...

In die farbige Pyramide endlich ließ er die Leichname der Wahrsager in Särgen aus schwarzem Granit bringen; neben jedem Wahrsager lag ein Buch, in dem seine wunderbaren Künste, sein Lebenslauf und seine Werke, was der zu seiner Zeit verrichtet hatte, beschrieben war... Auch gab es keine Wissenschaft, die er nicht niederschreiben und aufzeichnen ließ. Außerdem ließ er dorthin die Schätze der Gestirne, die diesen als Geschenke dargebracht worden waren, sowie die Schätze der Weissager schaffen, und diese bildeten eine gewaltige und unzählbare Menge.«

Weiter vernimmt man, der König habe unter jede Pyramide einen Götzen gestellt, der mögliche Eindringlinge mit verschiedenen Waffen bekämpfte. Einer dieser Hüter »stand aufrecht und hatte eine Art Wurfspieß bei sich. Um sein Haupt war eine Schlange gewunden, die sich auf jeden stürzte, der sich dem Wächter näherte«. Ein anderer Götze wird mit weitgeöffneten, blitzenden Augen beschrieben, der auf einem Thronsessel saß und ebenfalls einen Wurfspieß trug. Wer ihn anschaute, konnte sich nicht mehr bewegen und blieb angewurzelt stehen, bis er starb. In der dritten Pyramide lauerte ein Wächter, der Eindringlinge an sich heranzog, bis sie fest an ihm hafteten, sich nicht mehr losreißen konnten und schließlich den Geist aufgaben. Als der Erbauer der Pyramiden starb, wurde er in einer Pyramide beigesetzt.

Den arabischen Überlieferungen zufolge sollen sich in allen drei Pyramiden Schätze und Bücher mit unvorstellbarem Inhalt befunden haben. Hat Al-Ma'mun die Schatzkammern geplündert? Fand er in Sarkophagen mumifizierte Leichen?

> »Al-Ma'mun hat die große Pyramide geöffnet. Ich suchte ihr Inneres auf und erblickte ein großes gewölbtes Gemach, dessen Basis ein Viereck bildete, während es oben rund war. In der Mitte befand sich ein viereckiger Brunnenschacht von zehn Ellen Tiefe. Steigt man in ihm hinab, so entdeckt man auf jeder seiner vier Seiten eine Pforte, die zu einem großen Raume führt, in dem Leichname liegen, Söhne Adams...
>
> Es heißt, man sei zur Zeit Al-Ma'muns dort emporgestiegen und zu einem gewölbten Gemach von geringer Größe gelangt, in dem die Bildsäule eines Menschen stand, die aus grünem Stein, einer Art Malachit, gefertigt war. Man brachte sie zu Al-Ma'mun, und es fand sich, daß sie mit einem Deckel verschlossen war. Als man sie öffnete, gewahrte man drinnen den Leichnam eines Menschen, der einen goldenen, mit allerlei Edelsteinen geschmückten Panzer trug. Auf seiner Brust lag eine Schwertklinge ohne Griff, und neben seinem Haupte ein roter Hyazinth-Stein, von der Größe eines Hühnereis, der wie Feuerflammen leuchtete. Den nahm Al-Ma'mun an sich. Das Götzenbild aber, aus dem man diesen Leichnam hervorholte, habe ich neben der Pforte des königlichen Palastes zu Misr liegen sehen im Jahre 511.

> ... sie traten nun in das mittlere Gemach ein und fanden darin drei Totenbahren, die aus durchsichtigen, leuchtenden Steinen gefertigt waren; darauf lagen drei Leichname; jeder war mit drei Gewändern bedeckt und hatte neben seinem Haupte ein Buch in unbekannter Schrift liegen ... Al-Ma'mun befahl, alles, was man in den Gemächern gefunden hatte, wegzuschaffen; die Figuren an den Säulen aber ließ er wieder herabziehen, worauf sich die Pforten wieder schlossen wie zuvor.«

Alles ein bißchen orientalisch, ist man versucht abzuwimmeln. Zu kitschig, um wahr zu sein. Doch wie kommen wir dazu, aus unserer Gegenwart heraus alte Berichte als unglaubwürdig abzuqualifizieren? War einer von uns dabei? Hat einer von uns die Chronisten, zu ihrer Zeit ehrenwerte und geachtete Männer, gekannt? Wir begreifen uns zwar als die Gesellschaft der elektronischen Massenkommunikation, die bestinformierte Gesellschaft, wie gesagt wird, jedoch alle Informationen, die den Wissenschaftlern, den Studenten, den Journalisten, den Medienmachern und dem Fußvolk angedient werden, sind schon gesiebt, gefiltert, einseitig ausgepreßt. Die Meinung, die wir uns über etwas machen, ist oft wiedergekautes Vordenken, wobei die Vordenker ihrerseits Opfer einer einseitigen Informationsschiene sind. Pauschalurteile wie: »Arabische Chronisten sind Märchenerzähler«, oder: »Man weiß alles über die Pyramiden«, oder: »Die gesicherte wissenschaftliche Lehrmeinung ...« sind nicht mehr als Floskeln, hinter denen sich Unwissenheit auftut. Wir sind einseitig geworden, weil uns die Informationsflut dazu zwingt, nur noch bestimmte Ideen einzulassen. Wir *glauben* zu oft, etwas zu wissen.

Die arabischen Chronisten erzählen, Al-Ma'mun habe »den Leichnam eines Menschen« gefunden, der einen seltsamen »Panzer mit Edelsteinen« trug. Ein Märchen? Derartige »Panzer« sind doch auch aus dem Alten Testament bekannt. Im 28. Kapitel des 2. Buches Moses (Exodus) wird exakt erklärt, welche Kleidung Aaron (Moses' Bruder) und die Leviten-Priester zu tragen hätten. Unter anderem einen Brustschild mit zwölf verschiedenen Edelsteinen.

Neue Gänge und Kammern

In den drei großen Pyramiden sollen sich Statuen befinden, Sarkophage und Bücher mit wissenschaftlichem Inhalt? Maßlose Übertreibungen? Weiß »die Wissenschaft« nicht längst alles über die Pyramiden? Gutgläubige glauben es.

Allgemein bekannt ist der Strahlungsversuch, der Ende 1968 und Anfang 1969 vom Nobelpreisträger für Physik, Dr. Luis Alvarez, an der Chefren-Pyramide durchgeführt wurde. Alvarez und sein Team gingen von der Tatsache aus, daß kosmische Strahlen rund um die Uhr unseren Planeten bombardieren und dabei beim Durchdringen von festen Körpern wie beispielsweise Stein einen Bruchteil ihrer Energie verlieren. Durchschnittlich prallen etwa zehntausend Protonen pro Sekunde auf einen Quadratmeter Boden. Die energiereichsten dieser kosmischen Teilchen durchdringen die dicksten Gesteinsschichten, andere sogar den ganzen Planeten. Durch Messungen läßt sich feststellen, wie viele Elementarteilchen eine Gesteinsschicht durchschlagen. Enthält das Gestein irgendwelche Hohlräume, dann werden die Protonen bei ihrem Durchgang durch den Hohlraum weniger gebremst, der Protonenfluß wird also größer als in massivem Gestein.

Man richtete in der Chefren-Pyramide eine »Funkenkammer« ein, wobei die Strahlen der kosmischen Partikel auf einem Magnetband festgehalten wurden. Diese Bänder wurden von einem IBM-Computer ausgewertet, Pyramiden-Form, Größe und Neigungswinkel wurden im Computerprogramm mitberücksichtigt.

Bereits Ende 1968 waren die Bahnen von über zweieinhalb Millionen kosmischen Strahlen registriert. Die Computerauswertung zeigte die Form der Pyramide richtig an, man wußte also, daß die Versuchsreihe vernünftig und die Meßgeräte in Ordnung waren.

Dann kam das große Staunen und Kopfschütteln. Die Oszillographen zeigten ein chaotisches Muster. Nichts mehr erkennbar, geradeso, als ob kosmische Partikel um die Ecke kurvten. Selbst wenn dieselben Magnetbänder erneut dem Rechner eingegeben wurden, spuckte der Computer andere Daten und andere Graphiken aus. Es war zum Verzweifeln. Das sehr teure Experiment, an dem sich verschiedene amerikanische Institute, die Firma IBM und die Kairoer Ain-Shams-Universität beteiligten, endete ohne brauchbare Resultate. Dr. Amr Gohed sagte Journalisten, die Befunde seien »wissenschaftlich unmöglich«, und er fügte bei, entweder sei die Struktur der Pyramide ein Wirrwarr, oder es gebe »ein Mysterium, das sich unserer Erklärung entzieht – nennen Sie es Okkultismus, den Fluch der Pharaonen, Zauberei, Magie oder wie immer Sie wollen.« [3]

Seither ist mit neuen Apparaten und neuen Methoden nach Räumen in den Pyramiden gefahndet worden. Erfolgreich. Im Sommer 1986 entdeckten die beiden französischen Architekten Jean-Patrice Dormion und Gilles Goidin mit ihren elektronischen Detektoren Hohlräume in der Cheops-Pyramide. Unter Mithilfe der Ägyptischen Altertumsverwaltung wurden schließlich Mikrosonden durch zweieinhalb Meter dickes Gestein getrieben. Unter dem Gang zur Königinnenkammer stießen die Franzosen auf einen drei Meter breiten und 5,5 Meter hohen Hohlraum, der mit kristallinem Quarzsand gefüllt ist. Auch hinter der nordwestlichen Wand der Königinnenkammer wurde ein Hohlraum angepeilt. Bislang sind keine Zugänge zu diesen Räumen entdeckt worden. Was also wissen wir schon? Mit welchem Recht verweisen wir die arabischen Überlieferungen ins Märchenreich?

Alarmiert durch die Erfolge der beiden französischen Architekten, ließen sich die Japaner der Waseda-Universität von Tokio nicht lumpen. Die elektronischen Tüftler hatten bereits eine Art von Radargerät erprobt, mit dem sich verschiedene Gesteinsarten – Granit, Kalkstein, Sandstein – regelrecht durchleuchten ließen. Das hochkarätige Team der Waseda-Universität, das am 22. Januar 1987 in Kairo eintraf, bestand aus einem Professor für Ägyptologie, einem Professor für Architektur, einem Doktor der Geophysik und verschiedenen Elektronikern. Teamleiter war Professor Sakuji Yoshimura, der vorzüglich mit Dr. Ahamed Kadry, dem Vorsitzenden der Ägyptischen Altertumsverwaltung, zusammenarbeitete.

Die Japaner, stets brillant auf dem elektronischen Sektor und mit hervorragenden, fahrbaren Instrumenten und Computern ausgerüstet, durchleuchteten sowohl den Korridor, der zur Königinkammer führt, als auch die eigentliche Königinkammer, dazu die darüberliegende Königskammer, das gesamte Gebiet südlich der Großen Pyramide und schließlich die Sphinx und das umliegende Gebiet der Sphinx. Was soll ich es spannend machen? Es gelang dem japanischen Forschungsteam, eindeutige Hinweise auf ein ganzes Labyrinth (!) von Gängen und Hohlräumen in der Großen Pyramide anzupeilen.

Der stark bebilderte, wissenschaftliche Bericht der Waseda-Universität [4] zeigt auf über sechzig Seiten Meßdaten der verschiedenen Einzelabschnitte, die allesamt von weißen Balken durchzogen sind – Korridore, Schächte und leere Zwischenräume in der Pyramide. Südwestlich der Königskammer wurde ein größerer Raum angepeilt, ebenso im Südwesten der Hauptachse der großen Galerie. Ein Gang führt von der Nordwestwand der Königinkammer weg, und südlich der Cheops-Pyramide ist eine zweiundvierzig Meter lange Grube lokalisiert worden, die unter der Pyramide hindurchzuführen scheint. Bereits bestätigt ist die mit japanischer Elektronik gemachte Entdeckung einer zweiten Sonnenbarke im Felsplateau unter der Pyramide.

Was nun? Welche Überraschungen stehen bevor? Wie wollen sich diejenigen Wissenschaftler verhalten, die stets mit einem müden Lächeln abgewunken haben, wenn die Sprache auf unentdeckte Räume in den Pyramiden kam? Zur Zeit weiß niemand, was die elektronisch aufgespürten Gänge und Kammern enthalten – oder ob sie schon geplündert wurden. Niemand? – Ich sagte schon, im Dezember 1988 sei die große Galerie und die Königinkammer mit Gerüsten und Brettern regelrecht ausgestopft gewesen. Ein Arbeiter war nirgendwo anzutreffen. Die Frage muß erlaubt sein: Finden im Dunkeln der Nacht weitere elektronische Analysen und Bohrungen statt? Werden bereits Mikrosonden mit Glasfasern durch die Pyramidenklötze geschoben und vorab Aufnahmen gemacht? Ich hätte durchaus Verständnis für ein derartiges Vorgehen. Wer kann schon mitten im Touristenrummel wissenschaftlich arbeiten? Andersherum gefragt: Würde die Ägyptologie nicht ihr Ansehen verspielen, wenn sie wie Diebe in der Heimlichkeit der Nacht und unter Ausschluß der Öffentlichkeit jahrtausendelang verschlossene Räume öffnet? Wer glaubt denn hinterher noch, die vorgezeigten – oder nicht vorzeigbaren – Exponate seien alles, was gefunden wurde?

Der Betrug mit Cheops

Vielleicht erwartet uns in der Großen Pyramide noch eine Sensation ganz anderer Art, welche die Ägyptologen besonders schmerzen müßte. Die Feststellung nämlich, daß Cheops gar nicht ihr Erbauer war. Wann immer ich einen Fachmann nach dem Bauherrn der Großen Pyramide frage, kommt die stereotype Antwort wie aus der Pistole geschossen: Cheops. Kein Zweifel? – Kein Zweifel. Pharao Cheops gilt als »gesicherte, wissenschaftliche Lehrmeinung«. Fragen sind unpassend. Basta. Kratzt man den Lack weg, bläst der »gesicherten Lehrmeinung« eine rauhe Brise ins Gesicht.

Was verleiht dem Pharao Cheops den Glorienschein des Pyramiden-Bauers? Woher kommt die Selbstsicherheit, nur Cheops und sonst niemand habe das eindrucksvollste aller Bauwerke errichtet? Erinnern wir uns, in der Großen Pyramide gibt es keine Pyramiden-Texte, keinerlei Lobpreisungen oder Verherrlichungen des Bauherrn. Die anonyme Eitelkeit.

Genau gesehen gibt es nur zwei Hinweise auf Cheops, die in der Fachliteratur zur Lawine aufgeblasen wurden. Herodot schrieb, Cheops habe die Pyramide errichten lassen. »Cheops« ist griechisch, in Ägyptisch heißt die Figur »Chufu«. Bei Diodor von Sizilien wird der Bauherr »Chemmis« genannt, und Cajus Plinius Secundus, der ausdrücklich die Namen der Historiker auflistet, die schon vor ihm über die Pyramiden berichteten, vermerkt trocken: »Keiner von ihnen weiß aber die eigentlichen Erbauer anzugeben.« In diesem einen Falle stützt sich die Archäologie voll auf Herodot – handkehrum wünscht man ihn zum Teufel.

Der zweite Beweis für die Bauherrschaft von Cheops/Chufu ist eine Inschrift in einer der »Entlastungskammern« über die Königskammer. Moment! – Habe ich nicht unablässig gepredigt, in der Großen Pyramide gäbe es keine Inschriften?

Der Fall ist ein Krimi mit einem Betrüger als Hauptperson. Analysiert und aufgelöst wurde der Krimi nicht von Sherlock Holmes, sondern von Zecharia Sitchin, einem Spezialisten für altorientalische Sprachen.

Am 29. Dezember 1835 kam der britische Oberst Howard Vyse, ein Gardeoffizier, nach Ägypten. Vyse war ein spöttelndes Original, ein Enkel des Earl of Stafford, einerseits diszipliniert bis auf die Knochen, andererseits das schwarze Schaf in der Familie, das sich durch besondere Leistungen auszuzeichnen hatte. Vyse war begeistert und fasziniert vom Rätsel der Pyramiden, augenblicklich tat er sich mit dem italienischen Kapitän Giovanni Battista Caviglio (1770–1845) zusammen, der schon einige Zeit in Gizeh herumbuddelte. Im Laufe der Monate verkrachten sich die beiden Männer, am 13. Februar 1837 führten die Spannungen zum Bruch. Vyse, der Brite, der die Grabungslizenz vom Konsul besaß, jagte den Italiener vom Grabungsfeld.

Schon zweiundsiebzig Jahre vor Howard Vyse hatte der britische Diplomat Nathaniel Davison (gest. 1783) am Ende der großen Galerie ein Loch in der Decke entdeckt, in das er am 8. Juli 1765 hineinkroch. Damals gelangte Davison in die unterste der sogenannten Entlastungskammern, die über der Königskammer liegen. Natürlich wußte Howard Vyse von dieser »Davison-Kammer«, denn er notierte in sein Tagebuch, er vermute eine Grabkammer, die noch über der »Davison-Kammer« versteckt sei. Vyse wollte partout berühmt werden, sein Name sollte in die Geschichte eingehen, dies war er der Familie schuldig. Am 27. Januar 1837 vertraute er gar seinem Tagebuch an, er müsse etwas entdecken, bevor er nach England zurückkehre. Vyse und sein Chefingenieur John S. Perring besorgten sich Schießpulver und sprengten über der »Davison-Kammer« einen Schacht in die Pyramiden-Quader. Am 30. März, 27. April, 6. Mai und 27. Mai 1837 entdeckten Vyse und Perring tatsächlich vier weitere Hohlräume über der »Davison-Kammer«, die der Reihe nach Wellington-, Nelson-, Arbuthnot- und Campbell-Kammern getauft wurden. In den oberen beiden Kammern bemerkte Vyse einige Kartuschen an den Monolithen, die offenbar mit roter Pinselfarbe hingeschmiert worden waren. Aus den Steinbrüchen der Berge im Wadi-Maghara war bekannt, daß Bauleiter oft vereinzelte Monolithen mit Farbe markierten, damit sie bei dem Transportdurcheinander den richtigen Zielort erreichten. Eine dieser Pinseleien zeigte den Pharao-Namen Ch-u-f-u. Der Beweis war erbracht, der beschriftete Monolith war für Chufu/Cheops bestimmt. Die sensationelle Meldung tickerte um die Welt, Howard Vyse hatte es geschafft!

Bei über zwei Millionen verarbeiteter Blöcke alleine für die Cheops-Pyramide hätte man der Kartusche »Cheops« schier ununterbrochen begegnen müssen. Aber dies störte damals niemanden.

Im 13. Kapitel seines Buches »Stufen zum Kosmos« [5] sowie in zwei zusätzlichen Arbeiten in *Ancient Skies** [6,7] entlarvte der amerikanische Orientalist Zecharia Sitchin Howard Vyse als Betrüger. Die Beweislast gegen Howard Vyse ist ein derart scharfsinniges, kriminologisches Meisterstück, daß man sich fragen muß, weshalb die Ägyptologen an ihrer irrigen »gesicherten Lehrmeinung« kleben.

Aufgrund von Daten, Aussprüchen und Tagebuchaufzeichnungen, doch insbesondere wegen eines orthographischen Fehlers, der dem Fälscher unterlief, zerpflückt Zecharia Sitchin das Gaunerstück des Duos Vyse/Perring. Bereits nach der Entdeckung der Kartusche »Ch-u-f-u« meldeten Spezialisten Zweifel an, doch ihre Stimmen gingen im Siegesgeheul unter. Schon der Ägyptologe Samuel Birch, ein Fachmann für Hiero-

* Mitteilungsblatt der *Ancient Astromaut Society*

glyphen, vermutete 1837 [5]: »Obwohl [die Kartusche, EvD] nicht sehr leserlich ist, da sie in semi-hieratischen oder linear-hieroglyphischen Buchstaben geschrieben ist...« und etwas später: »Die Bedeutung... ist nicht recht ersichtlich... sehr schwer zu deuten...«

Was war es, das den Hieroglyphen-Spezialisten Samuel Birch verwirrte? Die aufgepinselte Schrift war in Zeichen geschrieben, die es zu Cheops Zeiten noch nicht gab. Mit den Jahrhunderten hatte sich im alten Ägypten aus der Bilderschrift eine »hieratische Schrift« entwickelt – lange nach Cheops. Selbst Richard Lepsius, der (angebliche) Entdecker des Labyrinths, wunderte sich über die mit einem Pinsel und roter Farbe hingeschmierten Zeichen, weil sie zu sehr der hieratischen Schrift gleichen.

Wie kamen die Schriftzeichen in die Cheops-Pyramide? War Jahrhunderte nach dem Bau jemand darin und pinselte Kartuschen an die Monolithen? Ausgeschlossen, die »Entlastungskammern« waren komplett unzugänglich gewesen, Vyse hatte gar Sprengstoff einsetzen müssen.

Vyse, ein Militärmensch und kein Ägyptologe, kannte nur ein Standardwerk über Hieroglyphen, das im Jahre 1828 erschienene Lehrbuch ›Materia hieroglyphica‹ von John Gardner Wilkinson. Wie erst später erkannt wurde, ist der Name »Chufu« im Lehrbuch von Wilkinson falsch geschrieben. Der Konsonant »Ch« wurde mit dem Sonnensymbol »Re« dargestellt. Das Fälscherduo Vyse/Perring war nicht nur einer Schrift aufgesessen, die Jahrhunderte nach Cheops verwendet wurde, sie hatten auch noch den orthographischen Lapsus aus dem Lehrbuch von Wilkinson übernommen! Hätte denn niemand merken müssen, daß die rote Farbe neu aufgetragen war? Dazu Zecharia Sitchin [5]:

»Diese Frage wurde damals von einem der Beteiligten beantwortet, nämlich von Perring in seinem eigenen Werk über die Pyramiden von Gizeh. Er schreibt darin, die Farbe, die für die altägyptischen Inschriften benutzt wurde, »war eine Verbindung von rotem Ocker, von den Arabern *moghrah* genannt, die immer noch in Gebrauch ist... so gut sind die Zeichnungen auf den Steinen erhalten, daß sich unmöglich erkennen läßt, ob sie gestern oder vor dreitausend Jahren entstanden sind.«

Ich sprach verschiedene Ägyptologen auf den Enthüllungskrimi von Zecharia Sitchin an. Keiner kennt die Analyse. Man wiegt sich in wissender Sicherheit und tröstet sich damit, Howard Vyse sei schließlich ein ehrenwerter Archäologe gewesen. Vyse war nicht Archäologe. Er mag ehrenwert gewesen sein – und ruhmsüchtig dazu.

Die Ehre ist eine Sache für sich, auch in der Archäologie. Als der Brite Howard Carter am 4. November 1922 mit der Entdeckung des Grabes von Tutanchamun weltberühmt wurde, wagte niemand, seine Angaben zu bezweifeln. Carters Ruf war untadelig. Ärgerlicherweise waren die Vorräume des eigentlichen Grabes von Tutanchamun bereits durch Grabräuber aufgebrochen worden, sagte Carter. Inzwischen weiß die Fachwelt, daß Howard Carter log, daß sich die Balken bogen. Er selbst war es, der *vor* der offiziellen Graberöffnung in Tutanchamuns Gruft stieg, dort absichtlich Unordnung hinterließ und eine Reihe wertvoller Gegenstände klaute, damit er sie nicht, wie es im Vertrag vorgesehen war, zur Hälfte der ägyptischen Regierung überlassen mußte. Dieser Krimi ist vom Archäologen Dr. Rolf Kraus vom Ägyptischen Museum in Berlin aufgedeckt worden [8]. Weder die Fachwelt noch die Öffentlichkeit haben darauf reagiert.

Wer war der Bauherr?

Zugunsten Cheops' als Bauherr der Großen Pyramide gibt es nicht den geringsten, überzeugenden Beweis. Das schließt zwar nicht aus, daß er die Pyramide nicht trotzdem bauen ließ, nur spricht weit mehr gegen als für ihn. Keine Hieroglyphen, keine Pyramidentexte, keine Statuen, Büsten, Wände voller Lobhudeleien. Ein einziges, mickriges, gerade fünf Zentimeter hohes Elfenbeinfigürchen im Ägyptischen Museum soll Cheops darstellen. Andersherum gibt es einen steinernen Beweis *gegen* Cheops, nur wird der von den Fachleuten nicht beachtet.

Im Jahre 1850 wurde in den Ruinen des Isis-Tempels eine Stele gefunden, die heute im Ägyptischen Museum von Kairo zu bestaunen ist. Der Isis-Tempel lag direkt neben der Großen Pyramide. Die Inschrift der Stele besagt, Cheops habe »das Haus der Isis, der Herrin der Pyramide, neben dem Haus der Sphinx« gegründet. Wenn Isis als »Herrin der Pyramide« bezeichnet wird, dann stand die Große Pyramide schon, als Cheops auf der ägyptischen Bühne erschien. Außerdem hätte es auch die Sphinx schon gegeben, die nach Archäologen-Meinung erst von Chefren, dem Nachfolger Cheops, erbaut worden sein soll. Weshalb nehmen die Fachgelehrten diese brisante steinerne Mitteilung nicht zur Kenntnis? Die Stele wurde 1850 gefunden. Erinnern wir uns: Bereits dreizehn Jahre vorher hatte man sich dank Howard Vyses gefälschten Entdeckungen auf Cheops geeinigt. Die Stele paßte nirgendwo ins Konzept, Archäologen deklarierten sie als Fälschung, die nach Cheops Tod entstanden sein müsse, »um Vorstellungen der ortsansässigen Priester zu unterstützen«.

Dies alles berechtigt zur Frage: Wenn es nicht Cheops war, der das Weltwunder von Gizeh errichten ließ, wer dann? Die Ägyptologen kennen die Chronologie ab Cheops lückenlos. Da ist kein Platz für einen zusätzlichen Pharao nach Cheops. Wenn niemand nach Cheops – dann jemand *vor* ihm. Schon der Gedanke daran ist für Fachleute unerträglich, er wirft die liebgewonnene chronologische Entwicklung der Bauwerke über den Haufen. Können die arabischen Chronisten weiterhelfen? Was berichten ihre Überlieferungen [2]?

> »Die größten Pyramiden sind die drei, die bis auf den heutigen Tag gegenüber von Misr [Kairo, EvD] stehen. Die Leute sind sich über die Zeit ihrer Erbauung, über den Namen des Erbauers und die Ursache ihrer Erbauung nicht einig und haben die verschiedensten Meinungen geäußert, die aber meist verkehrt sind. Ich will nun von der Kunde hierüber das erzählen, was zufriedenstellt und genügt, wenn Gott, der Erhabene, will.

Der Lehrer Ibrahim Ben Wasif Sah Al-Katib sagt in den ›Nachrichten von Ägypten und seinen Wundern‹, da, wo er von Saurid erzählt, dem Sohne des Sahluk, des Sohnes des Sirbak, des Sohnes des Tumidun, des Sohnes des Tadrasan, des Sohnes des Husal, einem der Könige Ägyptens vor der Sintflut, die ihren Sitz in der Stadt Amsus hatten, über welche an der Stelle, wo in diesem Buche die Städte Ägyptens behandelt werden, gesprochen werden wird. Er war der Erbauer der beiden großen Pyramiden bei Misr... – Die Ursache der Erbauung der beiden Pyramiden war, daß dreihundert Jahre vor der Sintflut Saurid folgenden Traum hatte: Die Erde kehrte sich mit ihren Bewohnern um, die Menschen flüchteten in blinder Hast, und die Sterne fielen herab...«

Bei den präzisen Namensfolgen tut man sich schwer, den Text als Märchen oder Mythe einzustufen. Dreihundert Jahre *vor* der Sintflut soll ein König namens Saurid einen Traum gehabt haben, der schließlich zum Pyramiden-Bau führte? Auch seine Ratgeber und Wahrsager wurden von schrecklichen Träumen geplagt, das Ende der Zivilisation war angesagt. »Der Himmel öffnete sich, ein strahlendes Licht trat hervor... und Männer stiegen vom Himmel herab, die eiserne Keulen in den Händen trugen und damit auf die Menschen einhieben.«

Älter als die Sintflut?

Der König fragte die Weisen, ob denn nach der Flut Ägypten wieder bewohnbar sei. Als dies bejaht wurde, entschloß er sich zum Bau der Pyramiden, damit das gesamte Menschheitswissen der damaligen Zeit erhalten bliebe. Ein ausgezeichneter Grund. Auf der Spitze der Pyramide ließ der vorsintflutliche Saurid eine Schrift anbringen, die besagte:

»Ich, Saurid, der König, habe diese Pyramiden zu der und der Zeit erbaut, und ich habe ihre Erbauung in sechs Jahren vollendet. Wer nach mir kommt und meint, er sei ein

> König wie ich, der möge sie in sechshundert Jahren zerstören: Und es ist bekannt, daß Zerstören leichter ist als Bauen. Auch habe ich sie, als sie fertig waren, mit Brokat überzogen, möge er sie mit Matten bekleiden...
>
> Als der König Saurid ben Sahluk gestorben war, ward er in der östlichen Pyramide begraben, Hugib aber in der westlichen und Karuras in der Pyramide, die unten aus Steinen von Assuan und oben aus Kaddan-Steinen besteht.«

Diese Pyramiden haben unter der Erde Tore, an die sich ein gewölbter Gang anschließt. Jeder Gang ist hundertfünfzig Ellen lang. Das Tor der östlichen Pyramide liegt auf der Nordseite, das der westlichen auf der Westseite, und das Tor des gewölbten Ganges der mit Mauerbekleidung versehenen Pyramide liegt auf der Südseite. Was die Pyramiden an Gold und Smaragden bergen, läßt sich nicht beschreiben.

Der Mann, der diese Schrift aus dem Koptischen ins Arabische übersetzte, addierte die Daten bis zum Sonnenaufgang am ersten Tage des Toth – das war ein Sonntag – im Jahre 225 arabischer Zeitrechnung, und es ergab sich die Summe von 4321 Sonnenjahren. Als er dann untersuchte, wieviel Zeit nach der Sintflut bis zu eben diesem Tage verflossen sei, fand er: 1741 Jahre, 59 Tage, $13^{4}/_{5}$ Stunden und $^{59}/_{400}$ Stunden. Das zog er von der Summe ab, und es bleiben 399 Jahre, 205 Tage, 10 Stunden und $^{21}/_{400}$ Stunden über. Da erkannte er, daß diese datierte Schrift um so viel Jahre, Tage, Stunden und Stundenteile *vor* der Sintflut geschrieben war.

Im »Hitat« werden hintereinander verschiedene arabische Überlieferungen wiedergegeben, die oft widersprechende Datierungen zum Pyramiden-Bau enthalten. Dafür bringe ich hier nur ein Beispiel:

> »Abu Zaid Al-Balhi erzählt: Es fand sich auf den Pyramiden eine Inschrift, in ihrer Schrift geschrieben. Man verstand sie, und sie lautete: ›Diese beiden Pyramiden wurden gebaut, als der ‚Fallende Geier' sich im Zeichen des Krebses befand.‹ Da rechneten sie von diesem Zeitpunkt

bis zur Higra des Propheten, und es ergaben sich zweimal 36000 Sonnenjahre.«

Wer war dieser weitsichtige König Saurid? Ist er eine nebulöse, mythische Figur, erfunden in der Traumwelt der Wünsche und Sehnsüchte, oder kann man ihn irgendwo einordnen? Das »Hitat« sagt über ihn, er sei »Hermes gewesen, den die Araber Idris nennen«. Gott persönlich habe ihn nämlich in Kenntnis der Sterne unterwiesen und ihm kundgetan, es werde eine Katastrophe über die Erde kommen, doch ein Rest der Welt übrigbleiben, in dem Wissenschaften nötig seien. Daraufhin habe Hermes alias Idris alias Saurid die Pyramiden erbaut. Noch deutlicher wird das »Hitat« im 33. Kapitel:

»Es gibt Leute, die sagen: der erste Hermes, welcher der ›Dreifache‹ in seiner Eigenschaft als Prophet, König und Weiser genannt wurde (es ist der, den die Hebräer Henoch, den Sohn des Jared, des Sohnes des Mahalalel, des Sohnes des Kenan, des Sohnes des Enos, des Sohnes Seths, des Sohnes Adams – über ihm sei Heil – nennen, und das ist Idris), der las in den Sternen, daß die Sintflut kommen werde. Da ließ er die Pyramiden bauen und in ihnen Schätze, gelehrte Schriften und alles, worum er sich sorgte, daß es verloren gehen und verschwinden könnte, bergen, um die Dinge zu schützen und wohl zu bewahren.«

Wir Westler, nicht gewohnt in Dimensionen vor der Sintflut zu denken, fragen verwirrt, weshalb um alles in der Welt die arabischen Chronisten auf einer Datierung vor der Flut bestehen. Muhammad ben Abdallah ben Abd al-Hakam präzisiert dies trefflich:

»Meiner Ansicht nach können die Pyramiden nur vor der Sintflut erbaut worden sein; denn wären sie nachher erbaut, *so würden die Menschen über sie Bescheid wissen.*« Ein ausgezeichnetes Argument. Nicht widerlegbar.

Aufregend ist die Feststellung im »Hitat«, der alttestamentarische Henoch sei ein und dieselbe Figur wie Hermes und Idris. Damit läßt sich sehr viel anfangen. Nicht nur im »Hitat« wird Henoch alias Hermes alias Idris alias Saurid als Pyramiden-

Bauer genannt, auch der arabische Forschungsreisende und Schriftsteller Ibn-Battuta (14. Jahrhundert) versichert, Henoch habe die Pyramiden vor der Sintflut errichtet, »um in ihnen Bücher der Wissenschaft und der Erkenntnis und andere wertvolle Gegenstände aufzubewahren« [9].

Mein Freund Henoch

Wer ist dieser Henoch? Meine Leser kennen ihn aus früheren Büchern [10], deshalb will ich die Beschreibung so kurz wie möglich halten.

Der Name Henoch bedeutet im Hebräischen »der Eingeweihte, der Einsichtige, der Kundige«. Moses bezeichnet ihn als den siebten der zehn Urväter, ein vorsintflutlicher Patriarch also, der seit Jahrtausenden im Schatten seines Sohnes Methusalem steht, von dem die Genesis behauptet, er wäre 969 Jahre alt geworden – »so alt wie Methusalem«. Im Alten Testament wird Henoch nur beiläufig erwähnt, obgleich es der Patriarch nicht verdient hätte, so am Rande abgetan zu werden. Henoch ist nämlich Autor von aufregenden, in der Ichform überlieferten Büchern. Diese Henoch-Bücher sind nicht Bestandteil des Alten Testamentes, die Kirchenväter verstanden Henoch nicht und schlossen ihn sogar vom »öffentlichen Gebrauch« aus. Gott sei Dank hielt sich die äthiopische Kirche nicht an diese Anweisungen. Die Henoch-Texte wurden in den alttestamentlichen Kanon der abessinischen Kirche aufgenommen und figurieren seitdem im Verzeichnis der Heiligen Schriften.

Heute liegen zwei verschiedene Varianten der Henoch-Bücher vor, die aber im Kern dasselbe aussagen: Die äthiopischen und die slawischen Henoch-Bücher. Hochakademische Textvergleiche ergaben, daß die Urschrift auf einen einzigen Autor zurückgeht. Wer sich bemüht, die Henoch-Texte stur und ausschließlich theologisch zu interpretieren, stößt auf ein Labyrinth von kuriosen Mitteilungen. Läßt man aber das arabeske Beiwerk in seiner blumigen Bildersprache weg und nimmt das Skelett, dann wird uns Heutigen – ohne ein Jota zu ändern – ein Bericht von geradezu unheimlicher Dramatik vermittelt.

Die ersten fünf Kapitel des Henoch-Buches kündigen ein Weltgericht an. In den Kapiteln 17–36 werden Henochs Reisen in verschiedene Welten und zu fernen Himmelsgewölben beschrieben, die Kapitel 37–71 übermitteln Gleichnisse vielfacher Art, die dem Propheten von den »Himmlischen« erzählt wurden, und die Kapitel 72–82 enthalten minutiöse Angaben über Sonnen- und Mondumlaufbahnen, über Schalttage, Sterne und die Himmelsmechanik. Die restlichen Kapitel enthalten Gespräche Henochs mit seinem Sohn Methusalem, dem er die kommende Sintflut ankündigt. Zum Happy-End verschwindet Henoch dann in einem feurigen Wagen in den Himmel [11].

Das slawische Henoch-Buch [12] enthält zusätzliche Angaben, die im abessinischen Henoch nicht auftauchen. Die slawische Fassung berichtet, wie Henoch in Kontakt mit den Himmlischen kam:

> Die Bücher der Heiligen Gleichnisse des Henoch, des Weisen Mannes und großen Schreibers, den der Herr aufnahm und ihn liebte, damit er sehe die Wohnungen des Höchsten... Im ersten Monat des 365. Lebensjahres, am ersten Tag des ersten Monats, war ich, Henoch, in meinem Hause allein... und es erschienen mir zwei überaus sehr große Männer, wie ich solche niemals auf der Erde gesehen hatte. Und es waren ihre Angesichter wie die Sonne leuchtend, ihre Augen wie brennende Fackeln, aus ihrem Mund Feuer hervorgehend; ihre Federn von verschiedenem Aussehen, ihre Füße purpurn, ihre Flügel leuchtender als Gott, ihre Arme weißer als Schnee. Und sie standen zu Häupten meines Bettes und riefen mich mit meinem Namen. Ich aber erwachte von meinem Schlaf und sah deutlich jene Männer stehend bei mir. Und es sprachen zu mir jene Männer: Sei mutig, Henoch... du gehst heute mit uns hinauf in den Himmel. Und sage deinen Söhnen und allen Kindern deines Hauses alles, soviel sie tun sollen

ohne dich auf der Erde in deinem Hause, und niemand soll dich suchen, bis daß dich der Herr wieder zurückbringt zu ihnen…

Henoch wird über die Erde hinausgebracht, dort werden ihm verschiedene »Engel« vorgestellt.

Ein Gerät zum »Schnellschreiben« wird ihm ausgehändigt, und er wird angehalten, alles niederzuschreiben was ihm die »Engel« diktieren. »Oh Henoch, betrachte die Schrift der himmlischen Tafeln, lies, was darauf geschrieben ist, und merke dir alles einzelne.«

Auf diese Weise kommen dreihundertsechzig Bücher zusammen, eine Hinterlassenschaft der Götter für die Menschen. Nach vielen Wochen wird Henoch von den Fremden wieder nach Hause gebracht, doch nur, um sich dort von seinen Lieben endgültig zu verabschieden. Er vermacht die geschriebenen Bücher seinem Sohn Methusalem und beauftragt ihn ausdrücklich, die Bücher zu verwahren und den kommenden Generationen dieser Welt zu übergeben. Was ist daraus geworden? Außer den vorliegenden Henoch-Büchern ist nichts bekannt, alle andern gelten als verschollen.

Wenn in Diskussionen das Gespräch auf Henoch kommt und ich vorschlage, der vorsintflutliche Prophet habe als privilegierter Mensch einen Kursus in einem Mutterraumschiff von Außerirdischen absolviert, höre ich stets, dann müsse er ja in eine Art Raumanzug gesteckt worden sein. Muß er? In unseren Shuttles und Raumstationen bewegen sich die Astronauten auch ohne Raumanzug. Einzig gegen den unerwünschten Austausch von Viren und Bakterien hätten sich die Außerirdischen – und vice versa Henoch – schützen müssen. Was schildert der aufmerksame Schüler Henoch?

»Und es sprach der Herr zu Michael: Tritt herzu und entkleide Henoch von den irdischen Kleidern und salbe ihn mit einer guten Salbe und kleide ihn in die Kleider meiner Herrlichkeit. Und es tat so Michael, wie der Herr zu ihm gesprochen: Er salbte mich und bekleidete mich. Und das Aussehen jener Salbe war mehr als ein großes Licht und ihre Fettigkeit wie guter Tau und ihr Duft Myrrhen und wie die Strahlen der Sonne glänzend. Und ich schaute auf mich selbst, und ich war wie einer von seinen Herrlichen, und nicht war ein Unterschied des Anblicks.«

Eine wirklich kuriose Vorstellung. Der wahre und universelle Gott soll Anweisung gegeben haben, Henoch mit einer besonders fetthaltigen und intensiv duftenden Salbe einzuschmieren. Wir Menschen hatten schon immer einen besonderen Geruch.

Gibt es Verbindungen zwischen dem alttestamentarischen Propheten Henoch und dem unbekannten König Saurid, der von den Arabern für die Pyramiden verantwortlich gemacht wird?

a) Beide lebten vor der Flut.
b) Beide wurden von Göttern vor der kommenden Flut gewarnt.
c) Beide verfaßten Bücher über alle Wissenschaften.
d) »Gott persönlich« unterwies beide in Astronomie.
e) Beide ordneten an, ihre Werke für kommende Generationen zu verwahren.

Im Gegensatz zu den Übereinstimmungen tauchen auch gravierende Diskrepanzen auf. Saurid soll in einer Pyramide begraben liegen – Henoch verließ die Erde in einem Himmelsfahrzeug. Auch sucht man in den vorliegenden Henoch-Büchern vergebens ein Wort darüber, der biblische Patriarch habe Pyramiden errichten lassen.

Auch zwischen Henoch, Saurid und dem griechischen Götterboten Hermes lassen sich zweifelsfrei Verbindungen herstellen. Nur ist Hermes weder vorsintflutlich, noch taucht er als Pyramiden-Konstrukteur auf.

Meine Berufserfahrung lehrte mich, hinter Volksüberlieferungen mehr zu sehen als nur menschliche Phantasie und Fabulierkunst. Es gibt so etwas wie einen Steckbrief des Mythos, einen Raster, der das Beiwerk aussiebt und die Kernaussagen verdichtet. Um 700 v. Chr. schrieb der griechische Dichter Hesiod im »Mythos von den fünf Menschengeschlechtern«, anfangs hätten die unsterblichen Götter, »Kronos und seine Genossen«, die Menschen geschaffen [13]. »Jener Heroen erhabenes Geschlecht, Halbgötter geheißen, die in der Zeit vor uns die unendliche Erde bewohnten...«

Halbgötter sind auch Halbmenschen. Irdische Wesen mit außerirdischen Genen. Ob Hermes, Henoch, Idris oder Saurid, sie alle zählten zu diesem auserkorenen Clan. Auf alle trifft die Formulierung »vor sehr langer Zeit« zu. Schließlich verbindet die Überlieferung alle mit »geschriebenen Büchern«, die »verborgen wurden«. Dieses Bindeglied trifft auf Saurid, Idris und Henoch zu wie – nota bene – auf viele andere Lehrmeister der Menschen, inklusive der von Hesiod erwähnten Halbgötter.

Wären Mytheninhalte nur in dem Nebel zu suchen, in den man sie unentwegt tunkt, dann ließen sich aus ihnen gar keine Informationen ziehen. Es war schon immer einfacher, an irgendeine Lehrmeinung – ob gesichert oder ungesichert – zu glauben, als den Verstand einzusetzen und die Zeit aufzuwenden, Mytheninhalte auf ihre Gemeinsamkeiten abzuklopfen. Dabei geht es mir hier nicht um eine akademische Vergleichsstudie von Mythen, dann hätte ich viel weiter ausholen müssen, mir geht es immer noch um die Erbauung der Großen Pyramide und um die Möglichkeit, daß in der Pyramide uralte Schrifterzeugnisse liegen, die unser gesamtes religiöses Denken, doch auch unsere Vorstellungen über die menschliche Frühgeschichte und die Evolution auf den Kopf stellen können.

Für meine Freunde, die Ägyptologen, gibt es keinen Grund, Pharao Cheops vom Pyramiden-Bau freizusprechen. In der Chronologie der Dynastien ist nach ihm kein Platz für einen zusätzlichen Bauherrn, jeder errichtete seine eigenen Heiligtümer, und die sind datierbar. Zudem kennt man die ägyptischen Königsnamen aus dem »Turiner Papyrus«, einem im 13. Jahrhundert v. Chr. entstandenen Dokument, das heute in Turin aufbewahrt wird. Auch fanden die Ägyptologen Namenslisten von Königen im Tempel von Sethos I. in Abydos sowie auf mehreren Wänden des Tempelbezirks von Karnak. Neidlos sei den Ägyptologen ihre saubere Fleißarbeit zugestanden. Die ägyptischen Herrscher sind festgenagelt.

Dies ist das einzige Figürchen, von dem man sicher weiß, daß es den Pharao Cheops darstellt, der angeblich die nach ihm benannte Pyramide gebaut haben soll. Es ist nur fünf Zentimeter hoch (Ägyptisches Museum, Kairo).

Verbriefte Jahrzehntausende

Wie sieht es *vor* Cheops aus? Die Dynastienzählerei beginnt um 2920 v. Chr. mit einem sogenannten Thiniten-König namens Menes. (Auch Min und Hor Aha werden genannt.) Zu Zeiten dieses Menes muß aber der ägyptische Staat bereits gut organisierte Formen angenommen haben, denn Menes leitete militärische Unternehmungen, die über die Landesgrenzen hinausgingen. Auch ließ er den Nil südlich von Memphis umleiten. Derartige Leistungen sind nicht aus dem Stand zu schaffen, auch Menes hatte Vorläufer.

Die Krux der Datierungen ist die: Wir Christen zählen die Jahre ab Christi Geburt, die Römer zählten »ab urbe condita«, nach der Gründung Roms im Jahre 753 v. Chr. Von den alten Ägyptern hingegen ist uns kein Beginn ihrer Zeitrechnung bekannt, der sich in Zahlen übersetzen ließe. So schwimmt man auf einem Pudding, es gibt keinen Fixpunkt zum Festbeißen. Für die Chronologie nach Menes rekonstruierten die Fachleute ihr Zahlenwerk mühevoll aus datierbaren Funden, Bauten und astronomischen Berechnungen. Mit wenigen Abweichungen stimmt dieses Datengebäude, aber es kann nichts aussagen über die Zeit der ersten Dynastie hinaus.

Hier springt die Legende ein. Zur Verblüffung der Gelehrten nennt auch sie präzise Namenslisten und Regierungsabläufe, die in Zahlen dokumentiert werden, nur fehlen der Archäologie die entsprechenden Monumente oder Artefakte. Was soll man mit Namen und Daten anfangen, die zwar Jahrzehntausende in die Vergangenheit zurückreichen, aber an steinernen Dokumenten nicht nachweisbar sind? Sie werden zu Mythen.

Dem ägyptischen Priester Manetho werden acht Werke zugeschrieben, darunter ein Buch über die Geschichte Ägyptens und das Sothis-Buch. Sie enthalten Namen und Regierungsjahre von vorgeschichtlichen Königen, die bis in die Zeit der Halbgötter und Götter zurückreichen. Wie kam Manetho, der etwa im 3. Jahrhundert v. Chr. lebte, zu den alten Zahlen?

Schon seit frühester Zeit war es üblich, die Jahre nach außergewöhnlichen Ereignissen festzuhalten. Es entstanden so etwas wie »Datenlisten«, die zu Annalen heranwuchsen. Die Priesterschaft hütete und kopierte diese Annalen, denn nur aus ihnen ließen sich die ruhmvollen Taten der Menschen und die hervorragenden und bewunderten Leistungen der Götter rezitieren.

Selbst in späteren Zeiten, als das Pharaonen-Reich in Hochblüte stand und die Annalen keine exakten Kalenderdaten mehr überlieferten, war es Sitte, bei speziellen Ereignissen die Annalen heranzuziehen. Man wollte sehen, ob sich derartiges schon einmal abgespielt habe. So ist überliefert, daß Ramses IV. bei einem Besuch in Heliopolis seinen Namen in goldenen Zeichen auf einem Baum geschrieben fand. Alsogleich »prüfte man die Annalen seit Beginn des Königtums, soweit sie auf der Rolle bis in die Zeit der Vorfahren standen«, und fand nichts dergleichen verzeichnet [14]. Auch suchte man in den Annalen beispielsweise nach außergewöhnlichen Klimakatastrophen oder nach der erwarteten Wiederkehr der Götter.

Dem Priester Manetho standen derartige Annalen für seine Recherchen zur Verfügung. Er schreibt, der erste Herrscher in Ägypten sei Hephaistos gewesen, der auch das Feuer erfunden (gebracht?) habe. Dann folgten Chronos, Osiris, Tiphon, ein Bruder des Osiris; dann Horos, des Osiris und der Isis Sohn. »Nach den Göttern regierte das Geschlecht der Göttersprößlinge 1255 Jahre. Und wiederum herrschten andere Könige 1817 Jahre. Danach andere dreißig Könige, memphitische, 1790 Jahre. Danach andere, thynitische, zehn Könige 350 Jahre. Der Totengeister und Göttersprößlinge Königtum umfaßte 5813 Jahre [15].

Der Kirchenfürst Eusebius, der diese Daten von Manetho übernahm, vermerkt ausdrücklich, es handle sich dabei um Mondjahre, die aber immer noch auf über 30000 Sonnenjahre v. Chr. zurückdatieren. Begreiflicherweise sind Manethos Zahlen unter den Gelehrten umstritten, es fehlt der feste Bezugspunkt, ab welchem vor- oder zurückgerechnet werden kann [17, 18, 19].

Vor Datierungen in Jahrzehntausenden graut unseren Archäologen. Manethos Zahlen werden auf Mondjahre zurechtgestutzt, er selbst der Übertreibung bezichtigt, weil er als Priester schließlich ein Interesse daran hatte, das Priesteramt auf eine uralte Tradition zu hieven. Selbst die wohlwollenden Kritiker, die Manethos Integrität nicht anzweifeln, trösten sich damit, Manetho habe eben alte Annalen kopiert, die ihrerseits schon von Übertreibungen wimmelten. Unverständlich bleibt, weshalb denn andere antike Autoren, die weder Priester noch Ägypter waren und denen wir keinerlei Selbstbeweihräucherung unterschieben können, mit genauso »unmöglichen Daten« operieren.

Diodor von Sizilien, immerhin Geschichtsschreiber einer vierzigbändigen historischen Bibliothek, der in seinen Büchern stets wieder Schübe von Skepsis und Kritik einfließen läßt, berichtet im ersten Buch, die alten Götter hätten »alleine in Ägypten viele Städte gegründet« [20], von den Göttern seien Abkömmlinge hervorgegangen, von denen »einige von ihnen Könige über Ägypten wurden«. In jener fernen Zeit war der Vorläufer des Homo sapiens noch eine primitive Gestalt, »erst die Götter haben den Menschen entwöhnt, sich gegenseitig aufzufressen«. Von den Göttern lernten die Menschen – nach Diodor – die Künste, den Bergbau, die Anfertigung von Werkzeugen, die Bebauung des Bodens und die Gewinnung von Wein.

Doch auch Sprache und Schrift stammten von den hilfreichen himmlischen Wesen.

> »Von diesen nämlich sei zuerst die allen verständliche Sprache gegliedert und ausgebildet worden und vieles mit Namen belegt, wofür man bis dahin noch keinen Ausdruck hatte, und auch die Erfindung der Schrift sei von ihm [Hermes alias Henoch, EvD] ausgegangen sowie die Anordnung der Götterverehrung und der Opfer. Auch sei er der erste gewesen, der die Ordnung der Gestirne und die Harmonie der Natur der Töne durch Beobachtung ausfindig gemacht... Wie man denn überhaupt zu des Osiris Zeiten ihn als Heiligen Schreiber gebraucht habe.«

Es ist nicht zu übersehen. Weit weg von Diodor wird auch Henoch als »heiliger Schreiber« betitelt. Genauso wie Diodor, der nichts vom biblischen Patriarchen weiß, schreibt auch Henoch in seinem in der Ichform gehaltenen Erlebnisbericht, die »Wächter des Himmels« hätten sich auf Erden als positive wie negative Lehrmeister hervorgetan [11].

> »Der Name des ersten ist Jequn; das ist der, welcher alle Kinder der Engel verführte, sie auf das Festland herabbrachte und durch die Menschentöchter verführte. Der zweite heißt Asbeel; dieser erteilte den Kindern der Engel böse Ratschläge, daß sie ihre Leiber durch die Menschentöchter verderbten. Der dritte heißt Gadreel; das ist der, der den Menschenkindern allerhand todbringende Schläge zeigte. Auch verführte er die Eva und zeigte den Menschenkindern die Mordinstrumente, den Panzer, den Schild, das Schlachtschwert und überhaupt allerhand Mordinstrumente. Der vierte heißt Penemue; dieser hat den Menschenkindern das Unterscheiden von bitter und süß gezeigt und ihnen alle Geheimnisse ihrer Weisheit kundgetan. Er hat die Menschen das Schreiben mit Tinte und auf Papier gelehrt...«

Warum nur sträuben wir uns gegen derartige Überlieferungen, die vor Jahrtausenden fester Bestandteil des historischen Wissens waren? Hat unsere Geschichtsforschung, soweit sie über den Pharao Menes hinausreicht, etwas Vernünftigeres zu bieten? Wo sind die überzeugenden Argumente gegen Diodor? Ich mache es mir zu einfach, vernahm ich schon, man könne nicht nur auf Diodor abstellen. Richtig. Doch genau hier liegt der Fluch unseres Spezialistentums. Ein Ägyptologe weiß nichts über altindische Überlieferungen, ein Sanskrit-Gelehrter nichts über Henoch oder Esra, ein Amerikanist nichts über das Rigveda, ein Sumerologe nichts über den Maya-Gott Kukulkan... usw. Und wenn einmal ein gescheiter Kopf vergleichende Studien betreibt, dann immer aus dem schwulstigen und eingeengten Blickwinkel der Theologie oder Psychologie heraus. Die Beweiskette für Diodors Berichte ist schon vor Jahrtausenden international bestätigt worden, auch wenn die jeweiligen Berichterstatter verschiedene Namen und unterschiedliche Rahmenstorys dazu lieferten. Durch den Filter gesiebt, schildern alle alten Chronisten aus den sieben Weltgegenden im Kern dasselbe. Woran kann es liegen, daß wir diesen Chronisten kein Wort glauben möchten? Ich weiß, eine Wahrheit triumphiert nie, aber ihre Gegner sterben allmählich aus. Für mich ist die selbstverständlich hingekritzelte Feststellung von Diodor, der ägyptische Gott Osiris habe auch in Indien einige Städte gegründet, so sternenklar, daß mich jeder akademische Disput darüber langweilt. Was für Datumsangaben vermeldet denn Diodor?

> »Von Osiris und Isis bis zur Herrschaft Alexanders, der in Ägypten die nach ihm benannte Stadt gegründet hat, seien mehr als zehntausend Jahre verflossen, sagen sie, – wie einige aber schreiben, gar nur ein geringes weniger als dreiundzwanzigtausend...

Wenige Seiten später, im 24. Kapitel, berichtet Diodor vom Kampf der olympischen Götter gegen die Giganten. Dabei hält der kritische Diodor den Griechen vor, sie irrten sich, wenn sie die Geburt des Herakles nur eine Generation vor dem Trojanischen Krieg angäben, denn dies wäre »zur Zeit der ersten Entstehung des Menschen geschehen. Von dieser an nämlich würden bei den Ägyptern mehr als zehntausend Jahre gezählt, seit dem Trojanischen Krieg aber nicht einmal ganz eintausendzweihundert.«

Diodor weiß, wovon er spricht, denn im 44. Kapitel vergleicht er die ägyptischen Daten sogar mit seinem eigenen Ägypten-Besuch. Er schreibt, ursprünglich hätten »über Ägypten Götter und Heroen geherrscht, und zwar nicht viel weniger als achtzehntausend Jahre, und der letzte göttliche König sei Horos, der Isis Sohn, gewesen. Von Menschenkönigen aber sei das Land regiert worden von Moeris an nicht viel weniger als fünftausend Jahre bis zur 180. Olympiade, in welcher ich selbst nach Ägypten gekommen bin...«

Diodor hat seine Hausaufgaben gemacht, er hat die damaligen Quellen studiert, sich mit den Wissenden unterhalten. Wir nicht. Wir zertrümmerten im Zeichen der gerade herrschenden

Religion die alten Bibliotheken, ließen kostbare Handschriften in Flammen aufgehen, ermordeten die Wissenden und Weisen ihrer Völker. Die fünfhunderttausend Schriftstücke der Bibliothek von Karthago? Verbrannt! Die »Sibyllinischen Bücher« oder das in goldenen Lettern geschriebene Buch »Awesta« der Parsen? Verbrannt! Die Bibliotheken von Pergamon, Jerusalem, Alexandrien mit insgesamt Millionen von Werken? Verbrannt! Die unschätzbaren Manuskripte der zentralamerikanischen Völker? Verbrannt! Unsere pyromanische Vergangenheit ist so gigantisch wie das Stroh in revolutionären Köpfen.

Herodot und 341 Statuen

Auch Herodot, noch Jahrhunderte vor Diodor Besucher im alten Ägypten, gibt im 2. Buch der Historien (Kap. 141 und 142) ein anschauliches Beispiel für das hohe Alter der ägyptischen Geschichte. Er schildert, die Priester in Theben hätten ihm höchstpersönlich 341 Statuen gezeigt, deren jede eine hohepriesterliche Generation seit 11 340 Jahren angebe. »Denn jeder Oberpriester stellt dort bereits zu seinen Lebzeiten seine eigene Statue auf. Die Priester zählten und zeigten mir alle nacheinander zum Nachweis, daß immer der Sohn dem Vater folgte. So gingen sie von dem Bild des zuletzt Verstorbenen alle der Reihe nach bis zum Anfang durch... Sie zeigten, daß alle, deren Bilder dort standen, Menschen dieser Art waren, von den Göttern weit verschieden. Vor diesen Männern hätten allerdings die Götter in Ägypten geherrscht und bei den Menschen gewohnt... Das wollen die Ägypter ganz bestimmt wissen, weil sie beständig die Jahre berechneten und aufschrieben...«

Warum sollen die Priester den Reisenden Herodot so schamlos mit ihren 11 340 gezählten Jahren angelogen haben? Warum betonen sie ausdrücklich, seit 341 Generationen hätten keine Götter mehr unter ihnen geweilt? Warum demonstrieren sie ihre präzisen Zeitangaben an vorhandenen Statuen? Herodot, nicht leichtgläubig, unterstreicht, die Priester hätten »...mir selbst in den meisten Fällen durch Tatsachen bewiesen, daß es so gewesen ist«. Penibel unterscheidet er zwischen Realitäten und Erzählungen:

»Alles, was ich bisher mitgeteilt habe, beruht auf eigener Anschauung, eigenem Urteil oder eigener Forschung. Von jetzt an will ich die ägyptische Geschichte erzählen, wie ich sie hörte. Doch auch dabei kommt noch manches vor, was ich selbst gesehen habe.«

Unsere »gesicherte« Lehrmeinung kennt Menes als ersten Pharao der ersten Dynastie (um 2920 v. Chr.). Dieselbe Lehrmeinung übernimmt von Herodot den Bericht, Menes habe den Nil oberhalb Memphis umleiten lassen, unterschlägt aber mit geschlossenen Augen und Ohren, was Herodot achtzehn Zeilen später festhält:

»Auf Menes folgten dreihundertdreißig Könige, deren Namen die Priester aus einem Buch vorlasen.«

Ist unter den dreihundertdreißig Königen nach Menes wirklich kein Platz für einen Erbauer der Pyramiden? Und: Angesichts der Herodot vorgezeigten Statuen, die jede eine oberpriesterliche Generation repräsentieren, erledigt sich die Frage der Mondjahre von selbst. »Man kann alle Leute einige Zeit und einige Leute alle Zeit, aber nicht alle Leute alle Zeit zum Narren halten.« (Abraham Lincoln)

Das Auge der Sphinx

Es war einmal ein ägyptischer Prinz, der gerne in der Gegend von Memphis, dort, wo die großen Pyramiden stehen, zur Jagd ging. Eines Mittags ließ er sich erschöpft im Schatten des Sphinx-Kopfes nieder und schlief ein. Da plötzlich öffnete »der große Gott« den Mund und sprach zum schlafenden Prinzen, wie ein Vater zum Sohne redet [22]:

»Sieh mich an und blicke auf mich, mein Sohn Thutmosis. Ich bin dein Vater, der Gott Harachte-Chepere-Rê-Atum. Ich will dir die Königsherrschaft geben... die Reichtümer Ägyp-

tens und die großen Tribute aller Länder sollen dir beschieden sein. Es ist schon eine lange Zeit an Jahren, daß mein Antlitz auf dich gerichtet ist und ebenso mein Herz. Mich bedrängt der Sand der Wüste, auf der ich stehe. Versprich mir, daß du meinen Wunsch erfüllen wirst…«

Aus dem Prinzen wurde der Pharao Thutmosis IV. (1401–1391 v. Chr.). Schon in seinem ersten Regierungsjahr erfüllte er die Bitte des göttlichen Vaters. Er ließ die Sphinx freischaufeln. Die rührige Story über seinen Traum vertraute Thutmosis einer Stele an, die heute zwischen den Vorderpranken der Sphinx steht.

Die Sphinx, der Sphinx – niemand weiß Genaues, denn bis heute wird gerätselt, ob die Kolossalfigur ursprünglich männliche oder weibliche Züge aufwies. Vielleicht beides. Thutmosis Rettungsaktion war nicht von langer Dauer. Der/die Sphinx versandete wieder, die Ptolemäer gruben das Mischwesen aus, der Sand holte es wieder ein.

Geschichtlich bekannt ist die Ausgrabung von 1818 durch Giovanni Battista Caviglio, denselben, der sich mit Howard Vyse verkrachte. Caviglio entdeckte zwischen den Löwenpranken einen mit Steinplatten ausgelegten Vorhof, der durch einen Gang unterteilt war, in dem ein steinerner Löwe ruhte. Nur siebzig Jahre später mußte die Sphinx – ich bleibe bei »die« – durch Gaston Maspero, damals Direktor der Ägyptischen Altertumsverwaltung, wieder ausgebuddelt werden, und vierzig Jahre später war es erneut soweit. Die Sphinx versank im Sande. Auch zu Herodots Zeiten muß die merkwürdige und geheimnisvolle Figur unsichtbar gewesen sein. Der »Vater der Geschichtsschreibung« erwähnt sie mit keinem Wort.

Was ist das, die Sphinx? Ein siebenundfünfzig Meter langer Löwenkörper, zwanzig Meter hoch, aus einem einzigen, gigantischen Felsblock geschlagen, mit einem rätselhaften Haupt und einem Schleier über dem Hinterkopf. Der Ägyptologe Kurt Lange nennt die Figur [22] »das monumentale Sinnbild der Königsmacht«. Was soll sie darstellen? Was symbolisieren? Was ist ihre Aufgabe? Wozu war sie bestimmt? Es gibt keine Antwort auf die Fragen. Jahrtausende nagten an dem gewalti-

Die Traum-Stele des Pharao Thutmosis IV. erhebt sich vor den Pranken der Sphinx von Gizeh.

gen Denkmal, eventuelle Inschriften sowie eine Gestalt, welche die Sphinx einst zur Brust nahm, sind verwittert.

Richard Lepsius wunderte sich über die Bedeutung der Sphinx, die zu seiner Zeit zur Hälfte vom Sand verschüttet war. »Welchen König sollte sie darstellen?« [23], fragt Lepsius, und: »Wenn hier der König Chefren dargestellt war, warum führt das Bild nicht seinen Namen?«

Die Augen der Sphinx sind weit geöffnet, in erwartungsvoller Ruhe blickt sie bedächtig, überlegen, selbstsicher und, wie mir scheint, leicht spöttisch über die winzigen Menschen unter ihr. Fachleute sind sich wenigstens darin einig: Die Sphinx von Gizeh ist die älteste aller Sphingen, die Mutter, das Urmodell der späteren Imitationen. Sie wird dem Pharao Chephren (2520–2494 v. Chr.) zugeschrieben, nicht etwa, weil es dafür hieb- und stichfeste Beweise gäbe, sondern weil sich der Name »Chephren« gerade noch auf einer abgebröckelten Kartusche der Thutmosis-Stele entziffern läßt. So man denn »Chephren« herauslesen will. Thutmosis lebte über tausend Jahre nach Chephren, nur er selbst könnte Auskunft geben, in welchem Zusammenhang die Kartusche »Chephren« auf seiner Inschrift auftauchte.

Cajus Plinius Secundus schreibt im 17. Kapitel seines 36. Buches [24]:

»Vor diesen Pyramiden steht die Sphinx, eine Gottheit der dortigen Bewohner, welche noch weit mehr Bewunderung verdient, aber von den Schriftstellern fast mit Stillschweigen behandelt wird. In ihr soll der König Harmais begraben liegen, sie selbst aber anderswoher gebracht worden sein. Sie ist aus einem einzigen natürlichen Steine gearbeitet, und das rote Gesicht dieses Ungeheuers wird göttlich verehrt.«

Ein König mit dem Namen »Harmais« existiert in der Ägyptologie nicht, auch wurde bislang kein Grab unter der Sphinx lokalisiert. Vielleicht ist der »Harmais« von Plinius identisch mit dem »Amasis« von Herodot. Dann landeten wir schon wieder in mythischen Gefilden, denn Herodot weiß: »Nach eigener Angabe der Ägypter waren nämlich bis zur Regierungszeit des Amasis siebzehntausend Jahre verflossen...«

Sphinx und Pyramide gehören seit Menschengedenken zusammen. Beide verbindet ihre monumentale Wucht – und ihre Namenlosigkeit. Ein siebenundfünfzig Meter langes und zwanzig Meter hohes Mischwesen schlägt niemand so husch husch aus dem Fels. Ohne Detailentwürfe und Schablonen, in diesem Falle gar ohne Gerüste war das Wunderwesen nicht zu gestalten. Auf oder in den Pyramiden erwartete man Inschriften der Art: »Ich, Pharao XY, errichtete dieses Bauwerk«, an der Sphinx wäre eine Gravur des Sinnes fällig: »Ich, Göttin/Gott XY bewache dieses Gräberfeld«, oder: »Für ewige Zeiten erinnere ich die Menschen an...« Welche Gründe führten sowohl bei den Pyramiden wie bei der Sphinx zum Denkmal ohne Etikette? Gab es – damals schon – ein Geheimnis um diese Bauten, ein Mysterium, das absichtlich nicht publik gemacht wurde? War die Namenlosigkeit nicht Schlamperei oder Böswilligkeit späterer Generationen, sondern Zweck? Eine trokkene Feststellung von Diodor von Sizilien wirkt hier wie Dynamit. Behauptet er doch, einige der Urgötter seien auf Erden bestattet worden? Wie bitte? Und Wo? [20]

> »Was vom Begräbnis dieser Götter erzählt wird, widerspricht sich aber meist, weil es den Priestern verboten wurde, das ihnen mitgeteilte genaue Wissen über diese Dinge weiter zu verbreiten, weshalb sie die Wahrheit nicht unter das Volk bringen wollten, da denen Gefahr drohte, welche die geheimzuhaltende Kunde über diese Götter unter die Masse brächten.«

Die knappe Mitteilung verbirgt Ungeheuerliches. Götter liegen irgendwo auf der Erde begraben! Die Hohepriester wußten dies, durften aber ausdrücklich nichts darüber verlauten lassen. Warum soll nicht einer dieser Gott-Könige unter der Großen Pyramide ruhen? Ob er Saurid oder Idris, Hermes, Henoch oder sonstwie hieß, spielt da keine Rolle mehr.

Wenn... wenn die Große Pyramide von einem Gott-König oder Göttersprößling erbaut wurde... wenn dies in einer Zeit vor Cheops geschah... wenn die Pyramide geheime Bücher und wertvolle Gerätschaften enthält... und wenn gar einer dieser Gott-Könige in der Pyramide begraben liegt, dann ist die

Diese Mauer aus sauber gefügten Monolithen könnte sich genauso in der alten Inka-Hauptstadt Cuzco in Peru befinden. Das Foto wurde jedoch im Tempel neben der Sphinx von Gizeh gemacht. Lehrten in Peru dieselben Baumeister wie in Ägypten?

Namenlosigkeit gewollt. Diodor löste das Rätsel. Es war rundweg verboten, das Wissen über die Göttergruften zu verbreiten.

Und die Sphinx? Sie wird in diesem Modell zur grandiosen Erinnerung an die Verbindung zwischen dem irdischen und dem außerirdischen Element, dem Erdentier und dem göttlichen Intellekt. Sie ist das steingewordene Symbol des Bundes

von Fleisch und analytischem Verstand, von kraftstrotzender Primitivität und erhabener Kultur. Über Jahrtausende lächelte die Sphinx spöttisch und feinsinnig. Die Augen der Sphinx beobachten unsere Entwicklung milde und verständnisvoll bis zu dem Tage, an dem *uns* die Augen aufgehen. Dieser Tag steht bevor, die verborgenen Kammern und Stollen in der Pyramide sind schon angepeilt.

Der verschwundene Pharao

Eine Rätselnuß von ganz besonderer Brisanz hinterließ ein Pharao, der erwiesenermaßen noch sechzig Jahre vor Cheops regierte. Sechemchet aus der 3. Dynastie (2611–2603 v. Chr.). Dieser Herrscher ließ südwestlich von der Stufenpyramide von Sakkara eine eigene Pyramide errichten, die offenbar nie vollendet wurde, denn das Bauwerk gedieh nur knapp acht Meter in die Höhe.

Im Laufe der Jahrtausende verschwand diese Pyramide restlos im Sand, erst 1951 wurde sie vom ägyptischen Archäologen Zakaria Goneim wieder lokalisiert.

Dr. Zakaria Goneim galt als hochintelligenter und begabter Archäologe, das Gegenteil von einem verschlossenen oder gar sturen Gelehrten. Er führte seine Seminare und Ausgrabungen mit freundlichem Humor und vermittelte stets ein feines Gespür für die Fragen der Studenten. Auch verstand er es vorzüglich, die ausgegrabenen Knochen und Ruinen durch Geschichten zu beleben. Als Zakaria Goneim den in den Fels gehauenen Eingang entdeckte, der einen Korridor unter die Pyramide von Sechemchet freigab, hoffte er inbrünstig, die darunter liegende Grabkammer möge die Jahrtausende unberührt überstanden haben.

Mühsam und über Jahre schaufelte sich das Ausgräberteam

Tief unter dem Felsboden von Sakkara liegt das Grab des Pharao Sechemchet.

durch die Sand- und Gesteinsschichten. Zakaria Goneim stieß auf einen weiteren Gang, in dem Tausende von Tierknochen lagen, darunter Gazellen und Schafe. Auch zweiundsechzig zerbrochene Täfelchen mit Schriftfragmenten aus dem Jahre 600 v. Chr. kamen ans Tageslicht. Irgendwer mußte sie zweitausend Jahre nach dem Tode von Pharao Sechemchet dort deponiert haben. Ende Februar 1954 standen die Ausgräber endlich vor der eigentlichen Grabkammer tief unter dem Wüstenboden. Großmütig überließ Zakaria Goneim die offizielle Öffnung dem damaligen Kultusminister, der am 9. März 1954 zum entscheidenden Hammerschlag ausholte.

Über einen letzten Stollen krochen die Männer in einen unterirdischen Saal, roh aus dem Felsen geschlagen, genau wie die »unvollendete Grabkammer« unter der Cheops-Pyramide. Im Zentrum des Raumes stand ein herrlicher, polierter Sarkophag aus weißem Alabaster, einer Abart des Marmors. Auf dem nördlichen Sarkophagende waren die zerfallenen Überreste eines Blumengebindes erkennbar, das jemand dem verstorbenen Pharao als letzten Gruß auf den Sarkophag gelegt hatte. Sofort ließ Zakaria Goneim den Pflanzenstaub sorgfältig abdecken, ihm war augenblicklich klar, welches »Pfund« ihm das Glück in die Hände gespielt hatte. Die recht ansehnliche Schicht von Pflanzenüberresten war der Beweis für die Unberührtheit des Sarkophages. Die Arbeiter und Archäologen lachten, tanzten und hüpften vor Freude in der unterirdischen Halle. Endlich ein intakter Sarkophag!

In den darauffolgenden Tagen wurde das einzigartige Prachtstück penibel untersucht. Es gab nicht das geringste Anzeichen für eine mit Gewalt erzwungene Sarkophag-Öffnung in den vergangenen viertausendfünfhundert Jahren, nicht einmal eine Spur eines Öffnungsversuches war feststellbar. Zweifellos lag Pharao Sechemchet im Sarkophag, das zerfallene Blumengebinde lieferte den zusätzlichen Beweis. Der prächtige Sarkophag – »wie aus einem Guß« – war nicht nur vom Material und der weißcremigen Farbe her einzigartig, sondern auch wegen einer Schiebetüre, die ihn luftdicht versiegelte. Üblicherweise tragen Sarkophage Deckel, die auf der Sarkophag-

Die Büste des ägyptischen Archäologen Dr. Zakaria Goneim steht vor dem Ägyptischen Museum von Kairo.

Wanne liegen. Nicht hier. Der Sarkophag von Sechemchet wies wie bei einem Tierkäfig eine an der Vorderseite angebrachte, nach oben aufziehbare Schiebetüre auf, in wunderbaren Schienen und Leisten aus dem Alabaster herausgeschnitzt. Ein einzigartiges und unvergleichliches Kunstwerk, der schönste und zugleich älteste Sarkophag, den Ägyptologen je bestaunten.

Zakaria Goneim heuerte eine spezielle, sudanesische Polizeitruppe an, welche die Grabkammer Tag und Nacht bewachte und niemanden hineinließ. Die sudanesischen Polizisten, bekannt für ihre Sturheit, setzten einen einmal erteilten

Eine große Enttäuschung: Der aus einem Stück hergestellte Alabaster-Sarkophag des Pharao Sechemchet war leer!

Befehl strikt durch. Alles sollte bis zur offiziellen Sarkophag-Öffnung unangetastet bleiben.

Am 26. Juli 1954 war es soweit. Ägyptische Regierungsvertreter, ausgesuchte Archäologen und ein Heer von Journalisten aus aller Welt waren eingeladen, Filmkameras und Fotoapparate installiert, der Sarkophag von Scheinwerfern angestrahlt. Auch Chemikalien standen für den Fall bereit, daß gleich an Ort und Stelle irgend etwas vor dem sofortigen Zerfall geschützt werden mußte. Nochmals starrte Zakaria Goneim den Sarkophag an, unbeschreibliche Gefühle von Hoffnung und Glück wallten in ihm auf, dann erteilte er das Kommando zur Öffnung.

Zwei Arbeiter schoben Messer, dann Meißel in die kaum wahrnehmbaren Fugen am unteren Ende der Schiebetüre. Stricke wurden festgemacht, andere Arbeiter stellten sich auf den Sarkophag und zerrten aus Leibeskräften. Volle zwei Stunden bemühte man sich mit vereinten Kräften, die Schiebetüre aufzukriegen. Endlich ein Spalt, ein Ächzen und Knirschen des Alabasters, die Tür hob sich um einige Zentimeter. Sofort wurden Holzpflöcke dazwischen geschoben. Still und angespannt verfolgten die anwesenden Pressevertreter und Archäologen, wie die Öffnung Zentimeter um Zentimeter wuchs.

Zakaria Goneim ging als erster in die Knie, leuchtete erwartungsvoll mit einer Lampe in den Sarkophag. Verwirrt, unsicher, perplex leuchtete er noch und noch in die Öffnung – der Sarkophag war leer!

Die Archäologen verstanden ihre Welt nicht mehr, die Journalisten fühlten sich um eine Sensation geprellt und verließen enttäuscht den Grabungsort. In den darauffolgenden Tagen leuchtete Zakaria Goneim den Sarkophag wieder und wieder aus, er enthielt nicht einmal ein Sandkorn. Die grandiose Alabaster-Truhe war blitzsauber.

Was nun? Hat sich die Mumie vom Sechemchet aus dem Staub gemacht, oder ist der Pharao gar nie beerdigt worden? Letzteres ist zwar vorstellbar, widerspricht aber den harten Tatsachen vor Ort.

Erinnern wir uns: der Sarkophag war vollkommen versiegelt, seit Jahrtausenden unberührt. Auf dem Sarkophag ein letzter Blumengruß, vermutlich von der Geliebten, die ihren Herrn bis hinunter in die Gruft begleiten durfte.

Als ich mit Rudolf Eckhardt in der unterirdischen Halle stand und wir den unvergleichlichen Sarkophag mitsamt den Blumenresten aus allen Winkeln fotografierten, durchzuckten mich jene unfrisierten Gedanken, die eigentlich ins Reich der Science-fiction gehören und doch nicht von der Hand zu weisen sind. Ich war nicht bereit, mich achselzuckend mit dem leeren Sarkophag abzufinden und meine Gedanken im grauen Nebel zu verstecken.

Was hatte Diodor von Sizilien vor zwei Jahrtausenden berichtet? »Urgötter« seien auf der Erde bestattet worden? Jetzt stand ich in einer buchstäblich uralten Felsenhalle, älter als Cheops, die steingewordenen Widersprüche prasselten wie das verhaltene Gekicher des Götterboten Hermes auf mich ein. Hier ein unvergleichlicher Sarkophag, einzigartig in seiner Schönheit – dort die rauhe Felsenhalle ohne geglättete Decke und ohne monolithische Platten. Die Wucht und gleichzeitige Zartheit des Sarkophages paßte nicht in das ungehobelte Felsenloch. Die Situation war ähnlich wie in der »unvollendeten Grabkammer« im Fels unter der Cheops-Pyramide. Stand ich vor dem Sarkophag eines legendären Urkönigs? Hatte sich hier ein Göttersprößling zur Ruhe gelegt? Freilich nicht für die Ewigkeit, sonst hätte Zakaria Goneim seinen Leichnam gefunden, sondern nur für einige Jahrzehnte oder bestenfalls Jahrhunderte, bis seine raumfahrenden Kollegen ihn abholten und wieder auferweckten? Absurd? Wir denken doch auch daran, zukünftige Astronauten auf ihren langen Reisen in einen tief-

Noch heute liegen die Überreste eines Jahrtausende alten Blumengebindes auf dem Sarkophag.

schlafähnlichen Zustand zu versetzen. So weltfremd ist die Idee nicht. War die irdische Uhr des Göttersprößlings XY abgelaufen? War er womöglich ernsthaft erkrankt? War seine Aufgabe unter den Menschen erfüllt? Ging es nur noch darum, den Körper mit Hilfe der richtigen Medikamente in einen Winterschlaf zu versetzen und zu warten, bis die Kameraden im Mutterraumschiff zurückkehrten, ihn anpeilten und an Bord nahmen? War deshalb eine mit Monolithen ausstaffierte Grabkammer überflüssig, ja sogar gefährlich? Bekanntlich würden die Menschen in ihrem ehrfürchtigen und aufopferungsbereiten Fleiß erst aufhören, an Monolithen zu schleifen, wenn auch die hinterletzte Fuge nahtlos zusammenpaßte. Das hätte jahrelanges Betreten der »Schlafkammer« bedeutet, und exakt dies mußte untersagt werden. Einmal im Tiefschlaf, sollte kein Steinmetz

und kein Priester mehr den unterirdischen Raum aufsuchen dürfen, die Anonymität und das Vergessen um die Höhle mit dem Sarkophag war urköniglicher Befehl. *»... Weil es den Priestern verboten wurde, das ihnen mitgeteilte genaue Wissen über diese Dinge weiter zu verbreiten«* (Diodor).

Zur Entstehung der Wiedergeburt

Stammt die beherrschende Idee von der Wiedergeburt aus jener Zeit, als sich die Urkönige zum Tiefschlaf betteten? Imitierten spätere Pharaonen lediglich, was die Priester mit ihrem verbotenen Geheimwissen seit jeher wußten und logischerweise auch ihren Pharaonen, den obersten Chefs, anvertrauten: Tote Körper schlafen nur, sie werden von den Göttern abgeholt und

Dieselbe widernatürliche Eitelkeit, um die Verbundenheit mit den Göttern zu demonstrieren: links *Pharao Echnaton mit Nofretete mit ihren drei nackten Kleinkindern; das kleinste an der Schulter von Nofretete, alle mit deformierten Schädeln.* – Oben: *Deformierte Schädel aus dem Museum von Ica in Peru.*

»ins Weltall« mitgenommen. War dies der wahre Grund für den späteren Pharaonen-Glauben, irdische Werte wie Gold und Edelsteine müßten in den Grüften bereitgehalten werden, um damit die Wiedererweckungsmannschaft zu bezahlen? Fabulieren die Pyramiden-Texte deshalb so blumig und hoffnungsfroh von einer zukünftigen Reise des verstorbenen Pharao zu den Gefilden des Sternenhimmels?

Spekulative Fragen, zugegeben, provoziert aus der Aktenlage der Überlieferungen. Das Fatale an unseren Erkenntnissen bleibt ja, daß man sie ohne Vergangenheit nicht haben kann.

Auch wenn bislang kein »schlafender Urkönig« und keine Mumie eines Göttersprößlings aufgetaucht ist, gibt es doch vorzeigbare Tatsachen für ihre ehemalige Existenz. Der Mensch war immer ein großer Imitator, er orientierte sich – und tut dies bis auf den heutigen Tag – stets an irgendwelchen Vorbildern. Widerspruch? Was ist denn die alljährliche Nachäfferei des jeweiligen Modetrends schon anderes als die Imitation von zugestanden hübschen Vorbildern? Der Mensch kopierte Zepter und Krone, technisches Gerät, wie in Cargo-Kulten belegt ist, und Schönheitsideale. Es wäre verwunderlich, wenn er nicht auch das Aussehen der Götter nachgeahmt hätte.

Welches Verhalten unserer Vorfahren ist derart widernatürlich und gleichzeitig international, daß es mühelos auf einen gemeinsamen Nenner gebracht werden kann?

Die Schädeldeformationen! Sie sind das scheußlichste Beispiel menschlicher Eitelkeit und passen – um im Bild zu bleiben – zur menschlichen Natur wie die Faust aufs Auge. Ohne elektronischen Kommunikationsaustausch, ohne Reisen im Düsenjet und ganz ohne TV-Satelliten betrieben unsere prähistorischen Vorfahren ihren Kult der Schädeldeformation gleich weltweit. Die Verformungen beginnen an den Schläfen, wölben sich wie die Leiber von Wespen ab den Stirnen nach oben. Oft haben die Hinterköpfe das dreifache Volumen eines normalen Schädels.

Von den Inka in Peru weiß man, daß ihre Priester Knaben in sehr jungen Jahren auswählten und ihre kleinen, noch nicht gefestigten Köpfe zwischen gepolsterte Bretter legten. Durch Scharniere wurden Schnüre gezogen, die langsam und stetig den Zwischenraum enger machten. Einige Kinder müssen die Prozedur unter unsäglichen Qualen überstanden haben, sonst gäbe es diese deformierten Schädel ausgewachsener Männer nicht.

Welche Perversion brachte unsere Vorfahren dazu, die zarten Köpfe ihrer eigenen Kinder in die Länge zu quetschen? Archäologen, mit denen ich mich darüber unterhielt, konnten verständlicherweise keine vernünftige Lösung anbieten. Man redete von einem »Nützlichkeitsdenken« wie etwa dem Tragen von Stirnbändern, das durch den deformierten Schädel leichter geworden sei. Ein normaler Kopf mit einer normalen Stirne schleppt über ein Stirnband größere Lasten als ein in die Länge gezogener Hinterkopf. Auch von einem »Schönheitsideal« wurde gesprochen und der »Unterscheidung einer sozialen Gruppe nach außen«.

Freunde, Schädeldeformationen sind keine peruanische Spezialität! Man findet sie in Nordamerika, Mexiko, Ekuador, Bolivien, Peru, Patagonien, Ozeanien, im eurasischen Steppengürtel, in Zentral- und Westafrika, in den Atlas-Ländern, im frühgeschichtlichen Mitteleuropa (Bretagne, Holland) und selbstverständlich in Ägypten [25].

Der Beweis

Warum? Die Kinder mußten deformiert werden, damit ihre Schädel den alten Göttern gleich schienen. Überall auf dem Erdenrund waren die Menschen den respekteinflößenden, klugen Wesen begegnet. Überall strebten imitierende Wichtigtuer danach, diesen Wesen wenigstens äußerlich ähnlich zu sein. Rasch bedienten sich die Priester des barbarischen Tricks, durch langgezogene Hinterköpfe göttergleich zu wirken. Damit ließen sich Mitmenschen prächtig beeindrucken! Seht, der sieht aus... der bewegt sich wie ein Gott. Er muß spezielles Wissen und – logo – spezielle Macht über die tumben Artgenossen haben. Gäbe es die Schädeldeformationen lediglich im Raum *eines* Volkes, ließen sich dafür womöglich lokale Ursachen ermitteln. So aber nicht, denn auf bildlichen Darstellungen wird der langgezogene Schädel zum internationalen Attribut der Götter. Ägyptens Götter und Göttersprößlinge mit ihren überdimensionierten Schädeln, die uns von Statuen und Tempelwänden zulächeln, sind der nicht widerlegbare Beweis.

Ich habe die Urgötter, die Lehrmeister, die aus dem Universum kamen, nicht erfunden, und ich bin auch nicht der Vater der Göttersprößlinge und Gott-Könige. Die verrückten Daten über jene nebulöse Zeit entstammen so wenig meinem Gehirn wie die Angaben, in den Pyramiden befänden sich wissenschaftliche Bücher und wertvolle Gegenstände. Ich bin nicht verantwortlich dafür, daß Pyramiden und Sphingen keine Erkennungszeichen tragen, und ich kann auch nichts dafür, wenn in einer unterirdischen Felsenhalle ein phänomenaler, ver-

schlossener und dennoch leerer Sarkophag auftaucht. Aber aufgreifen und zur Diskussion stellen will ich das Panoptikum aus Überlieferung und Anschauung, einmal, weil unsere Schulwissenschaft eingleisig operiert, doch auch, um etwas frische Luft ins Dampfbad des akademischen Weihrauchs zu leiten.

Bei der Sichtung all dieser Belege aus längst vergangenen Zeiten fällt mir ein Satz von Michel Eyquem de Montaigne (1533–1592) ein, mit dem er eine Rede vor einem Kreis erlauchter Philosophen beschloß:

»Meine Herren, ich habe nur einen Strauß Blumen gepflückt und nichts hinzugefügt als den Faden, der sie verbindet.«

LITERATURVERZEICHNIS

1. Kapitel

[1] Mariette, Auguste: Le Sérapéum de Memphis, Paris 1857, veröffentlicht von Gaston Maspero 1882
[2] Forbiger, A,: Strabos Erdbeschreibung, 17. Buch, Berlin, o. J.
[3] Wahrmund, Adolf: Diodor von Sicilien: Geschichts-Bibliothek, Stuttgart 1866
[4] Mond, Robert: The Bucheum, Volume I, London 1934
[5] Herodot: Historien, griechisch-deutsch, Bücher I + II, München 1963
[6] The Berkeley Map of the Theban Necropolis, University of California 1987
[7] Grieshammer, R.: Grab und Jenseitsglaube. Aus: Das alte Ägypten, von Arne Eggebrecht, München 1984
[8] von Däniken, Erich: Erinnerungen an die Zukunft, Düsseldorf 1968
[9] Ettinger, Robert C. W.: The Prospect of Immortality, New York 1965
[10] Leca, Ange-Pierre: Die Mumien, Düsseldorf 1982
[11] Pace, M. M.: Wrapped for Eternity, New York 1974
[12] Hopfner, Theodor: Der Tierkult der alten Ägypter, Wien 1913
[13] Smith, H. S.: A Visit to Ancient Egypt, Warminster o. J.

[14] Lauer, Jean-Philippe: Saqqara, die Königsgräber von Memphis, Bergisch-Gladbach 1977
[15] Eberhard, Otto: Beiträge zur Geschichte der Stierkulte in Ägypten, Leipzig 1938
[16] von Däniken, Erich: Wir alle sind Kinder der Götter, München 1987
[17] Latusseck, R., und Kürten, Ludwig: Wie man mit Milliardenaufwand ein genetisches Wörterbuch schreibt. Aus: »Die Welt« Nr. 163/1988
[18] Unger, Georg F.: Chronologie des Manetho, Berlin 1867
[19] Karst, Josef: Eusebius Werke, 5. Band, Die Chronik, Leipzig 1911
[20] Waddell, W. G.: Manetho, Cambridge o.J.
[21] Smith, C. E.: The Evolution of the Dragon, London 1919
[22] Harris, James E.: X-ray the Pharaos, London 1973
[23] Rowe, Alan: Discovery of the Famous Temple and Enclosure of Serapis at Alexandria, Kairo 1946

2. Kapitel

[1] Spiegelberg, Wilhelm: Die Glaubwürdigkeit von Herodots Bericht über Ägypten im Lichte der ägyptischen Denkmäler, Heidelberg 1926
[2] Preston, E. James, und Geoffry, J. Martin: All Possible Worlds, New York 1972
[3] Herodot: Historien, 1. Band, München 1963
[4] Oertel, Friedrich: Herodots Ägyptischer Logos und die Glaubwürdigkeit Herodots, Bonn 1970
[5] Kimball, O. Armayor: Herodotus' Autopsy of the Fayoum, Amsterdam 1985
[6] Beck, Hanno: Geographie, aus: Orbis Academicus, München 1973
[7] Diodor von Sicilien: Geschichts-Bibliothek, übersetzt von Dr. Adolf Wahrmund, Stuttgart 1866
[8] Strabon: Erdbeschreibung, übersetzt von Dr. A. Forbiger, Berlin o.J.
[9] Cajus Plinius Secundus: Naturgeschichte, übersetzt von Prof. Dr. G. C. Wittstein, Leipzig 1882

[10] Vandenberg, Philipp: Auf den Spuren unserer Vergangenheit, München 1977
[11] Lepsius, Richard: Denkmäler aus Ägypten und Äthiopien, Berlin 1849
[12] Lepsius, Richard: Briefe aus Ägypten, Äthiopien, Berlin 1852
[13] Schüssler, Karlheinz: Die ägyptischen Pyramiden, Köln 1983
[14] Hewison, Neil R.: The Fayoum, Cairo 1984
[15] Petrie, W. M. Flinders: The Labyrinth Gerzeh and Mazghuneh, London 1912
[16] Koerner, Joseph Leo: Die Suche nach dem Labyrinth, Frankfurt/M. o. J.
[17] Pieper, Jan: Die Entdeckung des Labyrinthischen, Wiesbaden 1987

3. Kapitel

[1] Rauprich, Herbert: Cheops, Freiburg i. B. 1982
[2] Tarhan, E. H.: Nur 4000 Jahre Kultur? Ahlen 1986
[3] Borchardt, Ludwig: Gegen die Zahlenmystik an der großen Pyramide bei Gise, Berlin 1922
[4] Neuburger, Albert: Die Technik des Altertums, Leipzig 1919
[5] Eggebrecht, Eva: Die Geschichte des Pharaonenreiches. Aus: Das alte Ägypten, München 1984
[6] Goyon, Georges: Die Cheops-Pyramide, Bergisch-Gladbach 1979
[7] Riedl, Oskar M.: Die Maschinen des Herodot, der Pyramidenbau und seine Transportprobleme, Wien o. J.
[8] Borchardt, Ludwig: Die Entstehung der Pyramiden, Berlin 1928
[9] Borchardt, Ludwig: Einiges zur dritten Bauperiode der großen Pyramide bei Gise, Berlin 1932
[10] Herodot: Historien, 2. Buch, München 1963
[11] Fitchen, John: Mit Leiter, Strick und Winde, Basel 1988
[12] Diodor von Sicilien: Geschichts-Bibliothek, 1. Buch, Stuttgart 1866
[13] Cajus Plinius Sec.: Die Naturgeschichte, 36. Buch, Leipzig 1882
[14] Al-Makrizi: Das Pyramidenkapitel in Al-Makrizi's »Hitat«. Übersetzt von Dr. Erich Graefe, Leipzig 1911
[15] Davidovits, Joseph: Pyramid Man-made Stone, Myth or Facts, Barry University, Florida 1987

[16] Klemm, D., und Wagner, R.: First Results of the Sientific Origin Determination of Ancient Egyptian Stone Material (2nd. Int. Congress of Egyptologists, Grenoble 1979)
[17] Davidovits, Joseph: Le calcaire des pierres des Grandes Pyramides d'Egypte serait un béton géopolymère vieux de 4.600 ans. Revue des Questions Scientifique, 1986
[18] Die »Weltwoche«: Das Haar in der Pyramide, Zürich, 27. Okt. 1983
[19] Schüssler, Karlheinz: Die ägyptischen Pyramiden. Erforschung, Baugeschichte und Bedeutung, Köln 1983
[20] Lauer, Jean-Philippe: Saqqara, die Königsgräber von Memphis, Bergisch-Gladbach 1977
[21] von Däniken, Erich: Habe ich mich geirrt? München 1985
[22] Steinbauer, Friedrich: Die Cargo-Kulte – Als religionsgeschichtliches und missionstheologisches Problem, Erlangen 1971
[23] Blumrich, Joseph: Kasskara und die sieben Welten. Weißer Bär erzählt den Erdmythos der Hopi-Indianer, Düsseldorf 1979
[24] Sethe, Kurt: Die altägyptischen Pyramidentexte, Zürich 1960
[25] Brugsch, Heinrich: Die Sage von der geflügelten Sonnenscheibe nach altägyptischen Quellen, Göttingen 1870
[26] Warburton, William: Versuch über die Hieroglyphen der Ägypter, Frankfurt 1980
[27] Krassa, P., Habeck, R.: Licht für den Pharao. Luxemburg 1982
[28] Habeck, Reinhard: Elektrizität im Altertum. In: »Ancient Skies«, Vol. II, 1980
[29] Habeck, Reinhard: Licht für den Pharao. In: »Ancient Skies«, Vol. II, 1983
[30] Lurker, Manfred: Götter und Symbole der alten Ägypter, Bern 1974
[31] Toth, M., Nielsen, G.: Pyramid Power, Freiburg i. Br. 1977
[32] Kirchner, Gottfried: Terra-X, Rätsel alter Weltkulturen, Frankfurt o. J.
[33] Gibt es eine Pyramidenkraft? In: »Ancient Skies«, Vol. III, 1982
[34] Brunton, Paul: Geheimnisvolles Ägypten, Zürich 1966

4. Kapitel

[1] Schüssler, Karlheinz: Die ägyptischen Pyramiden, Erforschung, Baugeschichte und Bedeutung, Köln 1983

[2] Al-Makrizi: Das Pyramidenkapitel in Al-Makrizi's »Hitat«, übersetzt von Erich Graefe, Leipzig 1911

[3] Chefren-Pyramide, Fluch des Pharao. Aus: »Der Spiegel«, Nr. 33, 1969

[4] Yoshimura, Sakuji: Non-Destructive Pyramid Investigation – By Electromagnetic Wave Method, Waseda-University, Tokyo 1987

[5] Sitchin, Zecharia: Stufen zum Kosmos. Aus dem Englischen von Ursula von Wiese. Unterägeri 1982

[6] Sitchin, Zecharia: Forging the Pharao's Name. In: »Ancient Skies«, US-Ausgabe, Vol. 8, Nummer 2/1981

[7] Phillips, Gene: Members Irate over New TV-Special on Pyramids. In: »Ancient Skies«, Vol. 15, Number 1/1988

[8] Krauss, Rolf: Zum archäologischen Befund im thebanischen Königsgrab Nr. 62. In: Mitteilungen der Deutschen Orientgesellschaft 1986

[9] Tompkins, Peter: Cheops, Bern 1975

[10] von Däniken, Erich: Beweise, Düsseldorf 1977

[11] Kautzsch, Emil: Die Apokryphen und Pseudepigraphen des Alten Testaments, Bd. 1 + 2, Tübingen 1900

[12] Bonwetsch, Nath. G.: Die Bücher der Geheimnisse Henochs, das sogenannte slavische Henochbuch, Leipzig 1922

[13] Roth, Rudolf: Der Mythos von den fünf Menschengeschlechtern bei Hesiod. In: Verzeichnis der Doktoren,»die Philosophische Fakultät«, Tübingen 1860

[14] Helck, Wolfgang: Untersuchungen zu Manetho und den Ägyptischen Königslisten, Berlin 1956

[15] Karst, Josef: Eusebius Werke, 5. Band, Die Chronik, aus dem Armenischen übersetzt, Leipzig 1911

[16] Böckh, August: Manetho und die Hundssternperiode, ein Beitrag zur Geschichte der Pharaonen, Berlin 1845

[17] Pessl, H. V.: Das Chronologische System Manethos, Leipzig 1878

[18] Dieterich, Albrecht, und Wünsch, Richard: Religionsgeschichtliche Versuche und Vorarbeiten, 3. Band, Giessen 1907

[19] Waddell, W. G.: Manetho, with an English Translation, London MCMXLVIII
[20] Wahrmund, Adolf: Diodor's von Sicilien, Geschichts-Bibliothek, 1. Buch, Stuttgart 1866
[21] Herodot: Historien, 1. Band, München 1963
[22] Lange, Kurt: Pyramiden, Sphinxe, Pharaonen, München o. J.
[23] Lepsius, Richard: Briefe aus Ägypten, Äthiopien und der Halbinsel des Sinai, Berlin 1852
[24] Cajus Plinius Sec.: Die Naturgeschichte, 36. Buch, Leipzig 1882
[25] Schmid, Peter: Anthropologisches Institut und Museum der Universität Zürich-Ischel. Persönliche Mitteilung.

BILDQUELLENVERZEICHNIS

Rudolf Eckhardt, Berlin: Seite 10, 12, 13 unten, 18, 23, 36/37, 44, 45, 49, 53 oben, 72, 74, 75, 76, 95 rechts, 119, 149 unten, 157, 184, 189 oben und Mitte, 190, 196, 200, 201, 203, 204, 209, 220, 221, 222, 245, 246, 248/249, 252, 256, 276, 288, 291, 292, 295, 296 unten, 299
Willi Dünnenberger, Zürich: Seite 55, 59, 88, 95 rechts, 136, 186, 189 unten, 198 unten, 216 oben
Johannes Tucek, Berlin: Seite 73
Marcus Bos, Zürich: Seite 77, 80/81 oben, 110
Ernst Gautschi, Basel: Seite 205 rechts
Wolfgang Siebenhaar, Berlin: Seite 300
Erich von Däniken: alle anderen Bilder
Jürgen Aha, Industriedesign, Hanau: Skizzen Seite 163, 171, 182, 188
Reinhard Habeck, Wien: Skizze Seite 219

Bei allen hier aufgeführten Personen möchte ich mich herzlich bedanken für ihre ausgezeichneten Bilder und hervorragenden Zeichnungen.

REGISTER

Liebe Leserin

Lieber Leser zu guter Letzt möchte ich Ihnen die ANCIENT ASTRONAUT SOCIETY vorstellen – abgekürzt AAS. Das ist eine gemeinnützige Gesellschaft, die keinerlei Gewinn anstrebt. Sie wurde 1973 in den USA gegründet. Inzwischen hat sie Mitglieder in vielen Ländern.

Zweck dieser Gesellschaft ist das Sammeln, Austauschen und Publizieren von Indizien, die geeignet sind, folgende Ideen zu unterstützen und zu festigen:

- In *vor*geschichtlichen Zeiten erhielt die Erde Besuch aus dem Weltall...
- Die gegenwärtige, technische Zivilisation auf unserem Planeten ist nicht die erste ... (oder)
- Beide Theorien kombiniert...

Die Mitgliedschaft in der AAS steht jedermann offen. Sie gibt im Zwei-Monats-Rhythmus ein Mitteilungsblatt in Deutsch und Englisch heraus. Die AAS organisiert Studienreisen an archäologisch interessante Fundplätze. Derartige Reisen leite ich meistens selbst. Periodisch finden internationale Kongresse und nationale Meetings statt. Bislang wurden 12 Weltkongresse und 17 nationale Tagungen durchgeführt.

Der Jahresbeitrag zur AAS beträgt SFR. 30.– oder DM 35,–. Im deutschsprachigen Raum sind wir rund 2000 Mitglieder.

Ich würde mich freuen, wenn Sie weitere Auskünfte über die AAS erbitten bei:

ANCIENT ASTRONAUT SOCIETY,
CH-4532 Feldbrunnen.

Herzlich Ihr

ERICH von Däniken